实力的边疆

——从太空竞赛到航天合作

蔺陆洲 / 著

世界知识出版社

序 一

当前，越来越多的国家，包括广大发展中国家将发展航天作为重要战略选择，世界航天活动呈现蓬勃发展的景象。“探索浩瀚宇宙，发展航天事业，建设航天强国，是我们不懈追求的航天梦。”中国坚持创新、协调、绿色、开放、共享的发展理念，推动空间科学、空间技术、空间应用全面发展，为服务国家发展大局和增进人类福祉作出更大贡献。国际合作是航天事业发展的重要组成部分，开展相关研究对推动航天事业发展具有重要且积极的意义。蔺陆洲同志作为青年学者，具有一定的航天国际合作实践经验，同时取得了一些成果。作为青年学者，要勇敢肩负起时代赋予的重任，志存高远，脚踏实地，在追求中国梦、航天梦的实践中不懈奋斗，书写无愧于时代的壮丽篇章！

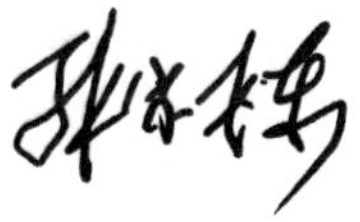

中国科学院院士
“两弹一星”功勋奖章、国家最高
科学技术奖、共和国勋章获得者
北斗卫星导航系统总设计师
中国探月工程总设计师

序　二

航天是当今世界最具挑战性和广泛带动性的高科技领域之一，航天活动深刻改变了人类对宇宙的认知，为人类社会进步提供了重要动力。中国政府把发展航天事业作为国家整体发展战略的重要组成部分，始终坚持为和平目的探索和利用外层空间，在平等互利、和平利用、包容发展的基础上，加强国际空间交流与合作。开展有关航天国际合作的研究，有助于中国航天和世界航天的共同发展。蔺陆洲同志是航天战线上的新兵，参与了北斗卫星导航系统的应用推广与国际合作工作，有一定的实践经验，他在本书中对航天国际合作进行了分析研究，这些思考展现了青年学者在研究中敢于开拓的勇气，希望继承和发扬航天精神，扎实研究，取得新的成绩。

中国工程院院士

中国神舟飞船首任总设计师

目　录

序　一……………………………………………………*1*
序　二……………………………………………………*3*

导　论……………………………………………………1
第一节　航天的基本概念……………………………………2
第二节　概念定义与理论范式………………………………10
第三节　航天与国际关系理论………………………………23

第一章　国际航天战略博弈的理论构建…………………30
第一节　历史条件与理论要素………………………………30
第二节　外部环境与理论范式………………………………41
第三节　理论模型与主要逻辑………………………………51
第四节　重要推论与假说检验………………………………65
第五节　未来发展与理论颠覆………………………………85

第二章　大国竞争与太空竞赛……………………………91
第一节　大国太空竞赛的战略思想…………………………91
第二节　大国太空竞争的主要策略…………………………112
第三节　当代国际航天战略博弈……………………………122

第三章　国际机制与太空治理 …… 150
第一节　空间合作与相互依赖 …… 150
第二节　太空治理机制及其挑战 …… 157
第三节　商业航天与国际合作 …… 177

第四章　世界航天体系与依附 …… 188
第一节　航天领域的世界体系 …… 188
第二节　商业航天与国家主义 …… 197
第三节　航天依附关系中的变革 …… 202

结　论 …… 225
第一节　国际航天战略博弈的本质与启示 …… 225
第二节　进一步的研究 …… 227
第三节　国际航天战略博弈的未来 …… 234

参考文献 …… 240

后　记 …… 257

导　论

发展航天的本意是在促进科学技术发展和人类文明进步的同时，为航天强国创造竞争优势，可是结果却反而使得这些航天强国感到焦虑。这正是航天科技与国际战略政策在错综复杂的国际关系和国际政治经济结构中形成的最具讽刺性的吊诡局面。新兴航天国家的快速崛起，使得传统航天强国的忧虑与日俱增，这恰恰证明单纯的技术发展并不能改善国家之间的关系，而大多数国家对航天的发展也并没有进行深思熟虑的策划。世界各国对航天发展的战略眼光事实上从未超越“占据优势”的目标，而优势争夺与紧密合作在国际政治经济的基本规律中往往是相悖而行的。不论是美国、俄罗斯这样的老牌航天强国，还是中国、印度这样新崛起的航天国家，他们在国际政治经济格局中都被同样的问题所困扰：如何驾驭快速进步的航天科技，用它促进经济社会的发展和国际关系的改善，而不被其反噬？我们从所有国际航天战略博弈的历史中获得的一大教训在于：航天纯粹技术性的发展，必须受到具有更加长久和广泛的大战略的指导。所有国家的航天发展都需要利用国际政治经济学的视角，尽可能全面地看待问题。

本书提出了一种国际航天竞争（战略博弈）的理论框架。国际航天竞争（战略博弈）在理论和实践中面临众多的问题与挑战，首先是关于国际航天战略博弈概念界定的问题，没有清晰的概念和定义就不能开展相关的研究和讨论。其次是国际航天战略博弈理论建构和分析的问题，竞争与合作的关系变化、政策的调整，作为国际航天战略博弈的重大基础问题，长期以来被广大的研究所回避。最后是当前对国际航天战略博弈的研究，从国际关系中层理论的标准要求角度来看，在系统性、全面性和可操作性的意义上，与其说是建立了初步的理论雏形，不如说只存在一些情况的调研、概念的拼凑和观念的集合。因此，本书作出的努力，是定义国际航天战略博弈的概念，提升其理论的标准化水平，通过对国际航天战略博弈历史脉络的梳理，建立一个关于国际航天战略博弈的简易理论框架，引导出重要推论，并利用定性与定量研究相结合的方式对其进行验证。随后以国际航天战略博弈理论框架作为问题的分析工具，对世界主要航天国家、国际组织、国际机制、世界航天体系等国际航天战略博弈的主体、对象和形式进行研究和分析，实现对未来国际航天战略博弈发展趋势的预测。

从知识进步的角度而言，如果本书的研究，能够作为以往国际航天战略博弈研究的总结并在未来激发出更多关于国际航天战略博弈的思考和讨论，开启新时代国际航天战略博弈的研究，那就实现了本书写作最重要的目的，而作者本人所作出的一切努力，也就体现出了其真正的意义和价值所在。

第一节　航天的基本概念

本书研究的主要目的是在航天科技发展与国际关系的互动过程中，以国际政治经济学的视角提供一个相对完整的知识框架和思维方式。这里所说的知识框架或思维方式，我们可以将其称为一般理论，其中主要有两种含义：第一种含义是指由最基本的概念、范畴、研究方法所构成的知识体系；第二种含义是指运用某些研究方法寻求这些概念和范畴之间的因果联系或“关联性”。[①] 希望这些关联性的研究对形成国际航天战略博弈的理论作出一定的贡献。所以本书在研究中的导论章节，首先，主要任务是梳理国际航天战略博弈最基本的概念和范畴，参考福柯知识考古学和权力谱系学的研究方法，从历史的演绎进化过程中讨论作为技术概念的航天，梳理

① 王正毅:《构建一个国际政治经济学的知识框架：基于四种“关联性”的分析》,《世界经济与政治》2009年第2期，第6页。

出航天科技、航天系统和航天系统工程的概念。其次，在回顾“国际航天战略博弈”这一概念的历史沿革基础上，以规范定义、内涵和外延的方式明确国际航天战略博弈的概念，国际航天战略博弈在形成独特的内涵、范畴、要素和特征的基础上，可以识别出不同于其他领域国际战略的特征，进而构建一个逻辑严密的知识框架和逻辑范畴，建立国际航天战略博弈的核心概念。最后，在理论建构的层面，讨论国际航天战略博弈与当前地缘政治学、国际关系理论和国际战略理论的关系，进而以国际政治经济学的视角寻求建立国际关系与航天技术发展的关联性，特别是在中国航天科技快速发展的环境下对中国的国际航天战略博弈理论研究进行探讨。

目前，国际航天战略博弈的概念仍然处于萌芽或者混沌状态。本书所指“国际航天战略博弈”泛指一些理所当然、不言自明的与航天相关的战略规划、国际活动或国际事务。目前，尚未有学者专门针对这一概念的内涵、范畴、要素和特征进行详细的梳理和分析，而是保持了这一概念的混乱和模糊。在开展国际航天战略博弈的理论建构之前，有必要通过概念的基础性语言分析，从概念的起源和历史的发展起步，梳理国际航天战略博弈的基础概念，建立这一概念的层次性和结构性。实际上，国际航天战略博弈这一概念的形成和运用是一个逐步发展的过程。国际航天战略博弈概念的形成，其基础是将航天作为一种技术概念加以认知，大众则通过航天系统对航天技术产生直接的理解。航天系统的建设需要通过工程实现，航天系统工程是建设航天系统的重要手段，也是支撑国际航天战略博弈开展的重要基础。在航天技术、航天系统和航天系统工程的支持下，国际航天的竞争与大国之间的国际战略博弈相结合，最终才能够实现国际航天战略博弈理论与现实的互动。

一、作为技术概念的航天

复杂的人类社会其实是由人们简单的观念所决定的。因为制度变迁本质上是从众多观念中择取少数进而将其固化为制度的过程，所以，观念之间的竞争以及对规则制定权的争夺通常居于制度变迁的核心位置。[①] 每当人们提起航天，首先是将其作为一种技术加以考虑，并以此作为基础，划定讨论概念所涉及的领域和范围。如果我们从思想史和观念史的角度考察航天，会产生与今天普罗大众迥异的认知。对于航天这一概念而言，其本身是一个具有丰富含义的概念。古代的飞行梦想与神话紧密联系，反映了人类对太空或者宇宙探索的渴望。而在现代化的进程中，航天在广泛的使用语境中被标签化，作为最高等级的科学和最先进技术的代表而为人所知。

古代的人们渴望飞行，创造了种种神话来满足自己的愿望。中国嫦娥奔月的传说，希腊神话中伊卡洛斯与代达罗斯使用蜡和羽毛造翼逃离克里特岛的故事，都反映人类超越自我、渴望自由飞翔的追求。但是，古今中外，无数渴望自由飞翔的人尝试各种方式让自己飞上天空，从春秋时期墨子的“斫木为鹞，三年而成，飞一日而败”，南北朝时期的“元黄头与诸囚自金凤台各乘纸鸱以飞，黄头独能至紫陌乃堕”，到元末明初的万户（陶成道）给自己绑上47支火箭点燃飞天，再到达·芬奇对鸟类的观察和制作的飞行器……古人这些航天器的尝试，这些看似疯狂的行为，他们挑战了人类行走于地面的基本规律，展现了他们对飞行和太空的向往。现代的航天是科学技术的发展成果，是拓展人类认知宇宙的新领域。随着近代以来科学主义的崛起，航天作为一种技术的概念而被异化，成为现代精神的图腾。航天从古代到近代本来具有丰富的、多个层面的意义，但是在科学主义的绝对影响力之下，被塑造和异化为只是一种科学技术的代表。从而导致人们对国际航天战略博弈概念的核心内涵与外延产生了不同的理解。

对于航天技术的理解，首先，很多人把航天作为国家的核心技术，认为其具有决定性的影响，这很大部分是依靠想象力在发挥作用，而非技术本身实际产生的作用。从当代航天的技术概念而言，是一种对科技的信仰，源于科学主义对社会的征服。航天的概念，作为当代技术对人类认知

① 唐世平：《制度变迁的广义理论》，北京大学出版社，2016，第3页。

的征服，形成了一种技术崇拜的文化。其次，人类的想象力仍然在起作用。比如，绝大多数的普通人其实没有直接使用航天技术，对航天技术也不甚了解，即便是直接针对用户的卫星应用与普通人也距离甚远，最大的直观感受可能仅限于卫星导航和天气预报。因此航天技术相比较其他技术而言，对人们的生活影响实际较小，这也是航天应用和商业航天在世界范围内发展困难的重要原因之一。但是正如法国物理学家帕斯卡说过“人类必然会疯癫到这种地步，即不疯癫也只是另一种形式的疯癫”。人们对并不熟悉的事务却表现出了极大的敬畏而并不思考其背后的原因，航天是这一科学崇拜和“疯癫”的代表。现代的科学主义兴起以后，人们以理性和科学来理解非理性的疯癫。虽然疯癫是无理性，但是对疯癫的理性把握永远是可能的和必要的。[①] 人类对航天疯癫的认识造就了航天技术的快速发展和与技术进步相辅相成的航天文明。

将航天作为一种技术概念进行讨论时，对于航天的文化概念进行了隐藏，使其文化上的意义隐含在了航天技术的概念之中。航天作为一种技术概念，在当前大众认知的语境下讨论，实际包括三个层次的概念：第一层是航天技术，它是所有航天相关技术的总称或总合，是底层技术和基础科学的概念；第二层是航天系统，它是大众对航天技术的直接认知，是航天技术的直接体现；第三层是航天系统工程，它是实现系统工程的手段，也是人们认识国际航天战略博弈的工具，掌握航天系统工程的思维，对国际航天战略博弈的理解和实施具有重要作用。从航天技术到航天系统再到航天系统工程的不同层次，构建起了作为技术概念的航天。

二、航天科学与航天技术

一般而言，航天是指进入、探索、开发和利用太空（即地球大气层以外的宇宙空间，又称外层空间）以及地球以外天体各种活动的总称。航天科技是开展航天活动的基础。实际上，人们常说的航天科技包括空间科学、航天工程技术、航天应用技术三大部分。空间科学是指以空间飞行器

① 福柯：《疯癫与文明》，生活·读书·新知三联书店，2012，第103页。

为主要平台，开展大气层以外宇宙、生命的起源演化和基本物理规律的前沿研究科学，其活动包括深空探测、空间天气预报、空间生物等学科和领域。[①] 航天工程技术是指为航天活动提供技术手段和保障条件的综合性技术，是综合利用多种技术方式，实现航天器在大气层以外开展工作的技术手段和工程经验，包括运载火箭研制、卫星平台研制、卫星载荷研制、遥测技术、遥控技术、交会对接技术、航天器在轨维护技术等诸多方面。[②] 航天应用技术是指利用航天技术及其开发的太空资源在科学研究、国民经济、国防建设、文化教育等领域的各种应用技术的总称。所谓太空资源系指地球大气层以外的可为人类开发和利用的各种环境、能源与物质资源，进入空间高远位置、高真空、超低温、强辐射、微重力环境、太阳能以及地球以外天体的物质资源等。航天应用技术主要的应用领域和应用场景包括卫星遥感、对地观测、气象观测、海洋观测、资源普查、卫星广播、卫星通信、卫星导航、太空旅游等，涉及遥感、通信、导航和载人航天的广泛领域。[③]

航天科技的发展包含空间科学革命、航天科技革命和航天产业革命。空间科学革命是指对外层空间认识上的重大飞跃和空间科学理论上的重大突破，是指新的空间科学发现和科学理论所引起的科学理论体系的根本变革，是科学发展进程中的质变，是人类认识世界的飞跃。航天科技革命是指在航天技术发展中影响全局的、飞跃性的进步，是人类进入和利用外层空间手段和方法的重大发明和突破。在当今航天科技快速发展的环境中，航天科技革命这一概念反映的是当代空间科学与航天技术日趋紧密地联系在一起，相互促进，融合发展的特点。航天产业革命是指在航天的生产体系中组织结构和经济结构的根本变革，是航天领域生产力的重大变革和飞跃，是航天科技革命成果在生产中的广泛应用。

从空间科学革命、航天科技革命和航天产业革命的关系来看，三者之

① 国际自然科学基金委员会、中国科学院：《未来10年中国学科发展战略：空间科学》，科学出版社，2016，第2页。

② 刘兆世：《航天与系统工程》，中国宇航出版社，2006，第3页。

③ 周露等编著：《航空航天知识与技术》，国防工业出版社，2013，第3页。

间呈现了链式反应关系。空间科学革命是航天科技革命的准备和先导，它作为理论基础诱发航天科技革命的出现。航天科技革命既是上一次空间科学革命的应用、检验和结果，又是下一次空间科学革命发生的源泉和基础。空间科学革命和航天科技革命是航天产业革命的先导和核心，同时，航天产业革命又为航天科学技术的进一步发展提出了新的课题并提供了物质基础。

首先，航天科技发展增强了国家实力，从而导致国际格局发生重大变化。航天科技水平制约并决定着构成综合国力的主要因素。航天科技革命可以在较短时间里促进一个国家综合国力的迅速增长。航天科技本身已成为国家实力的重要组成部分。航天科技发展为国际关系开辟了新领域，注入了新因素，也引发了新问题。从此，国际关系行为体利用资源的方式发生了新变化，例如地球外部资源、小行星的开发。国际关系行为体在外层空间活动的领域开始扩大，例如空间站、星际移民。提供了国际关系行为体之间的交往与联系的新手段。

其次，航天科技革命导致国家内部经济、政治、社会发生深刻变化，进而影响国际关系。航天科技革命导致经济结构的变化，传统产业衰落，高新技术产业比重上升。就业结构变化，研发类工作收入比例上升。阶级结构变化，科技人员成为社会主要组成部分。代表航天新兴产业的利益集团政治影响力上升。上述因素导致一个国家的利益诉求、价值取向、思想观念变化，影响到国家国际战略政策的变化。

最后，从航天科学技术发展的动力因素来看，技术发展本身有内在规律的作用。同时，经济发展的周期性变化，以及争夺资源和市场的斗争是刺激新技术革命产生的内在社会根源。国际关系行为体为解决所面临的种种生存危机成为推动新技术革命的强大动因。特别是国家之间的竞争成为推动航天科技发展的一个主要原因。空间资源的开发与利用和航天工业的快速发展，在经济上促使航天领域工业生产、金融活动、供应链和消费的国际化趋势不断加速发展。

航天科技的进步与发展对国际关系将产生深远的影响。第一，航天科技发展深刻影响着大国的实力对比，促进国际格局的转换。第二，航天科技发展也使得国家主权面临挑战，技术进步在外空领域对领土主权原则提出了挑战。第三，航天科技发展导致世界各主要国家安全重点和安全战略发生变化。第四，航天科技发展引发了国际关系中新的焦点和热点问题的出现。第五，航天科技发展推动了新军事变革，出现了高技术武器、高技术战争、军事理论与军事思想的重大发展。

三、航天系统和系统工程

航天系统是指由航天器、航天运输系统、航天发射场、航天测控网、应用系统组成的完成特定航天任务的工程系统。航天系统是现代典型的复杂工程大系统，具有规模庞大、系统复杂、技术密集、综合性强，以及投资大、周期长、风险大、应用广泛和社会经济效益十分可观等特点，是国家级大型工程系统。组织管理航天系统的设计、制造、试验、发射、运行和应用，要采用系统工程方法，在航天工程实践中形成了航天系统工程，进一步丰富和发展了系统工程的理论和方法。完善的航天系统是一个国家航天实力和综合国力的重要标志，目前世界上只有为数不多的国家拥有这种实力。其中与大众最为相关的是应用系统。应用系统指航天器的用户系统，一般是地面应用系统，如各类卫星的地面应用系统、载人航天器的地面应用系统、空间探测器的地面应用系统。比如全球定位系统（Global Position System, GPS）、北斗卫星导航系统、铱星系统、航天飞机、神舟飞船，等等。航天系统有多种分类方法。按是否可载人可分为：无人航天系统、载人航天系统；按用途可分为：民用航天系统和军事航天系统；按航天器种类可分为多种，如卫星航天系统、载人飞船航天系统、月球卫星航天系统等。

航天系统按照系统工程和任务规划可以分为八个方面，包括：运载火箭、航天发射场、卫星遥感、卫星通信、卫星导航、载人航天、航天测控与空间监视、空间武器与导弹防御。第一，运载火箭是指利用火箭技术将卫星、空间站、探测器等航天器送入预定轨道的技术、载具和能力。第二，航天发射场是发射航天器的特定区域，通常由测试区、发射区、发射指挥控制中心、综合测量设施、各勤务保障设施和一些管理服务部门组成。场区内有整套试验设施和设备，用以装配、贮存、检测和发射航天器，测量飞行轨道，发送控制指令，接收和处理遥测信息，是航天的重要基础设施。第三，卫星遥感是利用卫星、空间站等空间平台，实现从地面到空间各种对地球、天体观测的综合性技术和系统。可从遥感技术平台获取卫星数据，并由遥感仪器对信息进行接受、处理与分析。第四，卫星通信是在地球表面和外层空间利用卫星和地面设置实现无线电通信的技术和系统。第五，卫星导航是采用导航卫星作为空间平台通过测距信号对地面、海洋、空中和空间用户提供导航、定位和授时的技术和系统。第六，载人航天是人类利用有人的航天器在外层空间中从事各种探测、研究、试验、生产和军事应用的往返飞行活动。其目的在于突破地球大气的屏障和克服地球引力，把人类的活动范围从陆地、海洋和大气层扩展到太空。第七，航天测控与空间监视是指开展运载火箭、航天器跟踪测轨、遥测信号接收与处理、遥控信号发送任务的技术和系统。第八，空间武器与导弹防御是指用于外太空作战的武器，能够打击敌方在外层空间运行的飞行器、卫星或弹道导弹的武器，分为动能武器和定向能武器两大类，导弹防御是对空间武器的反制，也是重要的航天军事应用。

航天系统需要依靠系统工程的实施才能得以实现，其指导思想是系统工程的思想，通过系统工程的实施和管理实现航天系统的建设。系统工程是分析解决复杂系统的论证、设计、生产和使用中的评价决策和权衡优化问题的有效方法和手段。系统工程不仅具有完整的理论方法和技术手段构成的科学体系，而且像航天系统这样预算经费多、研制周期长、运行使用风险高的复杂系统的具体应用又体现出多样性和复杂性。系统工程是从宏观上和整体上分析系统，在系统集成设计框架下采用专门技术解决具体问题，需求系统整体最优的理念和过程。[①] 最早在20世纪40年代就出现了“系统工程”(systems Engineering)一词，这是对当时一些工程实践中卓有成效的新观点新方法的命名。这些工作绝大多数是电机工程师的创举。此

① 美国国家航天局:《NASA系统工程手册》，朱一凡等译，电子工业出版社，2012，第4页。

外有一般系统理论，它渊源于理论生物学家贝塔朗菲。系统科学的早期工作多出于电子科学家和自动控制理论专家之手。当然还有在命名中并无“系统”二字，但实际与系统有密切关系的，如运筹学和管理科学等。波德在为大英百科全书撰写的“系统工程”条目中，一开篇就叙述了系统工程与运筹学的关系。在我国，最早应用系统工程并取得显著成就的是航天系统。每一类型号都有一个总体设计部，实践证明它是非常有效的。钱学森认为总体设计部的实践，体现了一种科学方法，这种科学方法就是系统工程。[①] 比如，北斗卫星导航系统，需要通过系统工程的建设来实现。

第二节　概念定义与理论范式

国际航天战略博弈概念的建立和运用是一个逐步发展的过程，国际航天战略博弈作为国家战略的一部分具有与其他国际战略活动区别性的特点，同时具备独特的构成要素和本质特性。

一、历史沿革

从“国际航天战略博弈”这一词汇概念的创造和使用来看，其概念和定义在学界经历了一个逐步发展的过程。就国际关系的规范研究而言，国际航天战略博弈的关键在于航天和战略博弈。作为航天，其研究的领域是与航天相关的概念、技术、产业和政策等领域的相关问题，而作为战略博弈，主要是国际关系行为体之间的互动，这就限定了其行为主体，也就意味着研究的对象应为主权国家和政府间国际组织。总结起来，本书的研究可以概括为“一个中心、两个维度”。所谓一个中心就是研究航天技术发展与国际关系互动的问题，即国际航天战略博弈的历史、现状和未来。但是，要研究国际航天战略博弈问题，必须有一个宽广的视野，必须了解国际航天战略博弈的主体和层次，以及国际航天战略博弈所涉及的不同领域。所谓两个维度，一是横向的领域维度，二是纵向的层次维度，形成

① 钱学森:《论系统工程》，湖南科学出版社，1982，第4页。

“研究议题/研究对象”的矩阵，对目前的研究进行归纳。从横向分类来看，可以通过不同的研究领域进行分类，包括五个维度：军事安全、法律政策、经济产业、科学技术、文化认知。从纵向分类来看，可以通过不同的研究对象进行分类，包括国家和国际两个层次：在国家层面，研究对象是主权国家，研究议题是国别政策；在国际层面，研究对象是政府间国际组织，研究议题是国际机制。

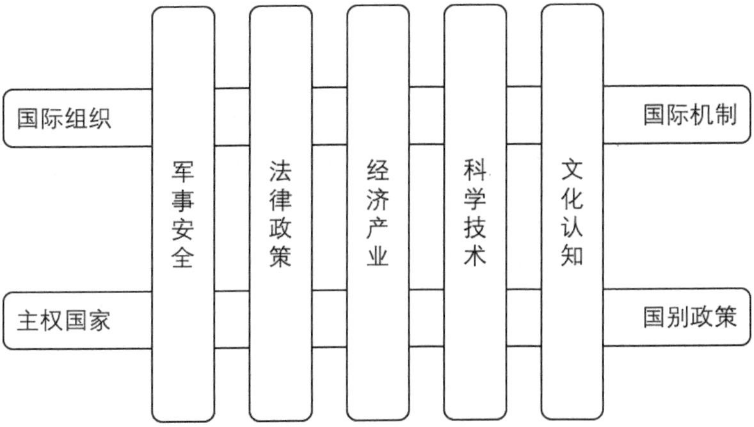

图1　国际航天战略博弈研究示意

资料来源：作者整理。

利用“研究议题/研究对象”的矩阵对国际航天战略博弈所涉及的概念进行分析，可以掌握当前相关研究的基本情况。

第一，国际航天战略博弈所涉及的多个研究议题之间存在着相互关联的内部逻辑。军事安全议题是国际航天战略博弈研究的起点，维护太空安全是国际航天战略博弈的基本目标。在达成维护太空安全目标的过程中，法律政策议题与军事安全议题产生了密切的联系，外层空间法的主要目标就是维护和平利用外层空间，防止外层空间军事化。除国际公法外，世界主要航天国家纷纷开展航天立法对航天活动进行管理。这是因为在全球化的快速发展下，商业航天迅速崛起，经济产业议题成为国际航天战略博弈研究的重要组成部分，方兴未艾。在航天产业国际化的推动下，航天科学与技术加速扩散和发展，国际航天战略博弈需要更加重视航天科技国际互动的议题，一方面加强航天两用技术的出口管制，另一方面通过国际合作应对研发难度日益增加的挑战。教育培训是航天科技进步的动力来源，公众对航天的理解和认知对促进航天产业和科技发展具有重要作用，因此，文化认知议题也是国际航天战略博弈研究的重要领域。

第二，国际航天战略博弈的研究对象之间既存在着密切的联系又具有不同的权重。从国际航天战略博弈的发展历程来看，主权国家的战略和政策一直是国际航天战略博弈的研究重点。然而随着全球化的发展，在多边主义和全球治理的影响下，国际航天战略博弈中国际协调工作的重要性和复杂性在不断增加，与此同时，国际航天战略博弈领域对国际组织和国际机制的研究也在逐步丰富。但是，从整体的研究情况来看，主权国家仍是国际航天战略博弈的研究重点，特别是对航天强国和主要航天大国在相关领域的战略与政策研究，在国际航天战略博弈的研究中仍然具有不可替代的基础性作用。

“国际航天战略博弈”概念的提出最早源自英国1968年10月出版的《自然》杂志。杂志编辑组在讨论欧洲发射器开发组织的解体与欧洲空间研究组织的建立中使用了类似的概念，从文章中可以反映科技工作者已经开始探讨国际组织与国际合作对航天技术发展的影响。[①] 近年来，也有一批重要文章使用了国际航天战略博弈的相近概念，例如大卫·布伦施维格和理查德·加温在以卫星导航为切入口讨论美欧关系的演变，也使用了国际航天战略博弈的类似概念。[②] 尼古拉斯·彼得在分析冷战后欧洲地位崛起的背景中将欧盟的国际航天战略博弈作为欧盟开展与非欧国家合作，特别是发展与中国、俄罗斯关系的重要部分。[③] 亚历克斯·扬利用国际航天

① “Space Diplomacy: ESRO Up, ELDO Down,” *Nature* 220, no. 5164(Nature Publishing Group, October 1968):212–213.

② David Braunschvig, Richard L. Garwin. “Space Diplomacy,” *Foreign Affairs* 82, no. 4(Council on Foreign Relations NY, July 2003): 156–164.

③ Nicolas Peter, “The EU’s Emergent Space Diplomacy,” *Space Policy* 23, no. 2,(Elsevier Ltd, 2007) :97–107.

战略博弈的概念从国际法的角度讨论了美国捕获小行星的动机和其地缘政治影响。[①] 斯蒂芬·怀汀研究了美国如何利用其航天系统实现国际战略目标，在文中介绍了国际航天战略博弈的模型并分析了国际航天战略博弈的七个因素。[②] 中国也提出了国际航天战略博弈的相关概念。程群和付重阳率先使用“太空外交”讨论中国与发展中国家开展的航天合作。[③] 张文君和张旭则使用“太空外交战略”概念分析航天领域的所有国际战略活动。[④] 围绕国际航天战略博弈的概念，国内学者针对安全问题进行了专题式的分析和讨论，徐能武专门讨论了“太空安全外交”的概念并以安全困境的经典分析框架进行了讨论。[⑤] 并在之后使用军事学中的“非对称战略”再次进行了深入的研究。[⑥] 随着概念和语意的变迁，杜慧超、李志阳、夏禹使用“航天外交”一词用于描述国家的航天政策，并从世界主要航天国家的政策对比分析入手建立国际航天战略博弈的概念。[⑦] 姚天宇则在分析“一带一路”倡议中的航天部分时，将其作为大战略、大国际战略中的一个部分加以描述。[⑧] 随后，很多学者开始运用国际航天战略博弈这一概念，并且围绕我们在国际上的重要航天工程将这一概念进行了拓展，比如，在北斗卫星导航系统的建设过程中，提出了“北斗外交”的概念，专门用于描述以卫星导航技术为核心和载体的国际战略活动。[⑨] 但是不论用何种词汇对国际航天领域的竞争与合作进行概念化的规范，事实上前期的研究与讨

① Alex Young, “Diplomacy in Space: The Final Frontier of International Law,” *Harvard International Review* 35, no. 3(Harvard International Relations Council, January 2014): 6–7.

② Stephen N. Whiting, “Space and Diplomacy: A New Tool for Leverage,” *Astropolitics* 1, no. 1(TAYLOR & FRANCIS, January2003): 54–77.

③ 程群、付重阳:《中国与发展中国家的太空外交刍议》,《国际关系研究》2013年第3期。

④ 张文君、张旭:《中国新航天时代的太空外交战略》,《新闻传播》2013年第9期。

⑤ 徐能武:《太空安全外交努力的困境及其思考》,《国际战略评论》2007年第3期。

⑥ 徐能武、孙恺嘉:《论中国太空安全国际战略中的动态制衡战略》,《社会科学》2016年第12期，第12页。

⑦ 杜慧超、李志阳、夏禹:《从美、俄、日的航天对外政策看国际上的国际航天外交》,《国际太空》2014年第10期。

⑧ 姚天宇:《国际外交博弈助力“一带一路”战略实施》,《中国航天报》2015年1月27日。

⑨ 胡键:《天缘政治与北斗外交》,《社会科学》2015年第7期。

论已经奠定了国际航天战略博弈概念构建的基础。

二、定义范畴

在航天作为一种技术概念的基础上，人们形成了对国际航天战略博弈的认知。国际航天战略博弈作为一种过程，是国际航天战略博弈主体在国际互动中维护自身利益和实现行动目标的活动。因此，本书在研究中将国际航天战略博弈定义为：国际航天战略博弈是主权国家的政府官员或者专门机构，以国际会议和国际组织为平台，围绕航天议题开展的访问谈判、签订条约、工程建设等双边和多边国际活动。从表现形式来看，国际航天战略博弈有两种表现形式，一种是指国家为实现其航天领域内的目标而进行的国际战略活动，即以国际战略为手段，为国家谋求航天领域中的利益；另一种是指国家为实现其国际战略目标而进行的航天活动，即以航天为手段，提升本国的国际地位，谋求国家对外关系上的利益。

国际航天战略博弈既是国际战略活动的过程，又是国际战略活动的表现形式和手段。作为一个独立的国际战略工具，科技性是其国际战略竞争与合作的手段，即国际航天战略博弈是使用航天技术和相关资源达成国际战略总体战略目的的一种行为。实际上，国际航天战略博弈从来不是孤立的行为，只有当为了实现国家战略的总体目标而理性地使用航天技术和相关手段时，航天技术对国际战略活动而言才是有意义的。国际航天战略博弈总是附属于总体的国家战略和国际战略，这样一来，国际航天战略博弈就不再从属于将航天技术发展推向极致的单纯法则，正是这一点决定了国际航天战略博弈在实践中所使用的航天技术的性质与程度。同时，国际航天战略博弈的结果也不是绝对的。国际航天战略博弈的行动成本需要结合其达成的效果加以衡量。国际航天战略博弈的政治目的和经济目的在整个过程中都起着引导作用。德国军事理论家克劳塞维茨认为“战争无非是政治通过另一种手段的继续”。[①] 参考克劳塞维茨的论断，我们也可以认为：

① 卡尔·冯·克劳塞维茨:《战争论》，中国人民解放军军事科学院译，解放军出版社，2014，第38页。

国际航天战略博弈是国际战略活动通过航天技术手段的继续。总的来说，国际航天战略博弈既有独特的行为目标和实现方式，同时也附属于国家的整体对外战略。国际航天战略博弈既独立于其他领域的国际战略工作，同时也会受到总体国际战略框架的限制。因此，国际航天战略博弈总是不可避免地同国际战略总体目标相互影响，而总体国际战略也必须将国际航天战略博弈作为一种解决方案加以考虑。与国家航天战略相比，国际航天战略博弈更加强调国际战略的技术性，其主体和对象是能够进入外层空间的技术或手段；而国家航天战略更加强调地域性，其主体和对象是外层空间，即与外层空间区域相关的领域和因素。

从事国际航天战略博弈研究的专业人员一方面需要掌握航天技术的情况和特点，另一方面则需要了解国家的对外战略。从国际航天战略博弈历史发展的特点来看，大部分人是先掌握航天技术，再了解国家的对外战略。因此，国际航天战略博弈的专业人员一般都致力于提高自身的业务水平，发展国际航天战略博弈的专业技术，而且还在努力减少外部不恰当的干预。但是，将国际航天战略博弈置于国家对外战略之上则是不合理的，因为是国家对外战略的需求创造了国际航天战略博弈。国家对外战略是国际航天战略博弈的最终目的，国际航天战略博弈只是实现国家对外战略的手段，而并非相反的状态。因此，让国际航天战略博弈服务于国家对外战略是其最恰当的定位。国际航天战略博弈的决策者必须高度注意自己在制定目标或作出承诺时所面临的航天技术的限制。但最终，国家总体战略和国家的对外战略仍然高于国际航天战略博弈。

三、构成要素

国际航天战略博弈是主权国家的政府官员或者专门机构，以国际会议和国际组织为平台，围绕航天议题开展的访问谈判、签订条约、工程建设等双边和多边国际战略活动。针对国际航天战略博弈，可以从行为主体、基本条件、行为动力、行为方式、工具手段五个维度进行构成要素的分析。

（一）行为主体

国际航天战略博弈是各种国际行为主体之间与航天相关的国际战略关系的总和。因此，行为主体是国际航天战略博弈中最基本的构成要素。国际航天战略博弈的行为主体包括主权国家、由这些国家组成的政府间国际组织，也包括大量的非国家行为体，即非政府间国际组织和跨国公司、私营企业。

国际航天战略博弈的行为主体是指能够独立地参与国际航天战略博弈的国际工作事务并发挥影响和作用的实体。成为国际航天战略博弈的行为主体必须具有一定的行为能力和实力，进而由其实力构筑形成相对于自身的特殊利益，在利益的界定下具备一定的独立性和自主性，同时必须拥有相对稳定的组织表现形态，能够在此形态下与其他行为主体发生互动。因此，国际航天战略博弈是国家行为主体之间，在一定的历史阶段，以一定的技术条件，按照一定的对外行为准则而开展的相互交往和作用。

当前，国际航天战略博弈的行为主体正在经历由一元向多元发展的过程，由早期的单一主权国家行为体逐步发展到国家与非国家两大类行为体并存的局面，进而将不同类型的非国家行为体作为国际航天战略博弈的行为主体纳入国际航天战略博弈的研究范畴，包括非政府间国际组织、私营企业甚至个人。因此，在航天领域，非国家行为主体之间、国家行为体与非国家行为体之间，在航天领域的互动，在未来随着技术和形势的发展，也有可能成为国际航天战略博弈的重要组成部分，这是当前国际航天战略博弈进行现实转型的重要组成部分。

（二）基本条件

国际航天战略博弈是各种行为体在多层次、多渠道相互联系和作用的过程。

科技发展是国际航天战略博弈的基本条件。科学和技术作为国际航天战略博弈的核心基础，是“历史的有力杠杆”和“最高意义上的革命力量”，[①] 在国际航天战略博弈的形成与发展过程中发挥着极其重要的作用。

---

① 《马克思恩格斯全集》，第19卷，第372页。

正是航天技术的发展使得航天开始成为国际战略活动的手段和目标。航天科技的发展使得战略活动利用航天科技提高国家威望，同时，国家通过战略活动增强自身的科技水平。可以说航天科技的不平衡是国际航天战略博弈不断进行互动的根本原因。航天科技反映国家国际航天战略博弈的实力，有形的航天科技实力包括航天装备的研制、航天技术的开发和应用能力，也包括航天科技领域从业人员的数量和质量等因素。无形的航天科技实力包括科研体制、机构设置等方面。

（三）行为动力

国家战略设计是国际航天战略博弈行为的根本动力。国家的战略设计对航天合作具有重要作用，国家在国际战略中对航天领域的重视，特别是对国际航天合作的战略规划，推动了国际航天战略博弈的开展。世界主要国家普遍将航天作为国际战略活动的重要组成部分。航天作为尖端科技的代表，在维护国家安全、促进科技、经济和社会发展方面具有重要作用。因此，世界各国政府均把发展航天事业作为国家整体发展战略的重要组成部分。自由探索、开发和利用外层空间及其天体是世界各国都享有的平等权利。[①]

技术发展是国际航天战略博弈的重要动力。随着航天技术的日益复杂，其相关技术研发的投入也在不断增大，在全球化的背景下，航天技术的进一步发展日益依赖国际合作，需要世界各国发挥其自身的技术优势，通过分摊高昂研发成本的方法，满足大型航天项目对技术和资金的需求。因此，从组织机构上来看，政府间航天国际组织不断增多，跨国航天企业并购不断，形成了新的国际航天合作机制。从航天项目上来看，以国际空间站为代表的一系列国际航天合作项目纷纷开展，促进了国际航天战略博弈的发展。

（四）互动方式

国际航天战略博弈的实施是各种行为体基于自身利益发生互动的过程。国际航天战略博弈的互动形式可以从多维角度加以分析：从具体的内

① 《白皮书：2011年中国的航天》,《中国航天》2012年第1期，第6页。

容上，包括技术合作、技术转移、技术援助、技术协调等内容；从互动的样式上，包括竞争、冲突、战争、和平、合作等状态。其中，太空竞赛和空间合作是国际航天战略博弈最基本的互动形式，竞争与合作在国际航天战略博弈中既是一种关系状态，又是一种政策取向，因此具有一体两面的特性。国际航天战略博弈的行为多种多样，其行为主体在参与国际事务、处理国际战略关系时采取的方式，均受到行为主体本身的条件、对象、涉及问题和领域的限制。任何国际航天战略博弈的行为都是为一定的利益和目的服务的，其基本动因是维护和增加自身的国家利益。围绕外层空间和航天技术开展的国际航天战略博弈行为，总是在一定的范围或领域内进行的。实现国家国际航天战略博弈的目的，维护其自身利益，均需要一定的行为能力，因此国际航天战略博弈的行动总是以一定的政治、经济、军事和文化实力为基础的，尤其在国际航天战略博弈领域，航天技术的水平对外层空间的资源掌控和权力运用具有更加重要的基础性作用。国际航天战略博弈合作与竞争的互动形态表现为太空竞赛与空间合作。

国际航天战略博弈中的国际竞争行为，是行为主体之间为实现各自的利益和目标而进行对抗性或敌对性的相互作用和状态。竞争与冲突是博弈相互作用中最普遍的两种紧密联系的形式。太空竞争是国际航天战略博弈的行为主体之间为实现各自利益和目标进行的一种竞赛或争胜，其目的是提高自身的地位并努力超过对方。敌对行为体之间存在竞争关系，非敌对行为体、联盟内部成员之间也同样存在竞争关系。在国际航天战略博弈的相互作用中，冲突和竞争彼此交织，冲突在一定程度上也可以认为是竞争的一种升级形式，成为对抗性竞争，竞争也可能成为双方冲突的一种形式，两者可能在一定的条件下转换。

国际航天战略博弈中的国际合作行为，是行为主体之间基于相互利益的基本一致或部分一致，在一定的问题或领域中进行的政策协调的行为。国际航天战略博弈开展空间合作的基础是行为主体相互利益的基本一致或部分一致。国家利益是国际航天战略博弈的基本出发点。“合作并不意味着没有冲突，相反，它显然是与冲突混合在一起的，并部分说明要采取成功的努力去克服潜在或现实冲突的必要性。”[1] 在航天技术快速发展的进程中，通过空间合作可以不断扩展国际航天战略博弈主体之间的共同利益，防止潜在利益冲突演变为现实的太空竞赛和冲突。国际航天战略博弈在不同的层次具有多种多样类型的合作，根据合作范围可以分为全球性合作、地区性合作、多边合作、双边合作，等等。根据国际航天战略博弈的目标可以分为战略性合作和技术性合作。合作的类型包括国际条约、国际机制、国际组织，等等。

（五）工具手段

任何行为主体的互动都需要通过一定的国际战略工具，或者说是行动介质才能发挥作用。在工具手段的层面，可以通过内容、性质、烈度等多个维度分析国际航天战略博弈的手段工具。

从国际航天战略博弈工具手段的内容上看，国际航天战略博弈的行为主体可以分为：军事安全、法律政策、经济产业、文化认知四类工具。军事安全工具是使用武器或威胁使用武力的手段，包括战争，也包括不构成战争状态的军事对抗行动。法律政策工具是利用各种各样的非暴力手段，包括声明、宣言、照会、抗议、通牒等形式和制定法律、出台产业政策等行动。经济产业工具是利用资本的力量，通过国家财政拨款、国家贸易、投资和金融等多种渠道，以技术封锁、限制投资、技术转让、技术援助等多种方式的行动。文化认知工具是通过网络、报纸、媒体等渠道，以教育培训、宣传、文化创意等形式进行的行动。

国际航天战略博弈的工具手段，包括暴力手段和非暴力手段。暴力手段采取战争的形势，非暴力手段有的是显性的，比如技术封锁、经济制裁等，有的则是隐性的，比如心理战、频率协调政策上的不合作政策等。国际航天战略博弈的合作一般都是建立在自愿基础上的，是互利互惠的，采取某种形式的协调或联合维护各自的利益。但是也存在非自愿的强制合作，在这种合作中国家地位一般不平等，利益分配一般不均衡。

---

① 罗伯特·基欧汉：《霸权之后：世界政治中的合作与纷争》，上海人民出版社，2012，第64页。

以工具手段的烈度来分，国际航天战略博弈包括外空战争、外空危机、一般冲突和语言象征冲突等。外空战争是烈度最高的冲突，如果国家的外空利益不能得到维护，就会进行调动外层空间的资源，进行战争。外空危机是和平与战争的转折点，当行为体的基本礼仪受到严重威胁，需要在有限时间内迅速作出决策时，就会产生紧张状态，危机是从冲突通向战争的最后一个节点。外空冲突是国际航天战略博弈的一种常见形式，外空冲突是指实际行动已经发生，但是仍然处于可控状态，双方将行动限制在一定范围内。语言冲突是国际航天战略博弈最低层次的冲突，一般通过发布国际战略文书、谈话声明等语言、文字方式，通过国际战略渠道进行解决。

四、本质特性

国际航天战略博弈总是同一定的历史发展阶段相联系，与当时的技术条件密切相关，因此具有很强的时代性。同时，国际航天战略博弈具备国际战略过程和国际战略手段的二元性特征，使得其作为目的和手段之间产生的多重关系具有多方参与的复杂性。最后，国际航天战略博弈作为国家战略的重要组成部分，其本身的工程规模和工程实现的要求成为国家发展中不可忽视的一个部分，因此从国家总体大战略的顶层设计角度而言，国际航天战略博弈对国家的发展具有决定性。

（一）竞争性

国际航天战略博弈的本质特征是大国竞争。国际航天战略博弈中，威望、技术、市场和资源都是有限的，这种国际航天战略博弈资源的有限环境决定了国际航天战略博弈的竞争性。在威望上，首先取得“第一”航天成就的国家将获得巨大的声望，例如苏联发射世界上第一颗卫星、第一次进行载人太空飞行、美国的第一次登月，后来者虽然也能证明自身的科技实力但却难以获得同前者相同的政治威望。在技术和市场上，航天市场狭小，例如对航天元器件的需求和对卫星发射服务的需求，占领市场优势地位的国家将能够获得巨大经济收益并维持投资继续开展科研，后来者则很难在航天市场中分得一杯羹。在空间资源上，无线电频率、卫星的轨道位置都是有限资源，先行者可以占据使用，后来者则很难获得优质资源，需要着眼国家安全的考量，抢占频轨资源、争夺先发优势。[①] 国际航天战略博弈的基本属性是竞争性，国际航天战略博弈活动的本质是大国竞争，这是国际航天战略博弈思想的核心观念和研究主线，也是国际航天战略博弈进行国际战略实践的关键。国际航天战略博弈关系或许会在紧张与缓和之间波动，但不变的是国际航天战略博弈中的战略竞争。部分航天大国的实力会在不同时间节点和发展阶段有所变化，但是航天大国开展国际航天战略博弈的潜力长期存在。外空冲突甚至外空战争会影响国际航天战略博弈和国际关系的竞争态势，有时可能还是决定性或毁灭性的，但是国际航天战略博弈还有政治、经济、文化等其他维度的竞争。为此需要一个包括技术水平、人员素质、管理机制等各类要素在内的全要素考察大国国际航天战略博弈竞争的框架。可以说，竞争性是国际航天战略博弈研究、规划和实施的指南与主线。

（二）时代性

时代是指社会政治经济形态发展的一定阶段，它以世界范围内生产方式的变更为主要标志，因此是一个相对漫长的社会形态演变和进化的过程。我们从历史发展的角度考虑国际航天战略博弈的概念，就是要突出国际航天战略博弈的时代性。尽管国际政治系统的部分特征长期保持不变，但是作为人类社会的一部分，国际关系从来就是一个演变的系统。因此，我们需要用社会演化的方法来审视国际关系的历史，而且也只有演化的方法能够提供关于变迁的真正内生性解释。[②] 国际航天战略博弈同人类社会发展的不同历史阶段紧密相关，与不同历史阶段的国际关系密切联系，有着明显的时代性。国际航天战略博弈本身的理论与实践也处于不断变化的演进过程中。在国际航天战略博弈出现的初期，航天技术被视为美苏冷战中进行争霸的重要手段，双方利用航天技术增加军事安全和国家威望。随

① 吴奇龙、龙坤、朱启超：《低轨卫星通信网络领域国际竞争：态势、动因及参与策略》，《世界科技研究与发展》2020年第6期，第587页。

② 唐士平：《国际政治的社会演化：从公元前8000年到未来》，中信出版集团股份有限公司，2017，第4页。

着冷战的终结和全球化的发展，国际航天战略博弈涉及的领域不断扩展，经济议题崛起，愈发表现出其促进经济发展的特性。航天技术在保持军事威慑、维护国家安全、增加国家威望之外，国际协调和规范也成为重要内容，大众对航天的认知和对航天议题的宣传成为航天发展的重要动力，其中最重大的变化在于，进入21世纪以来，商业航天议题崛起，航天技术的经济性得到前所未有的增加，在全球范围内航天产业试图从一个计划经济属性的行业向市场经济属性的行业开始转变。因此，不考虑国际航天战略博弈的时代性，就不能对国际航天战略博弈的概念进行完整的诠释。

（三）复合性

国际航天战略博弈是涉及多个方面多重利益因素的理论政策和实践活动。在国际航天战略博弈的理论政策层面，具有过程和手段的二元性。从国际航天战略博弈的理论政策映射到实践中，则需要考虑其实施主体的影响力和由这种影响力造成的复杂性。国际航天战略博弈涉及外事和技术两大部门，比如国际战略部和航天局，二者之间存在明显的主导权问题。在国际战略主导的环境下，外事部门可以达到权力的最大化。这就要求将技术部门的权力压缩到最小，其表现就是将与技术部门相关的外事单位权力扩展到最大。在技术主导的环境下，技术部门可以权力最大化，科技的发展决定机构的权力配置。而处理外事部门与技术部门的关系核心在于意识形态。国际航天战略博弈需要由国际战略领域和航天领域中职业科层制专业人员来实现，这些人的专业是对技术掌握和专业信息的获取，并为国家的国际航天战略博弈事务负责。长期以同一种方式行动的人，容易发展出一种独特而稳定的思维习惯。他们同世界的独特联系方式赋予他们独特的认知世界的视角，并且规范着他们的行为与角色，最终以这种角色认知规范国际航天战略博弈的理论政策和活动实践。

（四）决定性

国际航天战略博弈体现了国家的最高意志，代表着国家在外层空间和信息技术的前途与未来。从空间看，国际航天战略博弈战略运筹纵贯垂直空间，是外层空间高度的统一谋划和运筹，运筹成效既影响垂直空间安全，又影响和制约国家的整体国际战略。从手段看，国际航天战略博弈一般不采用军事冲突等终极手段，而主要通过消除威胁源或抵御威胁来实现，但不排除特殊条件下为维护国家核心利益采取非常规手段，甚至是极端手段。从国际战略对象和结果看，在外层空间领域的竞争与合作通常以大国和强国为主，而大国之间在航天领域的竞争博弈不仅会对世界格局产生重大影响，而且必将全方位影响国家安全和利益，既会给博弈失败一方带来灾难，也会给博弈成功一方带来重大收获。因此，国际航天战略博弈的决定性要求国家主体和决策机构必须慎重对待国际航天战略博弈，以极高的重视程度关注国际航天战略博弈的决策。

第三节　航天与国际关系理论

国际关系理论的传统重点是研究以国家为核心的战争与和平、合作与竞争。在航天技术发展以前，所有的互动均在地球表面发生，随着航天技术的发展，国际关系扩展到太空所带来的新维度之中。正如地理大发现对国际关系理论设立历史性框架一样，航天技术的发展正全面地成为21世纪国际关系理论中的因素，尤其是当地球上国际关系行为体的竞争与合作反映到外层空间之后。传统国际关系理论的核心要素是权力，航天的国际战略理论中权力要素也是由各种航天能力所构成的，其中最基本的目的就是控制、协调和使用外层空间的能力。国际关系理论中对于竞争与合作具有描述性和规范性重点，反映在国际航天战略博弈领域。国际航天战略博弈将国际关系的物理空间从陆地、海洋和领空的传统横向地理配置扩大到包括从空中延伸到外层空间的垂直维度。太空竞争包括将地球表面的能力延伸至外层空间创建互动理论，例如军事化和武器化，具有国际关系理论的直接参照点。空间合作通过制定基于规范性标准形式的法律和政治制度，竭尽全力监管国家在太空中的行动。但是要构建一种新的国际航天战略博弈理论是极为艰难的挑战，美国兰德公司分析专家马丁·利比奇（Martin Libicki）对美国政治和战略思维的惯性作出了这样的概括：每当新的趋势出现，每当可能改变游戏规则的革新发生，我们最初的反应通常都是削革新之足适成规之履。[①] 而今我们已经将太空宣称为一个作战领域，大多数人会用旧尺子来丈量新事物。不能只是照搬现有的国际关系理论，把所有出现“陆地”“海洋”“天空”的地方改为“太空”就了事。航天尤其独特的性质，由此带来的新机遇和新挑战，要求我们不断创新思考，开拓新路，而不是旧瓶装新酒，这是国际航天战略博弈研究的理论使命所在。因此，需要在梳理航天与现有地缘政治理论、国际政治理论和国际战略理论的关系基础上，构建新的国际航天战略博弈理论体系框架。

一、航天与地缘政治理论

地理因素为国际关系的历史性设定提供了基本框架。在航天技术出现以前，所有国际关系的互动都发生在地球上。随着航天技术的发展，国际关系扩大到包括外层空间在内的新维度。航天技术改变了地缘结果，成为全面影响当前国际关系和国际关系理论的重要因素，尤其是在当前地球表面的竞争扩展到外层空间之后，国际关系理论需要考虑外层空间和航天技术为理论所塑造的地理上的全新特征，同时促进国际战略理论的进一步发展。

国际航天战略博弈最早从地缘政治学中开展了理论的构建，这是由地缘政治学的学科特点所决定的。所有国际关系理论都是以物理/地理和非物理/社会文化的环境因素为基础的。国际航天战略博弈与传统国际关系理论最明显的区别性特点就在于其地理空间的变换。航天技术的发展将国际关系和国际战略活动带入了外层空间。因此，随着地理学知识框架内新技术的应用，为地球表面地理结构而形成的地缘政治学根据地理环境的转换可以应用到外层空间。[②] 尽管地理特性有所不同，但是地球表面的地缘政治关系的部分战略原则仍然可以适用于外层空间。国家同样需要维护自身在外层空间的安全。

经典地缘政治学理论的核心就是分析技术与权力作用之间的相互关

① Matthew M. Hurley: *For and from Cyberspace: Conceptualizing Cyber Intelligence, Surveillance, and Reconnaissance*, *Air & Space Power Journal* 26, no. 6(Nov/Dec 2012): pp.12-33.

② Everett C. Dolman, *Astropolitik: Classical Geopolitics in the Space Age* (London and Portland, OR: Frank Cass, 2002), p.1.

系。马汉的海权论分析航海技术与国家海洋权力的关系，麦金德的陆权论分析铁路运输技术与国家陆地权力的关系，杜黑的空权论分析航空技术与国家天空权力的关系。航天技术能够将地球表面的物体运载到外层空间，这种能力对于军事和民事活动均有影响。航天技术和之前航海技术、铁路运输技术、航空技术的创新对地缘政治理论的影响一样巨大。地缘政治的核心是控制关键点，海权理论要求控制核心航道，陆权理论要求控制世界岛/心脏地带的关键区域，边缘地带理论要求控制海陆交汇区域，航天的地缘政治理论要求控制关键轨道，比如地球同步轨道或者是拉格朗日点，以这些关键轨道作为进入空间、月球、深空等领域的关键。

在地缘政治学中，以地理为基础的概念是一个逐步建构完善的过程。新的地理空间首先会成为现有行为主体在安全和利益上的附属品，随着技术的进一步发展，这个地理空间本身会成为极为重要的资源。海洋和天空在早期只是国家安全和国家利益不受特别重视的部分，但是在技术不断发展的推动下，领海和领空成为国家需要维护的重要资源。外层空间首先也是被视为提高地球表面作战能力的支援和辅助力量。但是，随着航天技术的发展和广泛的应用，越来越多的航天参与者开始部署各类相关设施，航天系统的重要性日益提升，同时由于其特别容易遭受攻击，外层空间本身成为必须予以防御的领域。航天技术本身也在从核心国家向外围国家扩散，从最发达国家向其他发展中国家扩散。在冷战初期，以航天技术为基础的太空竞赛首先成为超级大国的争霸手段，然后是部分国家的航天开发计划，最后大量发展中国家加入这一进程。目前越来越多的国家制定了航天技术和太空资源的研究与发展计划，这些规划将大大增加世界各国现有的航天能力，更有利于航天系统的部署。[①] 随着航天活动国际协调工作的增加，从理论指导实践的角度对开展国际航天战略博弈的研究产生了强烈的需求。

二、航天与国际政治理论

从国际政治理论的发展历程来看，相关假说在第一次世界大战后逐步

---

① 戚发轫:《国内外载人航天技术及其发展前景》,《科技导报》2000年第10期，第34页。

开始讨论，在第二次世界大战后经过多次学术论战，真正形成了理论体系。在众多学术流派争鸣的过程中，国际政治理论日趋完善，涉及的问题也日益广泛，特别是在国际政治理论和科学技术之间，两者在不同层次上产生了深刻的互动和影响。

理想主义是国际政治理论中形成最早的一个学派，基于人性善的哲学基础观点，认为人类的自然状态是和谐的，个人利益与社会利益可以协调，良好的道德意愿可以防止战争和冲突。这种理想反映在航天领域，则崇尚太空治理的民主化和法制化，主张利用国际规范并建立普遍的国际安全机制，维护外层空间的集体安全，加强国家间的相互合作，最终实现和平稳定的外层空间秩序，避免外层空间冲突和战争悲剧的发生。

现实主义是在对理想主义批判和对第二次世界大战反思中逐步形成的理论学派，认为人性本恶，抽象的道德原则并不适用于国际无政府状态。权力和利益是现实主义理论最核心的两个概念，权力界定利益是普遍适用的法则。因此，国家的航天政策取决于其自身的科技实力，只有增强科技实力才能维护国家在外层空间的利益。

新现实主义则将结构作为国际政治理论的核心。国际无政府状态是国际冲突的根本原因，国家权力只是实现国家安全的手段，国家都是类似的，其核心目的是维护国家安全。[①] 在航天领域需要关注的是国家航天实力的变化，国家航天实力对比的变化会造成国际航天体系结构的变化，进而产生外层空间的冲突和国际航天战略博弈的相关活动。

自由主义是在对现实主义的批判中形成的理论学派，认为国际无政府状态并不限制国际合作的可能，国际制度和理性选择能够保障国际合作的成功，国际机制是自由主义的核心概念。自由主义认为国家应该更加关注国际合作中的绝对收益而非相对收益。在国家利益方面，经济福利同国家安全一样也是国家追求的主要目标。在考虑国家实力的基础上，也应考虑国家的意图，利用集体行动理论、博弈理论、市场失灵理论等新制度经济学的理论和模型，可以对自由主义的观点进行较好的解释。在航天领域，

① 肯尼斯·沃尔兹:《国际政治理论》，中国人民公安大学出版社，1992，第126页。

面对航天国家合作的问题，强调通过国际组织的协调和国际机制的建设，保障航天国际合作的开展。

建构主义是在对新现实主义和新自由主义的批判中建立的理论学派，认为新现实主义和新自由主义都没有重视国际政治中行为体是社会建构而成的事实。社会现实是一种社会建构，因为可能存在客观的物质世界，但物质世界的意义是社会建构的，并不是客观的，不能独立于人的理解。社会行为体与客观世界的关系及他们之间的关系，取决于他们自己如何认识和理解，只有人们认为是真实的，现实才是真实的。就国际的无政府状态而言，存在国际体系的结构。但是建构主义的结构是社会意义上的结构，主要是指由行为体的共有观念构成的观念分配，其核心内容不具物质主义性质。观念来自社会实践，行为体之间的互动造就了社会结构。结构包含物质性因素，如国家实力，但其意义十分有限，只有通过社会性结构才能对行为体行为产生有意义的影响。在国际政治领域的表现形式是由国家之间的互动实践造就的规范和制度。“无政府状态本身根本没有什么逻辑可言，一切都要取决于国家之间共有的观念结构。无政府状态是国家造就的。”① 因此，在航天领域，国家的航天实力非常重要，决定了国家实力分配及国际体系结构中的相对位置，与此同时，国家对航天的信仰、规范、观念和认知等文化因素也非常重要，国家航天实力只有在航天观念的架构中才具有意义。对航天文化的认同是国家利益的基础，航天文化的认同构成国家的利益和行为，这种文化决定和改变了国家的行为，形成国家航天体系中的社会结构，因此才会导致太空竞赛和空间合作。国际航天战略博弈的理论政策和实践活动是被航天文化所建构的，是航天科技的硬实力和航天文化的软实力两者双向互动的过程和结果。

三、航天与国际战略理论

中国国际航天战略博弈的理论与实践尽管起步较晚，但却是中国特色国际关系理论和外交理论的重要组成部分。在中国走向伟大复兴的背景

① 亚历山大·温特:《国际政治的社会理论》，上海世纪出版集团，2000，第14页。

下，讨论中国的国际航天战略博弈理论具有特别的作用和意义。对于中国而言，研究中国的国际航天战略博弈可以发现航天国际工作对中国发展发挥了独特的作用；对于世界而言，研究中国的国际航天战略博弈可以为世界上广大的发展中国家起到引领作用，体现一种范式性的后发优势，为世界航天的发展作出特殊贡献。

中国传统国际关系思想是中国国际航天战略博弈理论的重要来源。中国古代有很多思想在西方国际关系理论中是没有的，在国际关系理论的研究中，有必要研究中国古代对外思想与实践，挖掘中国思想家这一方面的内容。① 中国先秦诸子思想中蕴藏着丰富的政治和经济思想资源,通过重新挖掘传统,可以丰富航天国际战略博弈的相关理论素材，以便建立起融入了中国经验的理论体系。在中国传统思想的应用方面，主要的方法是通过对先秦诸子百家中儒、法、道、墨、纵横家等主要学术流派的思想进行解读和比较，这些研究可以用于分析国际航天战略博弈中行为主体的状态与特性、决策环境与条件、策略与效果，对战略实施的后果进行预测。但是对中国古代政治思想的研究可以发现，先秦人士对国际政治许多问题的本质都有所揭示，但缺少科学系统性。② 因此，在利用中国传统国际关系思想丰富国际航天战略博弈理论的过程中，需要发扬系统工程研究思想的特点，从系统论和控制论的角度，建立逻辑性更强的理论框架。

新中国的国际关系与外交理论和实践是中国国际航天战略博弈理论的重要指导。新中国成立后，中国的国际关系研究开始了新的阶段，产生了一些重要的国家关系与外交理论，包括和平共处五项原则、“三个世界”的战略划分、和平与发展的时代主题、国际政治经济新秩序、和平崛起、新型大国关系、人类命运共同体等论述，形成了一批具有中国特色的概念。其中，对国际航天战略博弈最重要的概念是“时代”的概念和“格局”的概念。“时代”和“格局”的概念，不同于西方国际关系理论中“结构”

① 叶自成:《国际关系研究中的中国视野》,《外交评论》2005年第3期，第64页。

② 阎学通、徐进:《中国先秦国家间政治思想选读》，上海：复旦大学出版社，2008，第3页。

（structure）和“实力均衡”（balance of power）的概念。这些概念“要求从宏观和整体上把握国际航天战略博弈的发展轨迹，排除许多不必要的或不稳定的干扰因素，如局部的事件或某些国家的国内因素，从而完成‘理论要素’的有效整合，并使理论较为简约和有力。”[①] 国际航天战略博弈的大格局是由航天大国和航天强国的实力对比和战略关系决定的，开展国际航天战略博弈的实践，需要首先把握国际航天战略博弈的国际格局，在掌握国际航天战略博弈发展变化规律和当前国际航天发展趋势的基础上，总结国际航天战略博弈规律。具有中国特色的概念是中国国际航天战略博弈理论形成和发展的重要基础，“时代”和“格局”概念要求从动态的角度考虑理论的构建，强调行为主体的变化，要求理论具有更强的前瞻性，通过跨学科的研究方式对国际航天战略博弈的发展趋势进行综合判断。

中国国际航天战略博弈的理论构建要从三个方面发展。第一，构建理论的基本框架，围绕确定的国际航天战略博弈核心概念开展讨论，这需要在梳理国际航天战略博弈内涵和外延的基础上，在时代发展的框架下讨论国际航天战略博弈概念的嬗变，最终目的是要明确中国的国际航天战略博弈概念。第二，在马克思主义政治经济学的理论方法中进一步深入研究，在研究经典马克思主义思想体系和科学方法的基础上，重视现当代马克思主义的科学理论发展，坚持批判主义特色的研究方法和导向，建立具有反思性和自我更新能力的国际航天战略博弈理论。第三，突出中国国际航天战略博弈理论的普遍性，在引进外国同类理论思考的基础上，向世界主流国际关系理论中发出中国的声音，同国际学术界开展良性的交流和互动，使中国的国际航天战略博弈理论不仅能够指导中国自身的发展，还能为世界其他国家的发展提供参考和借鉴。

① 李义虎：《国际格局研究的现实主义取向和“中国学派”——国际关系学科整合研究之一》，《国际政治研究》2004年第2期。

第一章　国际航天战略博弈的理论构建

国际航天战略博弈理论主要研究以国家为核心的国际行为体在国际航天领域开展的竞争与合作。首先，航天经济的计划属性、国家为核心的行为体和大国竞争的本质特征是国际航天战略博弈理论的主要范式，规范了国际航天战略博弈理论的外部环境和基础条件。在国际航天战略博弈历史和现实分析的基础上，抽象了战略、资金和科技三个要素并进行了指标性的分解，明确了航天相对实力和国际航天战略博弈政策的理论内核，在此基础上提出了航天相对实力变化与国际航天战略博弈政策调整的主要理论逻辑。其次，围绕国际航天战略博弈理论的主要逻辑，在太空竞赛和空间合作两个方面建立理论推论，利用相关性分析的定量研究和比较分析的定性研究相结合的方式对理论模型和推论进行验证。最后，通过理论界限的分析，将商业航天识别为国际航天战略博弈理论的颠覆性变量，对未来的国际航天战略博弈理论的发展进行了预测。

第一节　历史条件与理论要素

科学的研究首先来源于客观的分析。正如钱学森指出的："没有测量就没有科学。"[①] 因此，对国际航天战略博弈历史脉络的系统性梳理、外部环境和条件的准确把握、技术水平发展现状和趋势的有效评估，是国际航天战略博弈理论构建的基础，也是本书需要解决的第一个问题。为了梳理

① 钱学森:《钱学森讲谈录：哲学、科学、艺术》，九州出版社，2009，第124页。

出国际航天战略博弈的理论要素，本书在历史与现实的回顾中参考并详细分析了很多国际航天战略博弈的素材。本书的目标，在于从国际政治经济的理论框架和范式的观察视角出发，从国际航天战略博弈的历史中抽象出影响国际航天战略博弈的要素，进而构建国际航天战略博弈的理论，这种理论来源于对事实的抽象归纳和演绎推理。毫无疑问，没有一种理论可以解释所有的事实并作出精确的预测。但是，如果要对国际航天战略博弈进行科学的系统性分析，并且希望这一理论在未来的国际航天战略博弈实践中能够被加以利用，那么限定研究条件并把握理论范式就必不可少。我们需要注意，“评判理论的优劣有很多标准，其中一项标准是评估该理论本身对事实的解释力和预测力。同时，另一个更为重要的标准则是，看它在多大程度比其他理论能够更好地解释事实并进行更为准确的预测。”[①]

本书所讨论的“国际航天战略博弈”是一种双重定义，既指在国际关系中利用航天技术和航天工程实现国际战略目的的航天活动，又指通过国际战略活动促进航天技术的发展和航天工程实施的行为，以及由此而来的、围绕航天和国际战略产生的一系列行动。需要作出特别说明的是，一方面，尽管可以将所有涉及航天和国际战略的活动纳入国际航天战略博弈，但是由于在航天工程和国际战略活动中现实工作的复杂性，本书并不试图讨论所有情况下的国际航天战略博弈以及由此而来的政策和行动；另一方面，在新航天时代里，航天活动的参与主体增多，航天活动的战略地位空前提升。[②] 航天涉及从基础科学、技术发展、工程建设到商业应用的多个方面，国际战略则涉及不同主体之间从国际组织、主权国家、跨国公司到个人的多种主体和谈判协议、合作项目、政策制定等多种类型的国际战略活动。鉴于本书的篇幅、作者的经验和能力，以及研究资金和时间的限制等因素，本书将集中关注以国家为主体的国际航天战略博弈，与其他国际关系行为体的国际航天战略博弈则不予考察。本章将从回顾国际航天

① 唐世平:《国际政治的社会演化：从公元前8000年到未来》，中信出版集团股份有限公司，2017。

② 杜慧超、李志阳、夏禹:《从美、俄、日的航天对外政策看国际上的国际航天外交》，《国际太空》2014年第10期，第43页。

战略博弈的历史开始，为读者勾画出一个国际航天战略博弈的大致轮廓，之后从现有的国际关系理论和国际政治经济学理论出发，运用归纳和演绎的方法，提出一种研究国际航天战略博弈的分析框架，并提出相对应的假设，从而为构建出一个国际航天战略博弈的理论模型奠定基础。

一、国际航天战略博弈的历史阶段

国际关系与航天技术存在一种相互间的触发式关联。国际关系的变化对航天技术的发展存在直接的影响，与此同时，航天技术的进步也促使国际关系发生变化。对于国家而言，航天技术重要性是由国际关系所决定的。这是由于航空航天技术的发展和进步无疑是推动航空航天产业技术创新、促进航天产业快速发展的重要引擎。[①] 因此，航天技术的发展会影响到国家的经济产业政策和对外战略的制定。国际航天战略博弈的主要内容就是研究国际关系领域内国家行为体之间在与航天领域的竞争与合作。在回顾国际航天战略博弈的历史过程中结合国际政治经济学理论的发展，可以将国际航天战略博弈的历史划分为四个时间段，综合运用国际关系理论和国际政治经济学理论，在国际航天战略博弈历史和理论框架下科学分析并总结不同时期国际航天战略博弈的模式与特点。

事实上，国际航天战略博弈并不是近年来才出现的新事物。自1957年10月苏联成功发射世界上第一颗人造地球卫星（卫星1号）开创了人类航天新纪元以来，国家在对外战略中就将外层空间作为国际战略活动的新疆域。走向太空的国家越来越多，太空探索呈现国际化和全球化趋势。[②] 航天技术已经在世界范围内取得了巨大的进展，航天技术已经广泛应用于科学活动、军事活动、国民经济和社会生活的许多部门，产生了极其重大而深远的影响。与航天技术发展相关，航天活动在国际层面也互动频繁，国家制定了与之相关的大量政策，形成了国际航天战略博弈的实践。从

① 马雪梅、薛慧锋等:《主要航天国家航空航天技术研究发展态势——基于Web of science数据库的科学计量分析》,《情报工程》2017年第4期，第87页。

② 何奇松:《国际太空活动的地缘政治》,《现代国际关系》2008年第10期，第7页。

1957年到今天，我们将国际关系和航天技术的互动发展作为标准，可以将国际航天战略博弈大致分为四个阶段：1957—1975年现实主义政策下的太空竞赛，1975—1985年复合自由主义政策下的空间合作；1985—2000年新现实主义政策下的霸权稳定；2000年至今全球化时代下的商业航天和国家主义。在整个历史发展的过程中，形成了世界航天体系和航天依附关系。

（一）第一阶段：1957—1975年

国际航天战略博弈这一阶段的主要特征是太空竞赛与现实主义的互动。在冷战的背景下，美国和苏联均以现实主义的对外政策为指导思想，在国际航天战略博弈领域开展了激烈的太空竞赛。作为国家意志的延伸，在东西方冷战的状态下，外层空间的活动也成为冷战重要的组成部分。冷战早期的太空竞赛，美苏双方首先在导弹技术和运载火箭方面开展了竞赛，其标志性的事件是1958年8月14日，当时正在参选总统的参议员约翰·肯尼迪在国会大厦门外的台阶上，宣称美国与苏联之间存在着“导弹差距”。肯尼迪警告称，除非能够快速赶上这个差距，结果可能会导致美国失去威慑苏联的能力。美苏研制的洲际导弹作为一种有效的远程运输工具，为人造地球卫星和人类进入太空提供了关键的手段。之后，美国与苏联在载人航天领域开展了激烈的竞争，双方都在争夺航天领域“世界第一”的荣誉以便提升国家威望。苏联陆续开展了“东方计划”“上升计划”“联盟计划”，取得了第一个人造卫星、第一个进入太空的航天员、第一个出舱活动航天员等荣誉，极大地提高了苏联的国际威望和社会主义阵营的气势。美国则通过“水星计划”“双子星座计划”“阿波罗计划”，最终率先实现了载人登月的壮举。[①] 在这一阶段的竞争中，美苏双方互有输赢，激烈的竞争也推动了航天技术的快速发展，最终随着美苏在冷战中关系的缓和，太空竞赛进入了尾声。

（二）第二阶段：1975—1985年

国际航天战略博弈这一阶段的主要特征与冷战早期相比是空间合作与相互依赖。以政治需要为驱动，从上一阶段激烈的对峙和军备竞赛发展到

① 苗千:《1969，飞向月球》,《国防科技工业》2019年第8期，第22页。

了这一阶段的国际航天战略博弈，以国际空间合作为主要特征，既反映在美国和苏联两个超级大国之间，也体现在资本主义阵营和社会主义阵营内部。首先，美国和苏联两个超级大国之间在国际航天战略博弈中开展了合作。在实践上美苏关系的整体缓和为美苏航天合作创造了外部条件，在理论上现实主义的国际战略政策受到复合相互依赖思想的冲击。同时，双方在军备技术和载人航天领域的竞争已经达到当时科技水平的极限，在恐怖核平衡的约束下，双方均很难再有新的突破，因此，美苏双方从政治威望的较量方面转入占领国际道义高点的合作。当然，需要指出的是，随着航天技术进步的大量积累，美苏双方将竞争的重点转向了航天应用。其次，在西方资本主义国家之间和社会主义阵营内部，也掀起了太空合作的热潮。从航天国际战略博弈来看，一方面，美国和苏联将太空合作作为进一步拉拢政治盟友、提升政治威望的手段；另一方面，这也是美苏控制其盟国的重要手段。由于技术发展本身所具有的外溢性，任何国家只要在航天技术领域进行一定的投入必定可以有所收获的。因此，美苏为了控制其盟国，开始向盟国提供相关的航天技术，阻断盟国独立自主发展航天技术的能力。在前期成立联合国和平利用外层空间委员会和签署《关于各国探索和利用包括月球和其他天体在内外层空间活动的原则条约》(1967年)的基础上，真正开始实施相关条约并扩展了《关于援救航天员，送回航天员及送回射入外空之物体之协定》(1968年)、《外空物体所造成损害之国际责任公约》(1972年)、《关于登记射入外层空间物体的公约》(1975年)和《指导各国在月球和其他天体上活动的协定》(1979年)等法律文件，[①] 国际航天战略博弈的国际机制得以建立并开始发挥作用，这些变化都反映出复合相互依赖理论在实践中的一些基本构想。

（三）第三阶段：1985—2000年

随着美苏关系的再次紧张，双方重新开展航天竞争，国际航天战略博弈这一阶段的主要特征是冲突控制与霸权稳定。美国在里根总统上台以

① 尹玉海、刘冰钰:《月球协定四十年：价值与挑战之再讨论》,《北京航空航天大学学报（社会科学版）》2019年第6期，第127页。

后，由于实行新保守主义政策，经济形势得到好转，西方国家纷纷效仿，整体实力有所恢复，其国家对外战略政策趋向强硬，加强了对苏遏制。美国在国际上构筑了围堵苏联的战略防线，经济上开展国际贸易攻势，以贸易歧视的方式不向对方提供贸易最惠国待遇，严格控制高技术产品的出口并实施经济制裁；军事上既准备打常规战争也准备打核战争。在航天领域提出了以“星球大战计划”为代表的一系列航天工程，使得国际航天战略博弈重新回到了激烈对抗的情况。在这一时期国际航天战略博弈受到霸权稳定理论的影响，美苏双方都开始尝试控制太空。美苏除了围绕导弹技术和反导弹系统开展竞争外，更加注重对太空的实际控制能力，特别是进入太空的近地轨道和地球同步轨道的能力。从载人航天到大型卫星系统的组网运行，美苏在这一时期通过技术优势开始了夺取航天霸权的竞争。最终因苏联的解体，美国获得了世界性的航天霸权，开始主导全球的航天秩序。20世纪90年代成为美国航天的“黄金时代”。[①]

（四）第四阶段：2000年至今

随着冷战的结束和全球化的飞速发展，经济成为各国国家战略制定中最重要的考量因素，而国际航天战略博弈这一阶段的主要特征则是国家主义的复兴和商业航天的崛起。21世纪以来，国际社会出现了一系列对传统国际政治经济秩序产生重大冲击的现象，其中最为突出的是以中国为代表的新兴市场国家的快速发展和兴起，以美国为代表的发达国家带头推行新保护主义，以欧盟为代表的区域一体化程度加深与动荡。[②] 首先，以中国为代表的新兴市场国家的兴起，是世界政治经济格局中具有重大意义的事件。在西方发达国家经济体增长乏力的情况下，分布世界各地的新兴市场国家快速发展，改变了国际力量的对比，形成了一批区域性强国，同时也改变了世界航天力量的分布。此外，新兴市场国家的崛起在很大程度上深入影响了国家航天发展的路径，国家主导和市场经济相结合成为国际航

① 董枳君：《美国SpaceX火箭爆炸，中国天宫二号上天，商业航天正迎来“黄金时代”》，《商学院》2016年第10期，第112页。

② 郝雅楠等：《世界航天产业发展态势研究》，《国防科技工业》2020年第1期，第43页。

天战略博弈在竞争中所依从的重要方式。其次，西方发达国家在经济增长率下降、霸权衰退以及新兴市场国家的挑战之下，美国带头推行新保护主义，使得世界自由贸易体系和世界经济的多边协调机制开始向贸易保护主义和单边主义转向，在世界范围内兴起了一种新的保护主义。这种新保护主义为国际航天合作留下了阴影，其直接反映在国际发射服务市场萎缩，太空合作的国际协调困难重重。最后，以欧盟为代表的区域一体化程度加深与动荡，使得区域合作机制不断加强，在联盟内部统一市场和共同货币政策应对外部挑战，这就使得国际航天战略博弈也受到区域一体化的影响，在联盟内部航天计划快速发展，例如在系统工程方面，欧盟组织建设“伽利略”（Galileo）卫星导航系统加速建设；在国际组织方面，亚洲国家成立亚太空间合作组织推进区域太空合作。[①] 新兴航天国家崛起、传统航天强国的保护主义和航天区域一体化发展成为国际航天战略博弈的新特点。由于各国的国际航天战略博弈政策受到强调国家利益的国家主义理论和经济民族主义理论的影响，原有的航天国际合作体制受到打击。国际航天战略博弈能否保障国际航天技术的交流、发展和应用，并将相关技术转化为促进国家发展的动力，成为当前最重要的挑战。

二、国际航天战略博弈的理论要素

回顾并分析国际航天战略博弈的历史和现实可以发现，博弈活动的模式总是围绕着科技进步、战略设计和资金投入这三个要素开展的。航天科技为航天活动的开展创造了可能，航天科技的水平是开展战略博弈的核心基础，同时对国家的综合实力有着重要影响。航天科技的进步可以在较短时间内促进一个国家综合国力的迅速增长，进而引发国际格局力量对比的变化。因此，航天科技发展是开展战略博弈活动的重要基础和手段，同时国际交流与合作的各类外交活动也致力于提升国家的航天科技水平。在全球化时代，航天科技对国家经济发展的牵引作用日益增强，战略博弈活动

① 肖晞、樊丛维：《构建东亚新型太空合作模式：制约因素与路径选择》，《社会科学战线》2019年第1期，第219页。

的经济属性也不断提升，特别是在全球经济供应链一体化不断深化发展的情况下，如何利用商业航天促进国家的经济发展成为国际航天战略博弈的重要课题。战略设计是战略博弈的根本动力，行为主体长期以来通过实施航天工程建设和航天活动增加国家的威望，为国家赢得更具优势的国际地位，同时能够向竞争对手进行威慑。国家在总体对外战略中对航天的设计，是战略博弈开展的根本动力来源。资金投入是驱动航天技术进步和战略博弈开展的重要条件，资金投入的规模直接反映了社会对航天的认知和观念，从建构主义和观念史的角度来讲，也反映了人们对外空安全、技术水平和经济发展的重视程度，因此，航天领域的国家和社会投资规模是开展战略博弈的前提条件。改善大众对航天的认知，争取民众对航天项目的支持，对维护国家外空安全、发展国家航天技术、促进商业航天发展具有重要意义，这是战略博弈在公共国际战略领域不可忽略的部分。从国际航天战略博弈发展至今的历史进程来看，在不同的历史时期战略博弈反映为不同的国际关系和对外政策。但是归纳总结起来，博弈始终是由科技、战略和资金三个要素决定的。科技是核心基础、战略是根本动力、资金是重要条件。

（一）科技是核心基础

技术发展是国际航天战略博弈的核心基础，没有航天科技的发展，就不可能开展博弈活动。航天科技水平既决定了博弈的能力，同时也决定了博弈活动可以开展的领域。

第一，科技水平决定国际航天战略博弈活动的能力。事实上，以俄罗斯科学家齐奥尔科夫斯基在1903年发表《利用喷气工具研究宇宙空间》一文为标志，人类已经掌握了运载火箭的基本原理，但是直到二战结束、世界主要工业国家整体科技水平提升后，人类才能实施真正的航天工程。因此，整体科技水平直接影响了国家的航天能力。随着航天科技水平的提高，国际航天战略博弈活动的能力也在增强。以火箭技术为例，在早期火箭技术还处于起步阶段，只能开展以探空火箭为平台的高空物理联合研究这类合作。随着火箭技术的成熟，弹道导弹成功研制并拥有了实战能力，导弹的部署可以为盟友提供保护，对竞争对手进行战略威慑，成为国际航天战略博弈在军事安全领域的重要组成部分。在运载火箭技术进一步提高后，可以支撑载人飞船为代表的载人航天活动，国家可以通过搭载盟友和友好国家的航天员的方式在载人航天领域开展太空合作，大大提高了航天强国的政治威望，进一步提升了国家开展国际航天战略博弈活动的能力。

第二，科技水平决定国际航天战略博弈活动的领域。科技水平的提升扩展了航天的应用领域和范围，使得航天应用从科学研究向军事安全领域扩展，最终影响到人民生活的各个方面，成为经济活动的重要组成部分。因此，航天科技水平决定了国际航天战略博弈活动可以涉及的领域、可以利用的手段与工具。以卫星应用技术为例，早期卫星只能开展科学试验，其能力较为有限。随着卫星能力的增强，以军事侦察为代表的航天遥感技术开始广泛应用于军事领域。随着卫星通信技术的发展，卫星通信成为国际通信的重要手段，国际电信通讯、国际广播电视信号的转播都依赖于通信卫星。在卫星导航定位技术的发展下，卫星应用进一步扩大，地图测绘、手机导航、电力金融授时完全依赖于卫星导航系统。航天科技水平的提升直接参与到了军事行动、经济发展和社会生活的诸多方面，决定了国际航天战略博弈涉及的范围。

（二）战略是根本动力

自二战结束人类进入航天时代以来，大国竞争始终是国际航天战略博弈的特点。国际航天战略博弈是国家整体对外战略中不可缺少的环节，也是构成国家对外战略的一个关键部分。国家对外战略的实现，依赖于航天战略的实施，国家对外战略本身又对航天战略作出了方向性的规定，要求航天活动必须为实现战略所规定的国家利益和目标服务。在这一过程中，国家对航天活动的战略规划和设计，直接决定了航天战略在国家整体国际战略中的地位，同时也反映了国家实施航天战略的决心和意志力。在国际航天战略博弈的实施过程中，战略规划的水平直接决定了博弈的实施效果。因此，战略规划是国际航天战略博弈活动的根本动力。

第一，战略规划决定了国际航天战略博弈在国家整体对外战略中的地位。所谓战略或战略问题，就是在政治以及军事、经济、意识形态等领域，研究、掌握和运用现实关系中较长时期的规律或指导性规律。[1] 国家对外战略作为一国对较长时期国际格局、本国国际地位、国家利益和目标，以及相应的国际战略和军事政策的认识和谋划，指导着国际战略政策的制定，同时也指导着各种对外具体政策的制定，对国家的生存和发展具有决定性作用。因此国家面临着纷繁复杂又形势多变的外部环境，在相互竞争和矛盾的利益和目标之中，如何定位航天战略就成为博弈政策制定和实施的核心。在战略规划中重视航天在国家整体对外战略中的地位，将在国际航天战略博弈中投入更多的资源和精力，获得更多收益；与之相反，在战略规划中轻视航天，则会遭遇重大挫折和损失。战略决策总是涉及价值的选择，而价值的判断则源于文化。[2] 在中国整体对外战略中，中国政府高度重视国际航天领域的战略博弈。相比而言，英国原本拥有较好的经济基础和技术积累，但是由于国家在战略规划中忽视国际航天战略博弈的重要性，使其原本在航天领域的领先地位岌岌可危。此外，战略规划也反映了国家实施战略博弈的决心和意志力。而某些新兴航天国家，在经济基础薄弱和技术水平较低的情况下，国家高度重视航天技术，将航天技术视作民族尊严和国家实力的体现，在极端困难的条件下保持了大量资源的投入，体现了国家强大的决心和意志力，有效保障了航天活动的开展并从中获得了丰硕的成果。因此，战略规划是国际航天战略博弈的核心定位。

第二，战略规划的执行水平决定了国际航天战略博弈的实施效果。战略总是由目标、方案和手段几个方面组成的。[3] 可用以下公式表示，“国际航天战略=目的（国际战略目标）+途径（行动方案）+手段（国际战略工具）”。首先，博弈的目标是根据国家利益所确定的在一个时期内所要达到的目的、计划、愿望和要求，其中目标是博弈政策的核心内容，国家必须根据实际情况设立合理的战略目标。其次，实施方案必须依据重要性排

① 陈忠经：《国际战略问题》，中国社会科学出版社，1987，第2页。

② 莱斯利·里普森：《政治学的重大问题：政治学导论》，刘晓译，华夏出版社，2001，第68页。

③ 美国陆军军事学院编：《军事战略》，中国人民解放军军事科学院外国军事研究部译，军事科学出版社，1986，第3—4页。

出目标的优先级，并在此基础上列举达成目的的可行方案，充分了解不同方案可能造成的后果，根据目标选择能够获得最佳结果的行动方案，决策模型在这一过程中发挥着核心的作用。最后，在选择手段工具的过程中需要充分考虑航天技术的实际水平和应用情况，保障国际战略的手段和工具能够按照实施方案的规划发挥作用。例如，冷战初期，美国的航天科技基础并不逊色于苏联，但是因其糟糕的战略规划，设定了较低的国际航天战略博弈目标，在方案计划中又选择了错误的技术路线，最终导致在冷战初期的太空竞赛中落后于苏联。因此，在战略规划上，确定合理的目标、制定恰当的计划、利用正确的手段才是国际航天战略博弈取得较好实践效果的必要条件。

（三）资金是重要条件

航天作为高风险、高投入、缺少商业回报的领域，需要大量且长期的资金投入才能实现。在商业航天尚未发展成型不能创造经济价值的情况下，国家是唯一的投资主体，这就决定了国家需要具备雄厚的经济实力，对航天进行长期投资才能在国家战略目标的规划下实施国际航天战略博弈活动。

第一，国家的资金投入直接决定了国际航天战略博弈规模和效果。航天活动涉及大量的科学研究和技术创新领域，从学科上看，涉及数学、物理、力学、实验及计算机等基础学科，与机械设计学、电路与电子学、自动控制学、结构力学、空气动力学、工程热力学、传热学、燃烧学、流体力学、材料力学等诸多专业学科；从技术上看，涉及航天器总体设计、结构设计、材料与制造工艺、飞行控制、通信与导航、风洞试验、可靠性与质量控制、安全救生、环境控制、仪器仪表、航天动力装置等领域；从工程上看，涉及科研机构组织、生产工厂建设、发射场建设、测控网建设等大型工程。同时，航天工程的周期漫长，从项目立项，开展关键技术攻关、试验、实施、应用流程漫长，需要稳定的高素质人才队伍、大量的科学仪器设备、科研—生产联合体和地面设施建设的支持。拥有长期、巨量、稳定的资金投入支持才能开展大型航天系统工程的建设。因此，国家的资金投入直接决定了航天活动的规模。以苏联为例，虽然苏联政府高度重视航天活动，同时也具有较高的航天科技水平，但是后来因为苏联经济衰退，已经无法继续支撑其庞大的航天活动，苏联的国际航天战略博弈就此偃旗息鼓。国家的资金投入直接决定了国际航天战略博弈的规模和效果。

第二，当前国际航天战略博弈活动仍然依赖于国家财政投入。自人类进入航天时代以来，航天的大部分资金完全来源于国家的投入，虽然有私营企业参与，但主要是作为项目承包商开展活动。以2015年全球卫星制造业的收入情况为例，当年全球卫星制造业总收入为166亿美元。其中，商业通信卫星收入仅占24%，其余商业对地观测卫星仅占8%，其余均为政府采购卫星。[①] 由此可见，虽然在全球化的影响下商业航天有了进一步的发展，但是到目前为止，政府仍然是航天产业最大的买家。因此，国家的财税体系与国际航天战略博弈的开展密切相关。政府需要从民间经济中抽取足够的财政收入，才能支持国家的运转。[②] 受制于原材料价格的波动，航天资源型国家往往无法长期提供稳定的资金支持，而大部分发展中国家因不能从社会中有效提取资源，而限制了其国际航天战略博弈活动。因此，国家高效稳定的财税体制是国际航天战略博弈的重要保障力量。

第二节 外部环境与理论范式

理论范式规定了国际航天战略博弈开展理论构建的外部环境和基础条件，这是理论假说提出和验证分析的前提。所谓范式，是指特定的科学共同体从事某一类科学活动所必须寻找的公认的“模式”，包括共有的世界观、基本概念、范例、方法、手段、标准等与科学研究有关的所有东西。[③] 国际航天战略博弈的理论范式主要集中在三个方面：航天经济的计

---

① The Tauri group, *State of the Satellite Industry report 2016*, https://brycetech.com/downloads/SIA_SSIR_2016.pdf.

② 郭建龙:《中央帝国的财政密码》，鹭江出版社，2017，第2页。

③ Thomas S. Kuhn, *Structure of Scientific Revolutions*(Chicago: University of Chicago Press, 1970), p.34.

划属性、以国家为核心的行为体和大国竞争的本质特征。

一、航天经济的计划属性

航天产业作为战略型产业，在经济方面具有很强的计划经济属性。航天产业通常资本投入非常高，研发周期长，不能完全依靠市场，需要政府的财政补贴和支持。[①] 航天产业的市场盈利能力有限，基本无法依靠私营资本的投入产生足够的利润支撑整个产业发展，需要依靠政府和公共部门的投资，这是航天产业与其他产业相比的重要区别。

第一，航天活动的投资规模庞大。为开展航天活动需要建设庞大的航天基础设施、工业产业体系和庞大规模的人才培养建设，在此过程中需要巨量的资金投入。以美国的航天资金投入情况为例。美国的“水星”计划耗资3.92亿美元，“双子星座计划”耗资12.81亿美元；“阿波罗计划”耗资255亿美元；“天空实验室”耗资24.6亿美元，航天飞机计划耗资424亿美元。与航天计划的耗资相比，同一时期，1956年福特公司作为美国历史上最大的股份制企业首次公开募股（IPO）市值也不过32亿美元。由此可见，航天活动需要巨量的资金投入，这些资金体量的投入是私营企业难以承受的，需要依靠政府和公共部门的财政预算和拨款支持。

第二，航天活动在市场主体的经济中投资回报周期长且投资收益较低。任何投资都关注回报，以市场为主体的航天投资核心在于要求企业实现财务平衡。由于航天活动的重资产属性，其投资规模巨大且资本沉淀性强，又面临投资回报率较低、周期长、资本流动性差和项目风险高的问题，缺少政府支持的商业航天项目从目前来看投资回报较低。在迄今为止的各类航天活动中，创造最大经济效益的是卫星应用，其中最为重要的是卫星通信。从全球主要的通信卫星系统运营商来看，投资回报并不理想。例如国际卫星通信公司（Intelsat）作为上市公司，是对国际卫星通信组织进行私有化后的产物，国际卫星通信组织仍然负责审核公司预算和监

① 范永进、朱瑶翠、曹俊:《经济新常态和企业新变革》，上海社会科学出版社，2018，第72页。

督等工作。2015—2020年的投资回报率为–5.35%。[①] 而铱星公司则更为严重，铱星项目由美国摩托罗拉公司发起，铱星系统是世界上第一个实际投入使用的低轨移动通信系统，技术先进、规模庞大、建设速度最快，因此从理论上讲，铱星系统占尽先机，但是由于终端价格和通话费用过高，用户数量有限，最终不敌地面移动蜂窝网络，在1999年宣布破产。[②] 重组后的铱星公司在免除40亿美元的债务后，2015—2020年的投资回报率为1.65%。[③] 与之相比，国际海事卫星组织（Inmarsat）移动卫星通信系统，由于获得了政府给予的支持和扶植，发展良好，特别是考虑通信卫星作为投资大、风险高，在信号落地过程中存在大量政治、政策和法律问题，政府的政策和资金支持对于卫星通信系统而言至关重要。[④] 即便根据美国卫星产业协会的统计口径进行评估，全球卫星行业的收入在2015年底已达到2080亿美元，2017—2019年的增长率保持在3%—4%。跟1999—2019年卫星行业每年15%—19%的增幅相比，如今卫星行业的发展速度已经大幅下降。[⑤] 如果按直接产出与投入之比计算，载人航天计划的经济效益小得可怜，同时考虑载人航天还具有极大的风险，私营企业除承包国家项目外，自身不会投资开展载人航天和深空探测领域的航天活动。以苏联的空间站项目为例，20世纪80年代戈尔巴乔夫上台后，在开放方针的指导下，苏联希望利用“和平”号空间站为外国提供服务创造经济效益。一方面很难得到外国大型的搭载业务，另一方面这种国际飞行带来的收益远不足以抵偿为此支付的开支和造成的损失。“联盟”飞船搭载一名外国乘客收费通常在2000万美元左右，低的只有700万美元。像这样一次包括训练、发射、在轨生活一周、返回的载人飞行，其收费尚不及同期“阿丽亚娜”火

---

① Intelsat SA根据美国会计准则公布的公司财务数据统计结果，https://cn.investing.com/equities/intelsat-sa-ratios。

② 俞盈帆：《铱星公司申请破产保护的教训与启示》，《国际太空》1999年第11期，第5页。

③ Iridium Communications Inc.根据美国会计准则公布的公司财务数据统计结果，https://cn.investing.com/equities/iridium-communications-ratios。

④ 华夏：《对INMARSAT的成功与铱星破产的思考》，《青岛远洋船员学院学报》2007年第4期，第46页。

⑤ 李宇飞：《维护航天创业企业开始喜欢隐身了？》，《中国航天报》2019年7月6日第1版。

箭发射一颗同步轨道卫星价格的三分之一。此外，搭载外国人出入空间站又付出了被迫减少携带的有效载荷的代价。凡此种种都使“和平”号空间站的经济效益不佳，空间站商业化的愿望未能实现。[①] 同样，当前国际空间站运行一年仅美国就需要花费32亿美元的预算，而同期国际空间站商业活动的利润仅约为一亿美元。[②] 对国际空间站的商业化也是无利可图的，即使在延长空间站运行时间的情况下必须由国家而不是由企业注资。

第三，国家财政最终为航天经济买单。在航天活动中，运载火箭、卫星平台和航天器的研制都由国家财政进行投入，政府部门和公共机构直接为载人航天和深空探测提供资金，同时也是各类卫星应用到目前为止最大和最重要的客户。从载人航天和深空探测领域来看，由于不产生直接的经济效益，其经费主要来源于国家财政的拨款。即便俄罗斯利用“联盟”飞船开展的太空旅游和以维珍银河、蓝色起源等新兴航天公司为代表的载人太空活动，也远远不能达到政府支持项目的规模和高度。从卫星应用的通信、遥感、导航三个领域而言，在卫星导航领域，卫星系统建设和运营维护均由国家承担，免费向用户提供服务，政府是全球所有卫星导航系统建设的唯一经费提供方。在卫星遥感领域，即便很多商业公司在运营遥感卫星并提供服务，例如数字地球公司（Digital Globe Inc.），但是项目投资和卫星照片的用户往往是政府部门。军事侦察占卫星遥感业务的绝大部分，这是由军队发起实施项目或购买服务，土地资源调查是仅次于卫星通信能够创造经济效益的应用领域，但政府的土地规划、资源勘探和农业部门依然是对地观测业务的最大的买家。从2017年全球遥感用户分类看，军方占19.4%，政府占30.8%，商业用户仅占44.7%。[③] 卫星通信业务在全球范围内的最大买家依然是政府部门。国际海事卫星组织（Inmarsat）在移动卫星通信服务的海上和航空市场份额均约为75%，居于世界领先地位，航

① 杨秀敏:《苏联和平号空间站的商业应用》,《国际太空》1990年第7期，第28页。

②《新闻分析：美国推动国际空间站商业化的三重挑战》，新华网，2018年2月14日，http://us.xinhuanet.com/2018-02/14/c_1122419553.htm。

③ The Union of Concerned Scientists: Satellite Database, https://www.ucsusa.org/resources/satellite-database。

空终端中有65%—70%是政府用户；陆地卫星通信市场份额约占30%，居世界第二位，陆地移动终端中有60%—65%是政府用户，目前仍保持着22%的年增长率。[①] 在发射服务上，公共部门同样是最大买家。总的来看，作为专用装备的最终航天产品并不一定能成为通用性商品，满足国家安全利益需要的专用航天产品仍占较大比例。而且市场经济中商业活动所遵循的等价交换规律在航天这个特定领域的适用性是有其约束条件的，在国家安全的需要下航天领域供需关系不是完全建立在市场交易基础上的，其需求方非常有限，即使为多个供应商也没有完全实现自由市场交易，大部分航天经济活动并不能满足公平定价这一市场经济活动的约束性条件。因此，航天经济的资金绝大部分来源于国家财政。

如前所述，美国在太空竞赛中的胜利也是采取同苏联相类似的系统工程组织方式实现的，其项目组织和工程实施的计划性远强于苏联，是利用计划经济的方式而不是市场经济的方式实现的。航天经济的计划经济属性作为一种历史性的经验总结，可以进行多层次和多方面的理论分析。从功能主义的角度而言，国家能力是国家对社会和公民生活的实际影响程度，关键在于国家能否将其意志主张转化为有效的公共政策目标并贯彻实施。[②] 从国家能力的意义上看，美国同苏联并无差别，两者却与大多数发展中国家有很大差异。计划经济不等于社会主义,资本主义也有计划;市场经济不等于资本主义,社会主义也有市场。[③] 因此，不论在何种政治体制下，绝大部分的航天产品和服务来自政府的计划和采购，航天产业本质上是一个以政府计划为主体的计划经济的产业，而不是一个以企业经营为主体的市场经济的产业。

---

① 北京米波通信技术有限公司:《现代商用卫星通信系统》，电子工业出版社，2019，第2页。

② 弗朗西斯·福山:《政治秩序与政治衰败：从工业革命到民族全球化》，毛俊杰译，广西师范大学出版社，2015，第19页。

③ 《邓小平文选》第3卷，人民出版社，1993，第373页。

二、国家为核心的行为体

国家是国际关系理论的传统国际行为体，随着全球化的发展，跨国公司、非国际组织等非国家行为体也日益成为国际关系的重要组成部分。在国际航天战略博弈中，由于航天经济的计划经济属性，国家仍然是航天活动的实施主体，也是国际航天战略博弈最主要的国际关系行为体。

第一，国家的实力决定国家利益。国家在航天领域的资金投入、科技水平和管理能力等物质性要素对于国际航天战略博弈具有基础性作用。虽然人类探索外层空间的努力、维护外层空间和平的种种良好意愿作为国际社会的重要道德准则会在博弈中产生重要影响，但是这些观念都来自对外在条件的客观认知，并不是凭空产生的。同时，战略博弈的思想观念需要强大的经济和技术力量的支撑，否则就不可能得到实施。因此，国际航天战略博弈的理论并不否认博弈的主要观念具有一定的独立性，但是国家作为开展战略博弈的主体，其遵循的观念道德与一般普遍意义上的道德不同，只有制定符合实际航天能力的战略政策才是道德的。国际航天战略博弈“并不要求对政治理想和道德原则采取漠然不顾的态度，但是要求严格区别理想与可能。”[①] 作为物质性的国家利益，博弈的主要目的在于维持、增加和扩大自己国家在航天领域相对于其他国家和国际关系行为体的领导、控制和支配关系。此外，国家需要通过权威塑造国家威望，从而获得能够使其他国家自愿服从和支持的能力，维护国家利益。在国际航天战略博弈中“国家之间的交易及其谈判结果主要取决于参与各方相应的威望。”[②] 本质上看，国际航天战略博弈中国家通过权力和权威获得、维持和扩展自身的利益，其根本来源是国家的航天实力。

第二，国际无政府状态与国家安全。国际无政府状态符合国际政治的

① 汉斯·摩根索:《国家间政治：权力斗争与和平》，徐昕等译，北京大学出版社，2006，第20页。

② 罗伯特·吉尔平:《世界政治中的战争与变革》，武军等译，中国人民大学出版社，1994，第31页。

基本事实，无政府性是国家体系组成的国际关系的最显著特征。[①] 在国际无政府状态下，由于缺少最高权威制止冲突，当国家的重大利益受到伤害时，冲突往往难以避免，形成了国家的“自助性”，生存成为国家第一位的需求，安全利益构成了其他一切物质性国家利益的基础，国际航天战略博弈通过国家自身实力首先需要维护生存和发展的国家利益。对于开展战略博弈的国家而言，国家开展太空竞赛或者空间合作的政策并无太大差别，主要的区别在于国家的航天能力，即投入的资金规模、掌握的航天科技水平和对航天工程和项目的管理能力。处于国际无政府状态下的国家主要就是在国家的航天能力方面开展竞争，国家之间的航天能力差距成为影响国际航天关系和国家制定航天政策的根本性因素。同时，虽然世界各国的航天活动各有特点，但是由于航天经济的计划经济属性，重大的航天活动基本只会由大国进行，而且国家处于国际无政府状态的自助体系当中，必须运用综合实力来维护自身利益，航天活动的各个方面不能被分割而应该被综合考量，这就决定了国际航天战略博弈中大国具有较强的主导性。在国际无政府状态下，一个国家开展航天活动支持维护自身国家安全的行为可能会被另一个国家视为威胁从而引发太空竞赛。

第三，国家的“经济人”特性和有限理性。在国际航天战略博弈中，国家作为主要行为体遵循“经济人”的假设特性，即在可能的条件下实现国家利益的最大化。虽然国家是理性的，但是由于多方面的条件限制和国家组织形式造成了国家理性的有限性。首先，由于影响国际航天战略博弈的因素众多且外部环境和条件的不断变化，国家在进行决策的过程中获得的信息是不充分的，因此不一定能够作出最优的解释。其次，即使获取了全部信息，但是由于在对航天的认知和考量上也存在局限，因此最终决策成果也不一定是最优的。最后，国家理性在决策和实施的过程中受到个人利益、官僚利益和集团利益的裹挟，可以形成理性选择、组织过程和官僚

① 秦亚青:《国际体系的无政府性：读温〈国际政治的社会理论〉》,《美国研究》2001年第2期。

政治三种决策模式。[①] 个体的理性最终导致了集体的非理性，造成国家无法形成和实施最优决策。由于国家不是完全理性的国际航天战略博弈行为体，不能总是作出并实施最优决策，因此在战略博弈中会产生多重的矛盾，使得国家间的航天竞争会远远大于合作。

三、大国竞争的特点

国际航天战略博弈的特点是大国竞争。航天经济的计划经济属性使得航天活动必须依靠国家的投资，虽然国际制度和道德观念对国际航天战略博弈拥有重要的影响，但是国家对有限航天资源的竞争和航天与政治军事的密切关系，决定了竞争性是国际航天战略博弈的核心特质。

第一，国际航天战略博弈竞争有限的物理空间。在与航天高度相关的物理空间内，无线电的频谱资源、卫星的轨道和位置都是有限的物理资源，获得必要的空间频轨资源是保障卫星系统正常运行的根本。但是随着航天技术的发展，在轨航天器、各类应用卫星数量大幅增加，频率和轨位资源日益紧张，特别是当前大型低轨通信星座建设的开展，现有资源已经不能满足世界各国的需求。例如，美国太空探索公司（SpaceX）的星链（Starlink）卫星通信系统将部署4425颗使用Ku-Ka波段的卫星，美国一网公司（OneWeb）计划部署720颗且使用Ku-Ka波段的卫星，加拿大电信卫星公司（Telesat）计划部署117颗使用Ka波段的卫星系统。[②] 欧洲另外三十亿人公司（O3b）拥有全球唯一成功运营中轨宽带卫星通信系统，目前在轨道运行16颗卫星，未来将在轨运行42颗中圆轨道卫星。[③] 此外，部分空间频率和轨道资源极为稀缺。以地球静止轨道资源为例，地球静止轨道卫星系统的发展几近饱和，截至2018年12月31日，全球在轨卫星总量近

---

① GrahamT. Allison, *Essence of Decision: Explaining the Cuban Missile Crisis*, Pearson Group, 1998, p.23.

② 刘帅军、胡月梅编译：《Telesat、One Web及Space X三个全球宽带低轨卫星星座系统的技术对比》，《卫星与网络》2019年第7期，第23页。

③ 张有志、王震华、张更新：《欧洲O3b星座系统发展现状与分析》，《国际太空》2017年第3期，第25页。

2000颗，其中地球静止轨道卫星超过550颗，地球静止轨道面上平均1°超过一颗卫星，多星共轨已经成为常态，甚至出现一个地球静止轨道位置8颗卫星共轨的情况。[①] 因此，航天大国普遍将频轨资源视为国家的重要战略资产并开展激烈的争夺。

第二，国际航天战略博弈竞争有限的商业市场。航天市场进入的技术要求很高、投资资金大、投资周期长、商业风险大，特别是火箭发动机、抗辐照星载芯片等核心单机和部件，往往需要经历十几年甚至几十年的发展，才能掌握相关核心技术。但是与之相对的却是有限的航天市场和明显的寡头竞争效应。首先，航天产业整体市场规模有限。2018年卫星产业总收入为2774亿美元，全球航天经济规模达3600亿美元。[②] 与之相比，仅中国汽车制造业2018年就实现营业收入83372亿元，[③] 远超全球航天产业规模。此外，航天产业寡头效应明显。2017年主要国家政府航天预算总计762亿美元，其中，美国政府航天预算为433亿美元，占比高达57%，超过其他国家或地区政府航天预算之和，遥遥领先。卫星应用市场也高度集中，以最为重要的卫星通信市场为例。固定卫星服务（FSS）市场相当集中，国际通信卫星组织、欧洲卫星公司和欧洲通信卫星公司占2016年出租宽波束转发器收入的60%（2016年出租转发器7500台，产生了120亿美元的收入）。[④] 而且，卫星通信作为卫星应用最主要的盈利板块还在未来面临带宽过剩的挑战。较小的航天市场规模和寡头竞争效应，使得航天企业在高投入、长周期、高风险的竞争压力下必须占有较大的市场份额才有可能收回投资，否则有可能血本无归。这还不包括大量初创的烧钱型航天企业。以太空运输发射服务业务为主的美国太空探索技术公司（SpaceX）为

---

① 田伟、陈珊珊、林源：《空间频率轨道资源法规标准建设情况初探》，《中国航天》2019年第8期，第54页。

② Bryce Space and Technology, *2019 State of the Satellite Industry*, https://brycetech.com/downloads/SIA_SSIR_2018.pdf.

③ 中华人民共和国国家统计局：《2018年全国规模以上工业企业利润增长10.3%》，2019年1月28日，http://www.stats.gov.cn/tjsj/zxfb/201901/t20190128_1647074.html。

④ 克劳德·卢梭：《国际商业航天市场分析》，《卫星应用》2018年第2期，第16页。

例，其估值增至305亿美元且累计股权融资总额已经达25亿美元。即使其包揽美国所有的发射任务，仅能实现约23亿美元的收入，况且这种情况很难发生。航天领域的设计、制造和运营是非常烧钱的业务，即使创新公司依然如此，其利润并不高。在技术发展的挑战之外，航天未能与其他产业对接，建立与之匹配的生态系统，仅在有限的市场中进行博弈，是航天企业在激烈竞争之外更加严峻的挑战。这种封闭的商业模式最终将导致航天企业完全依赖于政府的财政补贴，进一步刺激国家间的航天竞争。

第三，国际航天战略博弈在政治军事紧密联系领域开展竞争。航天是人类20世纪50年代开创的伟业。然而，航天由于其应用的广泛性和领域的特殊性，从一开始就带有浓重的军事政治色彩。可以说航天的发展史也是政治军事航天的发展史。国家之间的政治经济关系和意识形态是国际航天战略博弈的基本外部环境和发展变化的条件。首先，国家通过开展航天活动塑造国际威望，技术需要不断进步和挑战，只有夺取“第一”“首个”等技术荣誉，在激烈的航天竞赛中才能为国家形成政治威望。因此，能够为国家塑造政治威望的航天活动也是有限的。正如苏联在“上升计划”中政治需要压倒技术发展一样，“上升”1号在赫鲁晓夫的要求下从两人改为三人，并在1964年革命节前完成，设计人员突击修改座舱，为了能在狭窄的座舱内装入三个座椅，去掉了很多科学仪器设备，甚至把维持舱内生命活动的保障系统也减到最低程度，不安装逃逸救生系统，同时要求宇航员脱掉宇航服。苏联于1965年3月18日发射的“上升”2号飞船比美国3月21日发射的“双子星座”3号仅早飞了四天，实现了宇航员第一次宇宙“行走”。实际上，苏联的“上升计划”除了完成人类首次太空行走外，未能进行更有价值的研究，比“东方计划”的成就高不了多少，对未来发展具有深远影响的轨道交会对接技术没有进行试验验证，在交会对接技术的实现上明显晚于美国。这反映了在载人航天技术方面美国已开始赶上并超过苏联。其次，国家的航天活动与军事安全密切相关。太空无疑已经成为军事活动领域的新天地。航天从诞生之日起就是尖端的军事工业技术，运载火箭与弹道导弹并无特别大的差别，返回式卫星与弹道导弹再入大气层为同一技术体制。现代战争表明，军事卫星系统正发挥着越来越大的作用，遥感卫星的图像广泛应用于军事侦察，通信卫星大量服务于军事通信，导航卫星是军事指挥调度和高精度武器导航的基本设施。他们对战场进行侦察、监视，为战区部队提供通信、导航、气象等天基保障能力，是现代高科技战争中不可缺少的一环。他们在掌握地面行动企图，为当局决策和制定行动计划提供依据，为空袭作战提供精确的目标和准确的战后评估，为控制电磁频谱、夺取战场主动权创造条件，严密监视敌方导弹发射，提高导弹拦截效果，确保通信指挥畅通无阻。因此，开展航天活动在很大程度上可以增强国家的航天实力，也就直接提高了国家的军事实力，极易引发以太空竞赛为代表的军备竞赛。国家开展国际航天战略博弈的对象和方式受到国家之间基本政治经济关系和意识形态的限制，例如在冷战期间，社会主义阵营内部和资本主义阵营内部开展空间合作，而在两大阵营之间开展太空竞赛，国际航天战略博弈的基本态势受到国家间关系，特别是大国竞争的决定性影响。

第三节　理论模型与主要逻辑

国际航天战略博弈理论模型的建立，以航天经济的计划经济属性、国家为核心的行为体和大国竞争的本质特征的理论范式为边界。在回顾和分析国际航天战略博弈历史与现实的基础上，对资金、战略和科技三个决定航天实力的关键要素进行分解并提出量化指标。基于航天实力和航天政策的理论内核，建立以航天实力和航天政策互动为主要逻辑的国际航天战略博弈理论。

一、关键要素

根据国际航天战略博弈历史和现实的回顾与分析，科技是国际航天战略博弈的核心基础、战略是国际航天战略博弈的根本动力、资金是国际航天战略博弈的重要条件。国际航天战略博弈理论需要从宏观和整体上把握航天科技发展和国际政治经济互动的发展轨迹，最大限度地排除不必要或不稳定的干扰因素，完成理论中关键要素的有效整合，确保国际航天战略博弈理论的简约和有力。由此，国际航天战略博弈的关键要素具备量化条件下可以总结归纳为三个条件——科技、战略和资金。

第一，科技。航天科技水平作为开展国际航天活动的基础，涉及的衡量指标和评价非常广泛，可以从空间科学、应用技术和资源条件三个方面进行分解。在空间科学方面，主要是利用航天器研究外层空间，包括物理学、天文学、化学、生物学等基础学科在内的研究。由于航天与物理、数学、天文、地质、生物等学科的密切关系以及对基础科学进步的拉动作用，对国家未来的基础学科发展具有重要作用。对空间科学的量化评价可以从科研机构数量、论文的发表数量、文章的引用率的数据着手。[①] 在应用技术方面，主要是开展航天活动和进行航天工程建设所需的相关技术，同时也包括在通信、遥感、导航等领域的应用技术，这些技术水平直接决定了国家开展国际航天战略博弈的能力。对应用技术的量化评价可以从相关专利和软件著作权的申请与授权数量进行比较研究，同时针对各个专业，可以利用技术指标进行衡量，比如运载火箭的发射数量、运载能力和发射成功率、卫星在轨数量、航天器的吨位、卫星平台的重量和寿命，通信卫星的带宽，导航卫星的精度，遥感卫星的图像分辨率和时间分辨率等数据和指标。在资源条件方面，主要包括人力资源、设施资源和空间资源。首先，人力资源主要是从事航天工作和开展辅助工作的人员，高素质的人才队伍对航天具有至关重要的作用，教育培训体系则在其中发挥着重要作用。人力资源的量化评价指标包括从业人员的数量、年龄结构、受教育程度等方面。其次，设施资源主要是开展航天活动必不可少的研究实验室、生产工厂、发射场、测控网、运控网等基础设施，航天设施资源的量化评价指标可以包括发射塔架的数量、航天设施占地面积、地面设施的密度等方面。最后，空间资源主要是目前已经占有的轨道的位置和无线电频谱资源，这是国家航天发展的必要基础条件，空间资源的量化评价指标包括目前占有的轨位数量、正在向国际电联申请的数量、占有的无线电频率带宽等方面。通过标准的统一和数据的综合，可以对国家的航天科技水平

① 墨宏山:《基础科学研究发展指数分析》,《科技管理研究》2019年第18期，第255页。

进行量化比较研究。

第二，战略。在国际航天战略博弈中战略主要反映国家对航天的重视程度和发展航天技术的决心，是国家意志力在航天领域的体现。各国通过规划和实施对航天本身的认知、对历史的理解和对现实环境的判读进行国际航天战略博弈的战略决策。战略决策总是涉及价值的选择，而价值的判断则源于文化。[①] 如上文分析的那样，在这一战略规划的过程中，国家作为核心行为体，对国际无政府状态的认知、国家实力和国家利益的判断，维护国家利益的决定等方面，其物质性的文化观念具有决定性作用。战略规划的核心是战略文化，战略文化是指导和约束关于战略问题的思想，影响战略议题形成方式的一系列态度和信仰。[②] 这种战略文化指导下形成的航天精神，成为国家在有限的条件下能够发展航天技术的关键性要素。而作为一个完整的复合系统，战略文化通过形成关于国际能力在国家间政治事务中的作用和效果的概念，从而建立起普遍和持久的战略偏好。[③] 在战略文化指导下形成的战略规划包含多个方面，其中的根源在于历史的认知。国家的战略文化的基本成分来源于地理、民族文化和历史变量，这些变量的互动形成了一国的战略文化。[④] 一般来说，拥有较长历史的国家和民族，高度重视自身国家的民族尊严，可以形成更具有前瞻性和战略性的战略文化，这样的战略文化更有利于作出向需要长期投入并承担高风险的航天进行大量投入的重大战略决策，当然作为一种复杂的社会观念，在国际航天战略博弈中对战略进行定性研究的历史梳理和定量研究的测量是非常具有挑战性的。通过历史研究分析，战略规划的核心是国家和社会对航天的重视程度。围绕国家和社会对航天的重视程度，可以对战略的要素进

① 莱斯利·里普森:《政治学的重大问题：政治学导论》，刘晓译，华夏出版社，2001，第68页。

② Jack L. Snyder, *The Soviet Strategic Culture: Implication for Limited Nuclear Operations*, The rand Corporation, September 1977, p.7.

③ Alastair Iain Johnston, *Cultural Realism: Strategic Culture and Grand Strategy in Chinese History* (Princeton: Princeton University Press, 1995), p.36.

④ David R. Jones, *"Soviet Strategic Culture," Strategic Power: USA/USSR*, ed., Carl G. Jacobsen(London: The Macmillan Press LTD., 1990), p. 37.

行量化。首先，可以通过对国家发布的国情报告、白皮书、发展规划和法令等文件和社会舆情热点的次数和频率统计，包括其中出现的关键词次数和频率的统计，对航天战略的重视程度进行量化。其次，可以通过比较国家航天预算与国家财政开支的比例、国家在航天领域的总投资与国家经济总量的比例等数据，反映政府对航天的重视程度和社会整体对航天的重视程度。

第三，资金。航天活动作为高投入、高风险、长周期的领域，需要大量和稳定的资金投入支持，资金投入的规模、时限和对资金的使用效率直接影响着航天活动的规模、航天技术水平的提升和国家开展国际航天活动的能力。一般来说，拥有更长时限、更加稳定和更大资金量支持的国家，与其他国家相比，可在相同的时间内开展更多的航天活动，建设更多的航天工程并更高地提升航天科技水平，从而更加有利于开展国际航天战略博弈活动。此外，在这种有力的资金投入环境下，也更有条件提高项目管理水平，提升价值创造能力、资源配置能力和预控风险能力，最终形成更高的资金使用效率。[①] 在投入资金有限的情况下，由于面临预算规模缩减、资金来源的不稳定，会对既有的航天人才队伍和管理体制带来严重的冲击，即便国家在航天领域拥有较大的决心和较好的科技基础，也很难实现航天的高速、高质量发展，更加无法保障航天活动的开展。从航天的资金来源上看，可以分为公共部门的投入和私人部门的投入。首先，绝大部分航天活动的资金来源于国家政府部门等公共部门的投入。这部分投入是政府对航天活动的财政预算和拨款，这些国家财政的预算和投入对国际航天战略博弈的开展具有直接的影响和作用。同时，这些资金反映了国家财税体制的效能。只有建立高效的财税体制，才能在社会和国家的经济运行中提取足够资源并拨付到航天部门，保障公共部门对航天的大量、长期和稳定的投入。其次，越来越多的私营企业、投资基金、自然人等私人部门开始向航天活动投入资金。这些投资可以是对航天企业的股权投融资、债券

① 方世力:《航天企业资金管控体系建设的探索与实践》,《航天工业管理》2015年第4期，第7页。

投融资或航天项目的投融资，利用重大航天工程为全社会所关注的机会来吸引社会资金,为航天的可持续发展提供一定的资金支持。① 这类非国家预算的资金投入对航天的影响也愈发重要，对国际航天战略博弈的开展具有间接的影响和作用。这些投入反映了国家在财政上的动员能力，即通过国家政策法规和财政投入的引导，能够带动的社会投资能力，同时，航天领域的社会投资也反映出全社会对航天的支持和认知水平，是国际航天战略博弈在公共国际战略领域开展活动的基础。资金投入作为国际航天战略博弈的要素可以依据资金数额和换算方法直接进行量化。

需要特别指出的是，虽然在上文中的关键要素部分梳理了科技、战略和资金三个方面的多种指标，从而形成了庞大而错综复杂的量化标准。但是这并不表示仅仅使用这些指标和数据就能够完整地复原国家航天实力的真实面貌，这些根据关键要素量化的数据和指标只能起到管中窥豹的效果。首先，由于国家的航天活动的规模宏大、形式多样，非本书的抽象分析能够完全覆盖。其次，大量的航天数据在最近几年才开始陆续公布，部分国家至今仍然没有公布相关的航天数据，而且国际航天战略博弈早期大量且重要的数据仍然无从获得，分析人员能够掌握的数据资料只能覆盖国家航天实力的一部分，其完整的航天实力在这些数据中不可能得到全面地反映。最后，即便研究人员已经掌握了部分国际航天战略博弈的相关数据，但是这些数据在采集标准、可信度方面仍然有待检验。因此，在有限的研究条件下，本书所作的努力是建立一种基础性的思维方法和框架，在复杂的世界中能够通过尽可能简单的手段快速抽取关键信息，使得国际航天战略博弈作为一种中层理论更加贴近实际，能够得到更广泛的应用，同时促进相关研究在未来能够获得进一步的扩展。

二、理论内核

理论内核是国际航天战略博弈理论用来解释在太空竞赛与空间合作关

---

①　谢碧波:《浅议重大航天工程的市场开发及资金管理》,《航天工业管理》2007年第10期，第31页。

系变化中一系列重大问题的主要变量，是理论的关键部分。航天实力和国际航天战略博弈政策是组成国际航天战略博弈的两个理论内核。航天实力是以国家为核心的国际航天战略博弈行为体的综合能力，国际航天战略博弈政策是国家影响国际航天战略博弈行为体之间关系的战略意图和规划设计。

（一）航天相对实力

国际航天战略博弈开展的基础是国家的航天实力，即国家能够开展国际航天战略博弈的能力。在前期研究的基础上，参考美国国防部净评估办公室的研究方法，以“首先进行基础评估，识别出核心不对称性，其次识别出重要的不对称性，最后发现新兴问题和潜在的重要机会”的思想，[①] 对国家的航天实力进行评估。基础评估工作主要是分析国家的航天实力，需要统筹科技、战略和资金三个要素，形成综合的评价体系。在建立综合评价体系的基础上，选取航天大国的数据，通过静态分析和动态对比，识别出航天大国之间核心的不对称性和重要的不对称性。最后，根据国家航天实力的不对称性，分析国家的战略意图和取向。航天实力的评估模型的主要作用是为进一步开展国家航天政策和国际航天战略博弈的研究奠定设计基础。

国家航天实力的比较，如果仅凭研究人员自身的经验和知识进行判断，其结果既不全面也不准确。因此，需要借鉴国际关系学界对于综合国力的研究、测算和评估。在国家综合实力研究方面，早期采用的“单一指标替代法”因为过于简单、明显失实而被“多指标联合评价法”取代，随后普遍采用基于数学表达式的“方程量化分析法”进行比较。例如，克莱因的“现代综合国力方程”、王玲的“功效系数法”、黄硕风的“动态方程”、谢明霞的“模糊综合评价法”、胡鞍钢的“国力方程”、张曼清的“常微分方程法”，等等。[②] 参考综合国力的评估方式，可以开展国家航天实力评估的设计。在前期研究的基础上，已经确定了经济、战略、技术三个因

① 真溱：《国家智库：兰德公司如何影响世界》，电子工业出版社，2019，第447页。

② 宋亦明、黄灿灿、崔琪：《综合国力定量衡量》，《市场论坛》2016年第7期，第49页。

素是影响国家航天实力的重要因素，同时考虑时间的维度。因此，可以将航天实力的评估模型写为：

$$P_{(t)} = P(Eco_t, Tec_t, Str_t) \qquad \text{（公式1）}$$

在这个评估模型中，时间因素、经济因素、技术因素和战略因素被设计为该模型的自变量，将航天实力设计为因变量。在对模型的描述中：以P代表航天实力、以Eco代表资金、以Tec代表科技、以Str代表战略、以t代表时间。该评估模型的含义即是当年国家的航天实力受到资金因素、科技因素和战略因素的影响。

在模型的使用过程中，由于涉及多个影响因素且相互之间存在复杂的联系不易进行定量测算。将层次分析法（AHP）引入模型分析，设立为两个比较级别，将评价因素两两对比采用相对尺度进行比较，尽可能地降低不同性质因素相互比较的难度，从而提高准确度。[①] 层次分析法结合定性与定量的因素，作为标准化且系统化的多目标决策分析框架，将资金、科技和战略因素进行量化，以加权计算的方式开展航天实力的测算。

假设需比较n个C_{e1}（财政拨款），C_{e2}（社会投资），C_{t1}（空间科学），C_{t2}（应用技术），……，C_{sn}（战略规划）影响，比较结果用对比矩阵A表示，其元素为a_{ij}表明因素C_i对于C_j的重要性。

构建1—5尺度的成对比较矩阵，其元素范围是1，2，3，4，5及其互反数，1，1/2，1/3，1/4，1/5。比较尺度及其含义如表1–1。

① 张一博、葛云海、张艳伟、孙裔申：《危机决策模拟训练中综合国力模型及算法》，《指挥信息系统与技术》2017年第2期，第22页。

表1–1 比较尺度及其含义

尺度	含义
1	C_i对于C_j的影响相同
3	C_i对于C_j的影响较强
5	C_i对于C_j的影响很强

资料来源：作者自制。

2、4则表明C_i对于C_j的影响在相邻等级之间，1，1/2，1/3，1/4，1/5表明影响的互反对数。基于前期的“历史与现实”的分析可以发现，战略是航天实力的核心不对称性，国家只有在重视航天的基础上才能加大资源的投入力度，而在战略规划中的微小差别将对国家的整体航天实力对比产生重大影响，因此，重视程度是识别世界主要航天国家实力变化趋势的核心切入点。资金投入和科技水平是航天实力重要的不对称性，即便国家在战略上对航天的重视程度类似，但是双方的航天实力对比和变化则会因为资金的投入水平和科技的发展速度最终产生决定性影响。在明确以战略为核心不对称性、资金和科技为重要不对称性的实力测评基础上，可以设定航天实力比较的尺度。战略相较于科技对国家航天实力的影响很强，则设定其比较尺度为5，按该原则构建比较举证如下：

$$A=\begin{bmatrix} 1 & 3 & 1/2 \\ 1/3 & 1 & 1/5 \\ 2 & 5 & 1 \end{bmatrix} \qquad （公式2）$$

当矩阵阶数较高时，计算矩阵的特征根和特质向量非常困难，另外成对比较阵是通过定性比较得到了量化结果，不需要进行精确计算，因此可以采用近似方法计算加权向量。

首先对A的列向量进行归一化：

$$\widetilde{w_{ij}} = a_{ij}/\sum_{i=1}^{n} a_{ij} \qquad （公式3）$$

确定权向量w：

$$W = (w_1, w_2, ... w_n)^T \qquad （公式4）$$

在计算权重的基础上，可以对该国家的航天实力进行定量测算，最终计算公式为：

$$p_{ij} = w_e * c_{ei} + w_t * c_{ti} + ... + w_s * c_{si} \qquad （公式5）$$

基于对国家航天实力最终的测算结果，可以与其他国家的航天实力进行静态和动态的比较评估。

第一，根据评估模型的测算结果，可以开展静态分析。国家航天实力的评估模型以年为单位，主要分析当年国家在战略、资金和科技三个要素方面的具体情况，通过综合和分项的对比，确定国家当年的静态航天实力。

第二，根据评估模型的测试结果，可以开展动态分析。动态分析主要是在一个时间段内对国家航天实力的动态变化进行分析。国家实力的动态评估分析反映了宏观背景下国际航天战略博弈格局的变化，这是国际航天战略博弈理论研究的基础。

需要特别说明两个概念：国家相对航天实力和基于动态分析产生的国际航天格局。

第一，国家航天实力的比较存在绝对实力和相对实力两个概念。所谓绝对实力，是指国家航天实力与自身进行比较的结果，可以判断自身实力增长的情况。所谓相对实力，是指国家航天实力与其他国家进行比较和排序。一国航天绝对实力的提高并不意味着该国相对实力的必然提高。一国航天相对实力的高低是由该国航天实力与他国航天实力对比决定的。这一概念与国际关系理论中的相对收益与绝对收益类似。相对收益是指国家在合作过程中比较谁会获得更多的收益；绝对收益则指国家合作只是考虑自身能获得的收益，不关心对方的收益。现实主义强调相对收益，而新自由主义则更加关注绝对收益。[①] 在国际航天战略博弈的实践中，由于航天经济的计划经济属性或称其为非营利性，国家作为核心行为体，在大国竞争的本质特征环境条件下，会更加关注双方相对实力的变化，即使空间合作能够增加双方的航天实力，但是如果这一合作导致其他国家航天实力更为增加，那么空间合作也是不可行的。因此，国际航天战略博弈主要从相对实力的角度开展讨论和研究。

第二，国际航天格局是中国在国际关系理论中特有的概念。西方国际关系理论以现实主义为代表，在面对特定条件下的国家行为的种种问题时，没有能够拿出一个令人满意的理论，它也特别不擅长于解释变化。[②] 这是由于西方国际关系理论缺少大历史观、大总体工程经验和系统性思维的问题造成的。与西方国际关系理论的国际结构不同，中国国际关系理论界提出的“国际格局”的概念在注重静态的实力对比的同时，更加重视实力在一段时间内的变化和趋势。因此，国际格局在内涵上所反映的就是国际关系中的基本矛盾及其运动。[③] 国际航天实力的动态分析是建立国际航天战略博弈格局认知的基础，对变化的趋势性研究为下一步战略政策的分析奠定了基础。

需要进一步说明的是，本书提出的国际航天战略博弈理论模型和模型检验中的各类参数并非为固定的数值，其主要反映了围绕国际航天战略博弈政策基于实力变化与评估进而改变的思想，在技术进步、各国航天事业发展、国际战略格局变化的条件下，该模型必然会进行调整、修正和优化。

（二）国际航天战略博弈中的政策

国际航天战略博弈的政策是指国家为维护航天利益，在一定时期内制

① 徐恺:《国际合作中相对收益、绝对收益定量分析》,《忻州师范学院学报》2013年第2期，第52页。

② 罗伯特·基欧汉:《新现实主义及其批评》，郭树勇译，北京大学出版社，2002，第145页。

③ 李义虎:《国际格局研究的现实主义取向和“中国学派”》,《国际政治研究》2004年第2期，第36页。

定的工作目标、行动原则、实施方式和具体措施，是政府据以规划航天领域开展国际互动的指南，政策反映了战略目标及准备运用的手段。政策根据战略意图，可以分为“太空竞赛”和“空间合作”两类。两类航天政策没有突破国际航天战略博弈的理论范式，都承认航天经济的计划经济属性及非营利性，同时在国际无政府状态下，国家作为国际航天战略博弈的行为主体只能采取自助的方式维护自身安全，因此两类航天政策的实施手段和工具类似，都是利用国际会议、国际组织等平台，开展谈判、缔约等活动。但是“太空竞赛”和“空间合作”政策的区别在于采取不同取向的政策可以更好地维护国家利益并达成战略目标。

第一，以“太空竞赛”为主题的航天政策，按照竞争的激烈程度可以进一步分为进攻性竞争政策和防御性竞争政策。首先，进攻性竞争政策主要是鼓励国家抓住有利时机加大投入快速提升航天实力。这一政策认为国家是功能相似的国际航天战略博弈行为主体，只存在航天实力的差别，而在国际无政府状态下，国家提升航天能力后必然侵占有限的资源，国家因此注定相互冲突，因为每个竞争对手都想取得相对于他人的竞争优势。[①]这类政策可能的表现形式包括：研制、发展和试验太空武器，开展空间军备竞赛，建立航天军事联盟，等等。其次，防御性竞争政策主要是谋求有限的外部利益，维护国家的国际航天战略博弈的核心利益，执行谨慎克制的航天活动。这一政策认为，国家在开展国际航天战略博弈的过程中，国家的有限理性将发挥重要作用。国家并不能全面判断国际航天格局。鉴于国际体系已经稳固地进化到了一个防御性现实主义的世界，真正的安全困境并不存在，安全在国际体系中也并不稀奇。[②]虽然“空间合作”存在困难，但是“太空竞赛”的失败也会对国家产生更为重大的损失。因此，只要保持当前的有利状态即可最大限度地维护国家利益。也就是说，维持现

---

① 约翰·米尔斯海默:《大国政治的悲剧》，唐小松等译，上海人民出版社，2003，第41页。

② 唐世平:《我们时代的安全战略理论：防御性现实主义》，林民旺、刘丰、尹继武译，北京大学出版社，2016，第146页。

状的国家可以享受高水平的安全，在很大程度上摆脱了自然状态。[①] 执行防御性竞争政策的国家通过维持稳定的资源投入，以保障技术的先进性为限，满足于维持自身的相对优势地位，通过防御性的航天活动获得安全。这类政策可能的表现形式包括：保持稳定的航天预算增长、与盟友分析航天情报信息、有条件地开展空间合作，等等。

第二，以“空间合作”为主题的航天政策，按照合作的约束程度可以进一步分为松散型合作政策和紧密型合作政策。首先，松散型航天合作主要是依靠国家文化认知推动开展交流的约束力较弱的合作政策。这一政策认为在国际无政府状态下，即便处于国际航天战略博弈的大国竞争之中，只要国家间的相对实力变化允许，国家仍然可以基于国际社会和平利用外层空间的理念，通过合作中的相互学习，国家间日渐增强的互信将取代相互猜疑。从功能主义的区域一体化理论角度来看，在航天领域的松散型合作也将产生“外溢”（Spillover）的效果。最初在一个方面开展的合作将外溢到新的功能领域中，涉及的人员和机构也将越来越多，进而需要更多的合作以便解决随之而来的新问题。[②] 通过航天科技专家开展功能性合作，会涉及相互的科技领域，实现技术上的外溢。同时，从中形成的互惠将可以使得这些合作形成习惯并自动扩展到其他部门，形成新的利益集团和诉求，最终产生国际航天战略博弈中国际政治和经济上的外溢效果。这种合作可以依靠国家自身内部机制的建设和文化认知加以维持，实现国家的自觉遵守，这类航天政策的自律性高于外部国际制度的规范性，其可能的表现形式包括举办国际交流研讨会、分享科研成果、进行技术分析和应用培训，等等。其次，紧密型航天合作主要是依靠国际机制保障的拥有较强约束力的合作政策。围绕航天问题，依托国际惯例、国际组织和国际法形成的国际机制。虽然国际无政府状态和大国竞争对国际机制作用的发挥产生一定限制和影响，但是建立在各国认可的明确规则基础上，国际机制仍然

① Robert Jarvis, “Coopertation under the Security Dilemma,” *World Plitics* 30, no.2(1978) : 187.

② Ernst Haas, “International Integration: European and Universal Process,” *International Organization* 16, no.3 (Autumn 1961): 372.

具有较强的权威性。通过提供大量且具体的国际制度，可以促进航天信息的交流，在增强国际航天战略博弈行为体关联性的同时，使得国际空间合作有章可循，为专业性的合作提供了原则和基础。这些国际制度一方面能够有力地惩罚违反国际规则行事的行为体，使其遭受重大损失；另一方面国家也能够利用国际机制维护和实现自身利益，使得国际机制成为国家开展航天活动合法性的重要来源。这类政策可能的表现形式包括国际组织和国际航天工程，例如欧洲航天局、伽利略卫星导航系统和国际空间站，等等。特别是在全球化的推动下，经济和社会问题的重要性日益突显，紧密合作的国际航天战略政策拥有巨大潜力。

三、主要逻辑

主要逻辑作为国际航天战略博弈理论的理论硬核，主要是解释国家间基于相对实力变化与国际航天战略博弈政策变化的关系。在这一逻辑关系中，国家间相对航天实力属于自变量，它解释的对象是国际航天战略博弈政策这一因变量。由于航天实力作为自变量具有足够的独立性和重要性，能较好地完成自身的解释任务。在国际航天战略博弈中，国际航天战略博弈政策是基于国家的航天实力形成的。根据国家间相对航天实力的变化，国家制定相应的国际航天战略博弈政策，进而塑造了国际航天战略博弈关系，并最终形成了国际航天战略博弈格局和国际航天体系。

国际航天战略博弈的主要逻辑可以称为国际航天战略博弈“X”线。首先，双方相对航天实力越接近，越容易实行“太空竞赛”的国际航天战略博弈政策；双方相对实力越大，越容易施行“空间合作”的国际航天战略博弈政策。其次，随着双方相对实力的逐步缩小，“太空竞赛”政策的强度增加，从防御性政策向进攻性政策转变；双方相对实力的逐步扩大，“空间合作”政策的约束性增强，从松散型政策向紧密型政策转变。根据这一国际航天战略博弈的主要逻辑，可以制作出航天相对实力和国际航天战略博弈政策的相互关系示意图，参见图2。

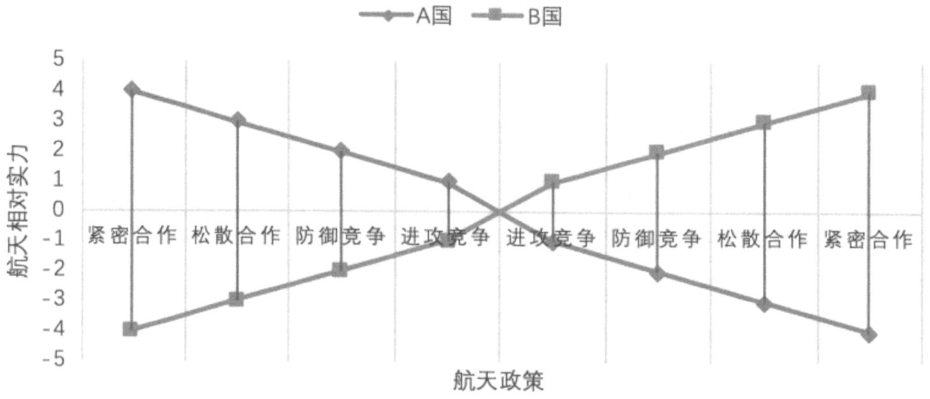

图2　国际航天战略博弈理论模型逻辑示意图

资料来源：作者整理。

在这一国际航天战略博弈关系模型中，国家间的相对实力作为自变量，当达到一定程度时可以引起国家国际航天战略博弈政策的改变。利用这一国际航天战略博弈关系的模型，可以通过基于国家航天实力的变化分析对国家历史和现实中的国际航天战略博弈政策进行解释，并对未来的航天政策进行预判。关于国家间航天实力变化和国际航天战略博弈政策改变的关系，可以利用多种统计方法进行相关性分析。其中，相关性分析（Analysis of Correlation）是统计学中常用的分析方法之一，通过对不同特征或数据间的关系进行分析，可以研究两者之间相互关系的紧密程度和相关方向。协方差用来衡量两个变量的总体误差，如果两个变量的变化趋势一致，协方差就是正值，说明两个变量正相关。如果两个变量的变化趋势相反，协方差就是负值，说明两个变量负相关。如果两个变量相互独立，那么协方差就是0，说明两个变量不相关。可以将航天相对实力与国际航天战略博弈政策的相互关系表示为下列等式：

$$r_{xy}=\frac{\frac{1}{n\text{-}1}\sum_{i=1}^{n}(X_i\text{-}\bar{X})(Y_i\text{-}\bar{Y})}{\sqrt{\frac{\sum_{i=1}^{n}(x_i\text{-}\bar{x})^2}{n\text{-}1}}\sqrt{\frac{\sum_{i=1}^{n}(y_i\text{-}\bar{y})^2}{n\text{-}1}}}\qquad\text{（公式6）}$$

该公式表示，X代表国家间的相对航天实力，Y代表国家的国际航天战略博弈政策。X作为变量可通过航天实力的相关数据计算得出，Y作为观测量可以通过统计得出，需要注意由于国际航天战略博弈政策是由研究人员观测统计得出的，存在两个相反的关系，Y_1表示太空竞赛的政策，Y_2表示空间合作的政策（Y的值域范围仅在Y_1和Y_2此两类定义中取值，竞争与合作均使用此公式进行计算）。当X有较大变动Y也随之有一个较大变动时，协方差的绝对值就较大，即X与Y之间相关程度越高，协方差的绝对值就越大。协方差的正、负号则说明两个变量之间相互关系的方向，协方差为正，X和Y同向变动，即同增同减；协方差为负，X和Y反向变动，即此增彼减。根据前述理论，在研究中可反映为X减少Y_1增加，X降低Y_2增加。此外，为了研究两者之间的相关程度，可以对X和Y作为n次观测，以得到n对样本数值，利用这些数据计算的协方差和相关系数是样本协方差和样本的相关系数。在这一关系模型中，时间是一个重要的参考，其意义在于提供变化的比较尺度，便于更好地认知航天关系的变化发展。

第四节　重要推论与假说检验

通过设立辅助假设作为国际航天战略博弈理论模型的推论，可以进一步加强国际航天战略博弈理论模型的解释力度。国际航天战略博弈力量大的推论，是从一个已知的航天实力与国际航天战略博弈政策的命题出发得出新的命题，这些理论推论不仅符合逻辑规则，而且是具体的、可证明和证伪的假设。根据对国家间航天实力的比较和航天实力的变化趋势，利用国际航天战略博弈理论的主要逻辑，可以分析国际航天战略博弈政策出台的背景条件和变化趋势，形成国际航天战略博弈理论的相关推论。当然，所有国际航天战略博弈理论的推论均是在之前国际航天战略博弈的理论范式内设计的。

一、重要推论

国际航天战略博弈理论的推论主要涉及“太空竞赛”和“空间合作”。

（一）太空竞赛

“太空竞赛”是一种对抗性的国际航天战略博弈政策，基于国际航天战略博弈理论的主要逻辑，结合理论内核中静态和动态的研究方法，通过比较国家间的航天实力的差距，参考国家间相对实力缩小的变化趋势和速度，可以分析国家间的国际航天战略博弈的竞争态势和国家“太空竞赛”的国际航天战略博弈政策。

第一，相对实力较小，国家更有可能开展“太空竞赛”。通过静态比较分析，在分别控制时间和行为主体两个变量的条件下，围绕国家间航天实力的对比，可以针对“太空竞赛”的国际航天战略博弈政策形成两项推论。

推论一：在同一个时间维度内，相对实力越小，国家更容易制定“太空竞赛”的航天政策，导致航天领域的冲突和对抗。在控制时间变量的条件下，同时考虑国际关系的整体背景情况和意识形态冲突，将国家间的航天实力放置于相同时间点进行比较。主体国家针对那些与自身相比实力差距更小的国家，更偏向于出台“太空竞赛”的国际航天战略博弈政策，而执行“太空竞赛”的航天政策，更加容易导致国家间在外层空间的冲突和对抗。例如在冷战早期美苏双方实力差距较小，双方从政府到社会均对“太空竞赛”的政策有较大偏好。

推论二：对于相同的国际航天战略博弈主体而言，在不同的时间维度，相对实力越小，越容易形成“太空竞赛”的航天政策，导致外层空间领域的冲突和对抗。在控制行为主体变量的条件下，将国家间的航天实力放置于不同的时间点进行比较。相同的国家之间，在实力差距更小的时间点内，更加偏向于规划和实行“太空竞赛”的国际航天战略博弈政策。例如美苏在冷战期间和冷战结束后，双方在冷战期间的相对实力更小，因此，美苏作为相同的国际航天战略博弈行为体在冷战期间更容易执行“太空竞赛”的政策。

第二，相对实力缩小的趋势和速度决定国家“太空竞赛”的强度。通过动态趋势分析，围绕国家间航天实力对比缩小的趋势和速度，可以针对国际航天战略博弈政策形成两项推论。

推论三：相对实力具有缩小趋势的双方会施行预防性竞争政策。在控制时间变量和行为主体变量的条件下，分析国家间的相对实力的变化趋势，在国家间相对实力具有缩小的趋势下，国家偏向于采取预防性的竞争政策，从而保持现有的优势地位。例如，美国通过出口核心元器件严格限制日本航天工业的独立自主发展，从而控制日本的整体航天实力。

推论四：相对实力的快速缩小会促使国家施行进攻性竞争政策。假设国家间的航天实力在一定时期内快速缩小，这一剧烈变化会促使相关国家出台进攻性的竞争政策，通过开展“太空竞赛”来维持优势地位，而且“太空竞赛”的激烈程度直接取决于国家间相对实力的缩小速度。例如，美国为应对中国航天实力的快速提升出台了《考克斯报告》，全面中断了中美空在航天领域的合作。

（二）空间合作

“空间合作”是一种缓和性的国际航天战略博弈政策，基于国际航天战略博弈理论的主要逻辑，结合理论内核中静态和动态的研究方法，通过比较国家间的航天实力的差距，参考国家间相对实力的扩大的变化趋势和速度，可以分析国家间的国际航天战略博弈的合作基础和国家空间合作的国际航天战略博弈政策。

第一，相对实力较大，国家更有可能开展空间合作。通过静态比较分析，在分别控制时间和行为主体两个变量的条件下，围绕国家间航天实力的对比，可以针对空间合作的国际航天战略博弈政策形成两项推论。

推论五：在同一个时间维度内，实力差距越大，国家更容易制定“空间合作”的航天政策，形成航天领域的合作。在控制时间变量的条件下，同时考虑国际关系的整体背景情况和意识形态冲突，将国家间的航天实力放置于相同时间点进行比较。主体国家针对那些与自身相比实力差距更大的国家，更偏向于出台空间合作的国际航天战略博弈政策，促进国际航天合作。例如，美国和苏联在冷战早期与其他国家的航天实力差距很大，苏联在社会主义阵营内部国家之间，美国在资本主义阵营内部国家之间，均开展了广泛的合作。

推论六：对于相同的国际航天战略博弈主体而言，在不同的时间维度，相对实力越大，越容易形成“空间合作”的航天政策。在控制行为主体变量的条件下，将国家间的航天实力放置于不同的时间点进行比较。相同的国家之间，在实力差距更大的时间点内，更加偏向于规划和实行空间合作的国际航天战略博弈政策。例如，美俄在冷战期间和冷战结束后，双方在冷战结束后相对实力更大，因此，美俄作为相同的国际航天战略博弈行为体在冷战结束后更容易执行空间合作的政策。

第二，相对实力扩大的趋势和速度决定国家空间合作的约束力。通过动态趋势分析，围绕国家间航天实力对比扩大的趋势和速度，可以针对空间合作的国际航天战略博弈政策形成两项推论。

推论七：相对实力具有扩大趋势的双方会施行松散型的合作政策。在控制时间变量和行为主体变量的条件下，分析国家间的相对实力的变化趋势，在国家间相对实力具有扩大的趋势下，国家偏向于采取松散型的合作政策，从而保持现有的优势地位。当然这种合作虽然是互利的，可以增加参与方的绝对实力，使得双方受益，但是不会导致国家间相对实力的缩小，国家间的相对实力有可能扩大。例如美国主导的国际空间站，即通过载人航天的国际合作，确保美国与俄罗斯、欧洲之间的稳定关系，继续保持优势地位。

推论八：相对实力的快速扩大会促使国家施行紧密的合作政策。假设国家间的航天实力在一定时期内快速扩大，由于挑战国家优势地位的威胁完全消失，这一快速的变化会促使相关国家开展紧密的合作政策，而且合作的紧密程度和约束力受到国家相对实力扩大速度的影响。例如，法国的航天在欧洲国家中突出的发展速度和无法撼动的优势地位，促使法国成为组织建设和保障欧洲空间局的核心力量。

二、假说验证

在建立理论的主要逻辑并形成相关推论后，可以通过定量研究与定性研究相结合的方式对其进行理论验证。在定量检测方面，利用作者统计并制作的数据库，选取自1989—2019年的部分国际航天数据，使用相关性分析的方法对理论模型和推论进行验证。在定性检测方面，通过分析美国与苏联（俄罗斯），美国与欧洲、日本，美国与中国、印度的国际航天战略博弈案例，进一步检验航天实力与国际航天战略博弈政策的互动关系模型。

（一）定量检验

通过量化研究可以对国际航天战略博弈的理论模型和推论进行更加深入的理解。基于理论的主要逻辑和推论开展研究假设的设计，并利用现有数据开展归回分析，通过量化分析更加精确的验证和揭示航天实力与国际航天战略博弈政策之间的关联。

1. 研究假设

基于国际航天战略博弈的主要逻辑和推论，相对实力的差距是国际航天战略博弈政策形成的基础，相对实力的变化则是国际航天战略博弈政策变化的重要原因。因此，在定量检测部分以相对实力的差距和相对实力的变化为变量提出验证的研究假设。

第一，航天相对实力与国际航天战略博弈政策。控制时间变量，不同的国际航天战略博弈行为主体间，比较相对实力与国际航天战略博弈政策的实行情况。由于相对实力是国际航天战略博弈政策形成的基础，因此通过控制时间变量，在相同的时间内进行比较，相对实力较小的国家之间更有基础开展“太空竞赛”，相对实力较大的国家之间更有基础开展“空间合作”。

假设一：相对实力较小的国家之间容易进行“太空竞赛”。

假设二：相对实力较大的国家之间容易进行“空间合作”。

第二，航天相对实力的变化与国际航天战略博弈政策的改变。由于国家间航天相对实力的改变是国际航天战略博弈政策变革的重要原因，因此，在相同的时间维度内，相对实力较小的国际航天战略博弈行为体之间，行为主体更有可能实行“太空竞赛”的国际航天战略博弈政策，并且随着相对实力减少的速度，加强其国际航天战略博弈政策实行的强度，由防御性的“太空竞赛”政策升级为进攻性的“太空竞赛”政策。相对实力扩大的国际航天战略博弈行为体之间，行为主体更有可能实行“空间合作”的国际航天战略博弈政策，并且随着相对实力扩大的速度，加强其国际航天战略博弈政策实行的约束力，由松散型的空间合作政策升级为紧密型的“空间合作”政策。

假设三：相对实力趋向于缩小的国家，偏好实行“太空竞赛”政策，并提升其太空竞赛的强度。

假设四：相对实力趋向于扩大的国家，偏好实行“空间合作”政策，并提升其空间合作的约束力。

2. 数据与方法

本书在研究中使用的检验数据是作者梳理国际航天战略博弈相关材料后，统计形成的数据库资料。考虑数据的可获得性、全面性和可信度，在检验假设一和假设二的模型中，选择2018年美国、俄罗斯、中国、日本和印度的数据进行研究，在检验假设三和假设四的模型中，选择美国和俄罗斯在1992—2018年的数据进行研究，相关数据以国家/年格式进行编码。两个模型所使用的样本，能够在数据上支持理论主要逻辑和推论的验证，同时保证国际航天战略博弈理论的定量检测的研究方法在其他案例和样本的研究中可以进行复制、扩展和推广。作者数据库中的原始数据来源于三个方面：首先，是国际知名咨询公司的报告，包括美国航天基金会（Space Foundation）每年发布的《航天报告》① 和美国卫星工业协会（SIA）每年发布的《卫星产业状况报告》。② 其次，是国家政府部门的公报，包括世界银行，③ 美国国会公布的航天预算，④ 俄罗斯国家杜马公布

① 相关介绍和研究报告可在美国航天基金会网站查阅，参见https://www.spacefoundation.org/what-we-do/research-and-analysis。

② 相关介绍和研究报告可在美国卫星工业协会网站查阅，参见https://www.sia.org/news-resources/。

③ 世界银行数据，https://data.worldbank.org/indicator/NY.GDP.MKTP.CD。

④ “Nasa budgets: US spending on space travel since 1958 UPDATED,” *The Guardian*, https://www.theguardian.com/news/datablog/2010/feb/01/nasa-budgets-us-spending-space-travel.

的航天预算[①] 和欧洲航天局的预算。[②] 最后，是互联网的部分公开数据作为补充，包括忧思科学家联盟，[③] 航天器百科全书[④] 和Statista数据库中的相关数据。[⑤] 除此之外，也参考北方天空研究公司（NSR）、欧洲咨询公司（Euroconsult）等机构发布的报告，各国航天局网站公布的数据和重要航天企业公布的年报，对数据进行了修正。通过多方资料的对比、归纳和统计，提高数据的权威性和准确性。当然为了使定量分析便于进行控制和统计，在研究中也控制了一些被证明对国际航天战略博弈重要的因素，同时作为作者综合统计的结果，数据库中数据进行单个案例比较而言并不能实现绝对的准确，但是就整体而言是可靠的。

在开展前述四个假设的检验之前，需要对定量检验中所使用的几个独立变量进行说明。

关于时间，以年度作为单位，当年发生的相对实力变化一般会到下一年在航天政策中产生影响，甚至是在几年以后才产生影响。但是出于统计的便利性、实时性和连续性考虑，本书以当年的航天实力变化和国际航天战略博弈政策进行统计和计算，这种编码方式既能照顾统计的便利性、实时性和连续性，又能覆盖绝大多数的案例。

关于相对实力，在现有数据库的基础上，通过理论内核部分国家航天实力的测算方式参考公式（1），对2018年的世界主要航天国家实力进行测算，并利用相同方法对1992—2018年的美国和俄罗斯的航天实力进行测算，通过计算结果做差形成相对实力的变化函数。

关于“太空竞赛”，以竞争政策为主题的国际航天战略博弈政策或事件，使用二分法进行变量的统计，其中0代表未开展竞争，1代表实行一

① ГОСУДАРСТВЕННАЯ ДУМАФЕДЕРАЛЬНОГО СОБРАНИЯ РОССИЙСКОЙ ФЕДЕРАЦИИ, https://sozd.duma.gov.ru/.

② “ESA – Funding,” esa.int. February 15, 2020, https://www.esa.int/About_Us/Corporate_news/Funding.

③ UCS Satellite Database, updated December 16.2019, https://www.ucsusa.org/resources/satellite-database.

④ The Spacecrafts Encyclopedia, http://claudelafleur.qc.ca/Spacecrafts-index.html.

⑤ Statista, https://www.statista.com/statistics/896699/number-of-satellites-launched-by-year/.

次竞争性国际航天战略博弈政策或事件，根据统计，共获得美俄在1992—2018年的72个太空竞赛案例。

关于“空间合作”，以合作政策为主题的国际航天战略博弈政策或事件，使用二分法进行变量的统计，其中0代表未开展合作，1代表开展一次合作性国际航天战略博弈政策或事件，根据统计，共获得美俄在1992—2018年的64个空间合作案例。

本书在研究中根据四个假设建立了两个模型。第一个模型使用加权计算的方式，测量国家间航天相对实力，对比相关国家的国际航天战略博弈实践，用以检测假设一与假设二。第二个模型使用相关性分析方法，通过时间分段的相关性统计分析，衡量美俄在不同时期的航天相对实力和国际航天战略博弈政策的变化，用以检测假设三和假设四。

3. 研究发现

根据上文讨论的数据和方法，通过加权计算和相关性分析，对研究假设进行检验。

第一，航天相对实力与国际航天战略博弈政策。在统计样本中进行选择，科技水平方面统计世界主要国家的发射次数、航天器总数和航天器总质量的数据，在经济投入方面统计财政预算、航天预算、国家经济总量、航天领域社会投资的数据，在战略方面统计航天预算在财政预算中的占比反映政府的重视程度、航天投资在社会总投资中的占比数据反映社会的认可与重视程度，使用数据库中的统计数据可得世界主要国家2018年航天实力基础数据，参见表1–2。

表1–2　世界主要国家2018年航天实力基础数据

资金单位：亿美元

序号	国家/地区	发射次数	航天器总数	航天器总质量（吨）	财政预算	航天预算	经济总量	社会投资
1	美国	34	211	50.62	61000	460.37	20.49万	37.23
2	俄罗斯	20	24	16.98	2663	26.42	1.65万	0.21
3	中国	39	95	25.17	30246	136.17	13.9万	3.17
4	欧洲	8	56	16.03	6010	85.11	18.75万	5.75

续表

序号	国家/地区	发射次数	航天器总数	航天器总质量（吨）	财政预算	航天预算	经济总量	社会投资
5	日本	6	15	11.02	8941	29.71	4.97万	1.18
6	印度	7	10	14.15	3418	15.4	2.69万	0.37

资料来源：作者统计并自制。

注：欧洲财政预算为欧盟预算与法国财政预算之和，俄罗斯与印度的社会投资为估算。

根据理论内核部分给定的国家航天实力测算方法，利用上文中的公式（3）和公式（4）的近似方法计算加权向量，可得主要国家2018年航天实力测算的各项指标，参见表1–3。

表1–3　世界主要国家2018年航天实力分项测算权重表

一级指标	二级指标	权重
战略S_{2018j}	政府重视与实施S_{1j}	0.1431
	社会重视与实施S_{2j}	0.0827
资金E_{2018j}	航天预算E_{1j}	0.0773
	航天领域社会投资E_{2j}	0.0694
科技T_{2018j}	发射次数T_{1j}	0.0712
	航天器总数T_{2j}	0.0583
	航天器总质量T_{3j}	0.0436

资料来源：作者整理。

根据航天实力分项测算的权重，套用国家航天实力测算方法中的公式（5），可得国家航天实力最终的测算公式为：

$$P_{2018}=0.1431\times S_1+0.0827\times S_2+0.0773E_1+0.0694\times E_2+0.0712\times T_1+0.0583\times T_2+0.0436\times T_3$$

利用该公式可以分别测算美国、中国、俄罗斯、欧洲、日本和印度在

2018年的航天实力，对最终测算结果进行排序可得表1–4。

表1–4　世界主要国家2018年航天实力

编制/特征	国家和得分
第一组：控制	美国（82.42）、中国（61.85）
第二组：支配	欧洲（51.74）、俄罗斯（47.26）
第三组：存在	日本（31.62）、印度（21.27）

资料来源：作者整理。

由上表可得出签署假设的相关结论：

关于模型一：从总体上看在世界主要航天大国中可以分为三个组：美国和中国位于第一组对国际航天战略博弈格局处于控制地位，欧洲和俄罗斯位于第二组对国际航天战略博弈格局处于支配地位，日本和印度位于第三组对国际航天战略博弈格局处于存在地位。

假设一是正确的，相对实力较小的国家之间容易进行“太空竞赛”。以2018年的数据测算，美国与中国在第一组内航天实力较为接近，双方的国际航天战略博弈关系处于“太空竞赛”的模式中。美国在国际航天战略博弈的实践中偏好进攻性的竞赛政策，例如，美国通过出口控制制度禁止中国获取美国的先进航天技术和元器件，阻止中国参与以国际空间站为代表的相关由美国主导的国际航天合作项目，禁止美国卫星或使用美国元器件的卫星使用中国火箭进行发射，停止向中国科研人员发放赴美签证访问美国航天科研机构或参加航天类国际会议，等等。中美之间以“太空竞赛”为主的国际航天战略博弈实践，证实了国际航天战略博弈理论中关于实力相对较小的国家之间容易进行太空竞赛的假设。除此之外，传统观念普遍认为俄欧、印日之间在国际航天战略博弈中具备较强的“空间合作”，测算结果也提示了在众多研究中被大量忽视的俄罗斯与欧洲之间、日本与印度之间在国际航天战略博弈方面的竞争关系，例如俄罗斯与欧洲围绕国际发射服务市场，日本与印度在深空探测领域的竞争。国际航天战略博弈的理论模型可以更好地解释世界主要国家之间的国际航天战略博弈关系。

假设二是正确的，相对实力较大的国家之间容易进行“空间合作”。以2018年的数据测算，美国与欧洲、俄罗斯的航天实力差距较大，同时与日本、印度的航天实力差距更大，因此美国与日本、印度的国际航天战略博弈关系处于“空间合作”模式中。美国与日本、印度在国际航天战略博弈的实践中开展更加深入的“空间合作”，日本与印度积极参与由美国主导的国际航天合作项目，采购美国的卫星和发射服务，在航天技术上，美国向日本、印度转让和提供了大量运载火箭和卫星的关键技术，在卫星应用领域具有更加紧密的合作，例如在卫星导航方面，日本的“准天顶”卫星导航系统（QZSS）和印度的GPS辅助型静地轨道增强导航系统（GAGAN）都是美国全球卫星导航系统（GPS）的补充和增强。与此同时，美国与欧洲、俄罗斯也在开展空间合作，欧洲和俄罗斯也在参与美国主导的国际航天合作项目，但是三方在国际发射服务市场上开展竞争，在航天技术上，俄欧均独立掌握运载火箭和卫星的关键技术，同样在卫星导航方面，欧洲独立建设自己的“伽利略”卫星导航系统，俄罗斯也在运行独立的“格洛纳斯”卫星导航系统（GLONASS）。除此之外，测算的结果也提示了中国与日本、印度在基本政治经济关系框架下，未来开展空间合作的潜在可能。

第二，关于航天相对实力变化和国际航天战略博弈政策调整的检验。根据理论模型、推论和上文中提出的研究假设，利用统计形成的数据库，选择美国和俄罗斯在1992—2018年的航天相对实力变化和国际航天战略博弈政策调整进行相关性分析。根据上文中的研究和讨论，利用公式（1）的原理，套用公式（3）和公式（4）可以计算美俄航天实力的分项权重，并最终利用公式（5）测算出1992年至2018年美国与俄罗斯的国家航天实力，结果逐年做差后形成最终的美俄航天相对实力。利用公式（6）将统计形成的美俄航天竞争案例（72）和航天合作案例（64）按照年份1992—1999年，2000—2009年，2010—2018年三个时间段，分别与航天相对实力进行相关性检测，在这三个时间段内美俄关系发生了明显变化。1992—1999年是美俄紧密的合作时期，2000—2009年是美俄冲突上升的时期，2010—2018年是美俄关系再调整的时期，通过三个时间段的比较，可以检验美俄航天相对实力变化和国际航天战略博弈政策调整的相关性，其检验结果参见表1–5。

表1–5　美俄国际航天战略博弈分析

	1992—1999	2000—2009	2010—2018
竞赛	−0.281 （0.264）	−0.536** （0.587）	−0.617** （0.594）
合作	0.359* （0.372）	0.415* （0.463）	0.245 （0.218）

资料来源：作者整理。

注：***、**、*分别表示高度相关，中度相关，低度相关。

括号内是相关系数显著性检验，在 α=0.05的水平上显著。当 $|r| \geqslant 0.8$ 时为高度相关，$0.5 \leqslant |r| \leqslant 0.8$ 为中度相关，$0.3 \leqslant |r| \leqslant 0.5$ 为低度相关，$|r| \leqslant 0.3$ 为不相关。

关于模型二，假设三是正确的，相对实力趋向于缩小的国家，偏好实行太空竞赛政策，并提升其太空竞赛的强度。统计结果显示，随着美国与俄罗斯的航天实力在2000—2009年这一时期的缩小，美俄双方的竞赛在增加且合作在减少，即双方更加偏好实行“太空竞赛”政策，并且具有较高的相关系数，证明了双方“太空竞赛”的政策强度较高。统计结果与美俄之间这一时期的国际航天战略博弈实践相符，在这一时期，随着国际油价的上涨，俄罗斯迎来经济上的复苏，具备了恢复航天实力的基础，同时随着普京的上台，美俄关系回归到战略博弈的状态，甚至呈现出向“新冷战”发展的态势。俄罗斯在这一时期更加重视自身的独特性和国家主义特质，以国际航天战略博弈为手段，在军控与裁军、消减战略性弹道导弹武器、导弹防御问题上同美国进行对抗，在航天技术转换、卫星遥感、通信和导航应用方面同美国进行竞争，仅维持载人航天的部分合作，形成了以竞争为主、合作为辅的国际航天战略博弈态势。

假设四是部分正确的，相对实力趋向于扩大的国家，偏好实行“空间合作”政策，并提升其空间合作的约束力。统计结果显示，随着美国与俄罗斯的航天实力在1992—1999年的持续扩大，特别是在苏联解体初期的断崖式下跌，美俄双方的合作在迅速增加，即双方更加偏好实行“空间合作”政策，并且具有一定的合作约束力。这一统计结果与美俄之间的这一时期的国际航天战略博弈实践大部分相符。随着苏联的解体，俄罗斯在冷战结束后与西方全面和解，在制度和价值观上与西方趋同，在国内推行政治和经济改革，美国积极改善与俄罗斯的关系并推动俄罗斯融入西方经济和安全体系，因此，双方具有强烈的合作意愿和基础。在此条件下，双方签订了《美俄伙伴和友好关系宪章》《第二阶段削减战略武器条约》以及有关双边合作的一系列文件、协定和多项联合声明。在此基础上，美国出于支持俄罗斯改革发展和防止导弹技术扩散的需要，在提供经济援助的同时，以载人航天项目为牵引，通过联合建设国际空间站、订购联盟号飞船、采购RD-180火箭发动机等活动，积极推动双方在航天领域开展深入合作。此外，统计数据显示，这一阶段的相关系数较低，即美俄双方并没有随着合作的开展提升其约束力。这进一步说明了国际航天战略博弈中大国竞争的本质特征，即在国际航天战略博弈外部环境和条件不改变的情况下，国家间难以开展真正意义上的“空间合作”。定量检验有助于更好的理解航天实力变化与国际航天战略博弈政策调整之间的关系，也使得下文中的定性研究能够具有更强的说服力。

（二）定性检测

定量研究揭示了国家间航天实力与国家航天战略政策之间的复杂关系。根据定量研究的检测结果，在定性研究部分通过三个主要航天国家国际航天战略博弈的案例比较研究，进一步验证国际航天战略博弈理论的主要逻辑和推论。其中，美苏与美俄的国际航天战略博弈比较，反映了相同的国际航天战略博弈行为体在相对实力变化的基础上对国际航天战略博弈政策上的调整；美欧与美日的国际航天战略博弈比较，反映了不同国际航天战略博弈行为体在相对实力差距较大且基本稳定的条件下合作政策的连续性；美中与美印的国际航天战略博弈比较，则反映了面对不同国际航天战略博弈行为体在相对实力快速变化的趋势所采取的国际航天战略博弈政策的重大区别。由于国际航天战略博弈大国竞争的本质特征，大多数发展中国家处于世界航天体系的依附和外围地位，主要是接受航天大国的技术转让和援助，因此在定性检测部分不予讨论。

1. 美苏与美俄的国际航天战略博弈比较

美苏在冷战期间的“太空竞赛”和美俄在冷战结束后的“空间合作”，反映了实力相近的双方偏好太空竞赛，实力相差较大的双方偏好空间合作。在整个冷战期间，美苏的航天相对实力接近，双方均实行以太空竞赛为主的国际航天战略博弈政策。冷战结束随着苏联的解体，俄罗斯的航天实力大幅下降，美俄之间的国际航天战略博弈关系由太空竞赛转向空间合作。虽然美俄的空间合作经历波折，但是在俄罗斯航天实力长期下降的态势下，美俄的国际航天战略博弈关系仍然以空间合作为主。

第一，美苏国际航天战略博弈在冷战期间以太空竞赛为主、空间合作为辅。美苏在冷战中虽然开展了一些空间合作，但是双方在国际航天战略博弈中更多的是采取进攻性的竞争政策，其核心原因在于整个冷战期间美国和苏联的航天实力基本相当，双方的相对实力差距不大。美苏在冷战期间开展的空间合作以联盟号飞船与阿波罗号飞船的对接为代表，主要是配合政治关系缓和在航天领域所做的工作，双方在国际航天战略博弈上主要是开展竞赛和对抗，树立国家威望和进行战略威慑。在运载火箭方面，由于双方均基于弹道导弹技术研制大型运载火箭，火箭的运载能力、可靠性、入轨精度、干质比、生产能力等技术指标直接反映了国家战略导弹的威慑能力。在卫星应用方面，遥感技术被美国和苏联广泛应用于侦察卫星上，并在世界许多重要事件中充当“耳目”。美国利用侦察卫星代替冷战初期的U-2高空侦察机，对苏联的战略导弹数量和部署情况进行了详细的侦察，例如“发现者”29号在1961年拍摄到苏联在普列谢茨克的秘密导弹基地，这些侦察摸清了苏联战略武器的实力，消除了美国战略导弹落后于苏联的所谓“导弹差距”，使得美国在美苏进行核导弹谈判时掌握了较大的主动权。苏联也积极利用相关技术，1973年中东战争期间，苏联在不到20天时间内连续发射六颗侦察卫星来监视战场。1982年的英阿马岛战争中，苏联在八个星期内发射了13颗侦察卫星，并把获得的英国舰队行踪及时通报给阿根廷，为阿根廷空军实施有效对舰攻击创造了条件。当然，美国的侦察卫星也在暗中向英国海军提供各种军事情报，为英国海军击败阿军给予有力的支持。在导航方面，美国和苏联分别建设“子午仪”卫星定位系统（Transit）和“旋风”卫星导航系统（Tsiklon）供军方使用。在通信方面，美国和苏联也分别研制通信卫星，并建设了多个卫星通信系统供军方使用。美国还组织国际通信卫星组织（ITSO）利用同步卫星技术发射“早鸟”通信卫星（Early Bird）提供通信服务，与苏联开展商业航天竞争。航天技术和国际航天战略博弈在美苏政治、军事和经济的冷战中扮演了重要角色。

第二，美俄国际航天战略博弈在冷战结束后以空间合作为主、太空竞赛为辅。美国和俄罗斯虽然在冷战后也产生过低烈度的太空竞赛和对抗，但是双方更多地采取防御性的竞争政策和松散型的合作政策，其核心原因在于俄罗斯失去了同美国在航天领域进行竞争的能力，两者的航天相对实力差距正在逐步扩大，而且并无扭转的趋势。随着苏联的解体，俄罗斯继承了苏联航天的大部分遗产，但是原有的航天“设计—生产”体制被打乱，资金来源消失，人才队伍丧失，俄罗斯的航天实力大为衰落，再也无法撼动美国在航天领域的强势地位，双方在实力差距逐步扩大的背景下开展合作。在载人航天方面，自美俄在1993年签署联合建设国际空间站协议以来，由美国提供80%的建设资金，双方在载人航天方面开展了长期稳定的合作，特别是在美国停用航天飞机后，联盟飞船成为唯一的航天员运载手段。在运载火箭方面，双方联合成立海上发射公司，利用俄制火箭发射商业卫星，美国公司也大量采购俄制运载火箭发动机。在卫星应用方面，美俄开展全球定位系统（GPS）和“格洛纳斯”系统之间的兼容互操作，推广卫星遥感图像的免费开源，通过商业方式促进卫星通信的应用。当然，美俄的航天合作也经历挑战，俄罗斯航天实力在2000—2008年得益于油气价格的高涨实现了阶段性恢复，太空竞赛政策抬头，导致了美俄国际航天战略博弈关系的再度紧张。但是在俄罗斯总体实力减弱的大背景下，俄罗斯航天实力趋于下降，缺少挑战美国的航天能力，未来空间合作仍然是美俄国际航天战略博弈的主轴或极有可能的潜在选项。

2. 美欧与美日的国际航天战略博弈比较

美欧与美日的国际航天战略博弈，反映了国际航天战略博弈中松散型空间合作与紧密型航天合作的差异。美欧国际航天战略博弈与美日国际航天战略博弈的比较研究具有特殊意义，作为美国的盟友，美欧航天关系与美日航天关系在外部环境上具有高度的相似性，但是美欧航天合作和美日航天合作却表现出了约束力上的巨大差异。这是由于联合的欧洲在法国带领下具有较强的独立性和航天实力，日本的航天实力逊色于欧洲。因此，美日的空间合作约束力强于美欧的空间合作。这一案例很好地揭示了在空间合作中，实力差距较大的双方偏好紧密型空间合作，实力差距较小的双方偏好松散型空间合作，是对国际航天战略博弈理论逻辑和推论的重要验证。

第一，美国与欧洲的国际航天战略博弈以松散的空间合作为主。美国与欧洲的航天合作起源于20世纪60年代，英国、法国、联邦德国和意大利等欧洲国家与美国开展了多种类型的合作，其中主要是利用美国火箭发射自研卫星。美国将与欧洲在航天领域的合作作为一种国际战略手段，除了增强美国在资本主义阵营内的威望，也希望通过与欧洲国家的合作吸引国际人才增强其科研力量，并分担航天项目的经费压力。此外，能够在经济上实现美国航天产品向欧洲的出口，实现美欧贸易平衡，同时，美国在技术上通过向欧洲国家提供核心和关键的航天技术控制欧洲国家的航天研发能力。欧洲国家在20世纪60年代初已经认识到，单凭各国自身在航天领域的投入很难取得重大成绩，必须将欧洲的资源集中起来才能实现航天技术、产业和应用突破。与英国主动放弃运载火箭的研制不同，法国建立了完备的航天工业体系。1958年戴高乐东山再起执掌法国大权后，独立自主的精神在法国航天的发展中得到了充分的展现，也为法国带来了极大的利益。在1965年成功研制SSBS弹道导弹的基础上，法国通过“绿宝石计划”和“蓝宝石计划”，成功研制了“钻石”A运载火箭并发射了法国第一颗人造卫星“试验卫星一号”，打破了美苏的航天垄断。正如法国人指出的那样：“法国同德国在欧洲最大的区别就是航天。”[①] 在独立自主发展航

① Javier Alfonso-Gil, Javier Ed, *European Aeronautics: The Southwestern Axis*(Springer, 2007), p.47.

天的基础上，法国感到依靠自身力量不足以摆脱对美国的依赖，在成立欧洲空间研究组织（ESRO）开展空间科学研究的基础上，在20世纪70年代通过成立欧洲航天局开展运载火箭、大型卫星和卫星应用技术的研究和产业化，取得了仅次于美苏的成就，发挥了巨大的科技、经济和社会效益，法国作为欧洲航天的核心与骨干，使得欧洲成为世界重要的航天中心。欧洲与美国在诸如开展空间望远镜计划、空间实验室等一系列深空探测与载人航天项目中保持密切合作。但是由于欧洲具有独立的技术体系和航天保障能力，利用阿里安火箭和空客、泰雷兹公司的卫星平台及应用技术，在发射服务、卫星制造和航天应用领域与美国开展了竞争。由于欧洲拥有较强的航天实力且与美国的航天相对实力差距较小，因此美欧国际航天战略博弈总体上处于一种松散的合作状态，在美国与欧洲的相对航天实力基本保持稳定的条件下，双方的这一合作状态在未来将得到延续。

第二，美国与日本的国际航天战略博弈以紧密的空间合作为主。日本作为第二次世界大战的战败国，在发展与弹道导弹密切相关的运载火箭方面受到严格限制，只能将航天定位为一项纯粹的科研活动，20世纪50年初期，在得不到政府支持的情况下，东京大学以1955年成功发射“铅笔火箭”为标志，开展了固体探空火箭的研究。在具备一定能力后，东京大学宇宙研究所将火箭系列化，并利用L-4S火箭在1970年成功发射日本第一颗人造卫星“大隅”号，使日本成为继苏美法后第四个自主发射自研卫星的国家。此外，东京大学在1956年与南斯拉夫和印尼签订合同，并在1956年向两国输出了K（Kappa）系列探空火箭。由于南斯拉夫和印尼在冷战中是具有共产主义倾向的国家，日本的这一行为引起了美国的警惕，并促成了日本武器出口三原则的出台。以此为契机，美国与日本开展了空间合作，双方在1969年签署了《日美太空和平合作协议》，协议规定美国将“雷神—德尔塔”的第一级，900吨推力的MB-3液氧煤油发动机出口给日本，同时转让通信卫星的关键技术。美国开展与日本的空间合作除了协助日本在亚洲“竹幕”的冷战前线树立威望外，更重要的动机在于通过向日本提供航天领域的大量核心和关键技术，一方面限制日本在航天技术上独立自主的发展能力，另一方面通过出口控制制度，限制日本向第三方转让技术，从而最终达到限制日本航天产业化，禁锢其航天产业的发展。日本利用美国技术研制了N系列火箭，并在1977年利用N-1火箭发射了地球同步轨道卫星，成为第三个掌握发射地球同步轨道卫星的国家。日本在20世纪70年代的航天技术有所提升，但是关键技术受制于美国，不能实现卫星和火箭的完全国产化，美国禁止日本使用N系列火箭发射外国卫星，限制日本进入国际发射服务市场，也限制了日本的卫星出口。在20世纪80年代的美日贸易冲突中，日本还不得不开放了国内的通信卫星市场，使得日本卫星制造企业丢失了大量订单，进一步遏制了日本航天产业的发展。虽然日本决心实现其航天技术的自主可控，但是受制于美日关系的大背景，其核心技术和关键元器件仍然受制于美国，日本的航天发展依然步履维艰。在美日关系的大框架下，日本的航天实力在短时间内很难实现跨越式发展，未来紧密的空间合作仍然是美日国际航天战略博弈的基本状态。

3. 美中与美印的国际航天战略博弈比较

美中与美印的国际航天战略博弈，反映了相对实力快速缩小导致的太空竞赛和相对实力维持较大差距而开展的空间合作。中国和印度都是发展中国家，两国的航天起点接近。但是在两国的航天发展过程中，中国实现了航天实力的快速提升，印度则处于稳定发展的状态。在双方实力变化的基础上，美国对中国和印度分别采取了不同的国际航天战略博弈政策。美国对中国的国际航天战略博弈政策随着中国航天实力的增加从空间合作转向了太空竞赛，对印度的国际航天战略博弈政策则基本稳定在空间合作。美中和美印的国际航天战略博弈比较，检验了国际航天战略博弈理论模型中，航天相对实力变化对国际航天战略博弈政策调整的决定性作用。

第一，美国与印度的国际航天战略博弈以空间合作为主。印度航天的发展策略从航天的社会经济效益入手再发挥提升国家威望的作用，重点先发展卫星应用，再发展运载火箭、深空探测和载人航天。由于具有良好的国际战略环境，印度航天主要通过技术引进的方式发展，尚未建立完全独立自主的技术体系。在冷战期间，印度主要依靠苏联的技术援助，其研制的大部分卫星由苏联火箭发射。在卫星技术上，印度也从西方国家获得了大量关键技术并采购了很多元器件。例如，印度在1975年使用美国ATS-6卫星进行了卫星电视教育的试验，1977年使用法国的“交响乐”卫星实施了卫星通信试验。而在印度国家卫星系统（Indian National Satellite System，INSAT）的建设中，从美国福特航天与通信公司购买了INSAT系统的前四颗卫星，并以此为基础发展了自己的通信卫星。在运载火箭方面，印度自1963年开始研究探空火箭，首先得到了苏联的技术援助，后期也获得了美国、英国、法国的技术。例如引进的苏联M-100型二级固体火箭和法国“半人马座”型二级固体火箭。在积累了研制大型固体火箭的技术和经验后，印度在20世纪70年代正式开展运载火箭的研制，在1980年成功利用卫星运载火箭(SLV-3)将自研的试验卫星送入轨道。印度目前主力的极地轨道运载火箭（PSLV）和地球同步运载火箭（GSLV）使用的Vikas液体燃料发动机是在欧洲“阿丽亚娜”火箭Viking-2发动机的基础上开发的，其低温上面级由俄罗斯提供KVD-1发动机发展而来。[①] 美国对印度采取基本稳定执行航天合作的政策，在冷战期间通过提供大量火箭和卫星的关键技术，防止印度完全倒向苏联。例如，1963年印度发射的第一枚“耐克—阿帕奇”（Nike-Apache）探空火箭就是从美国引进的。由于印度在20世纪70年代开展核试验并利用运载火箭技术发展弹道导弹，特别是“烈火”系列弹道导弹的试验成功，标志着印度航天技术的重大突破和航天实力的增长，美国在1992年对印度实施了制裁，禁止西方、俄罗斯为其提供火箭技术。但是美国对印度总体上仍然执行以“空间合作”为主的国际航天战略博弈政策，美国和印度在1984年签署了技术转让协议、1997年签署共享卫星数据的备忘录、2001年发表了扩大太空领域合作的声明、2004年签署战略伙伴关系后续步骤等协议支持美印“空间合作”。[②] 特别是在2006年签订了扩大民用航天合作的协议，印度火箭可以发射美制及带有美制部件的卫星，印度卫星也可采用美制部件。美国还在印度建设

① 张莹:《印度运载火箭的发展及趋势分析》,《导弹与航天运载技术》2010年第2期，第61页。

② 江天骄、王蕾:《美国与印度的太空互动：从分歧到合作与竞争》,《南亚研究》2017年第3期，第119页。

地面站、提供卫星载荷和关键部件、推动卫星导航领域的兼容互操作等合作。美国对印度虽然采取过制裁、禁运等预防性竞争的政策和措施，但是在美印国际航天战略博弈中基本以“空间合作”政策为主，一方面印度是美国在亚太地区进行离岸平衡的重要角色，另一方面也在于印度航天技术的自主可控能力较低、综合实力较弱，与美国还存在较大差距。近年来，印度航天实力有所提升，但是由于未能完全掌握核心航天技术，美印在未来的国际航天战略博弈中仍有可能保持密切的“空间合作”。

第二，美国与中国的国际航天战略博弈从“空间合作”转向“太空竞赛”。中国自1956年作出导弹研制的战略决策以来，经过60多年的努力在航天领域形成了一套完全独立自主的科研、生产、运行和管理体系，具有研制和发射多种用途航天器的能力。中国早期的航天技术和管理体制来源于苏联的援助，在1957年获得了苏联P-2导弹的相关资料文件。但是随着1958年中苏关系的破裂，中国坚定走自力更生的发展道路，在1960年和1964年成功试射“东风”1号和“东风”2号导弹，并在1970年使用“长征”1号运载火箭将“东方红”1号卫星送入轨道，中国航天能力稳步提升。特别是改革开放以来，随着国家综合国力的快速增长，航天技术也实现了快速发展。在20世纪70年代中美关系正常化以后，由于中美共同反对苏联的安全需要和在航天实力上的较大差距，双方围绕卫星的购买、制造和使用以及卫星应用进行了合作，中国采购了美国大量的卫星图像，租用了美国通信卫星的转发器。例如，1992年中国邮电部购买了美国在轨通信卫星“天网”1号，更名为“中星”5号，再如，向洛克希德·马丁公司采购的“中卫”1号，向劳拉公司采购的“中星”8号、“亚太”2R等卫星。在20世纪80年代卫星通信产业快速发展的背景下，中国利用在美国“挑战者”号航天飞机和欧洲“阿里安”火箭相继失利、苏联尚未进入国际发射市场、卫星用户寻找和等待运载火箭提供发射服务的有利局面，凭借“长征”火箭高发射成功率和价格优势，成功打入国际商业发射服务市场。在20世纪90年代中国累计发射30颗美制卫星，为中国航天的发展提供了重要的资金来源。随着中国综合国力的跃升和航天实力的快速提高，美国改变了对中国开展“空间合作”的国际航天战略博弈政策。美国政府对中国实行越来越严格的出口控制政策，以多种理由阻止中国提供商业发射服务，特别是在1998年由众议院组成特别调查委员会，出台了《关于美国国家安全以及对华军事及商业关系的报告》即“考克斯报告”，认为中国通过商业发射“窃取”美国航天技术以增强中国军事航天能力并“威胁美国安全”。在此基础上，美国以《1999财年国防授权法》为基础，禁止中国发射美制卫星或采用了美国零部件的卫星。自此，中美国际航天战略博弈关系发生了从“空间合作”向“太空竞赛”的转变。21世纪以来，随着中国航天实力的快速崛起，中美双方的航天实力正在加速接近，美国开始实施更加激烈的进攻性竞争政策，对中美航天人员和技术交流施加更多限制。中美的国际航天战略博弈展示了实力快速接近的双方由“空间合作”转向“太空竞赛”的经典案例。随着中国航天实力的稳步增强，中美的相对实力差距有可能进一步缩小，美国将延续对中国以“太空竞赛”为主的国际航天战略博弈政策。

第五节　未来发展与理论颠覆

现有理论模型的建立、推论的讨论和验证都受到理论范式的限制。当前商业航天的发展作为理论重要的外部变量，有可能改变国际航天战略博弈理论的外部环境和条件，对国际航天战略博弈理论产生颠覆性影响，国际航天战略博弈理论未来的发展需要立足于商业航天的发展情况进行设计。

一、理论界限

范式是在某一个指定时间内一系列限定某一个科学学科的活动，作为外部环境和基本条件，决定了一个学科和领域的思维方式。对某一时期某一专业做仔细的历史研究，就能发现一组反复出现而类似标准的实例，体现各种理论在其概念的、观察的和仪器的应用中,这些实例就是共同体的范式。[1] 梳理人类进入航天时代以来围绕航天开展的国际战略活动，可以发现国际航天战略博弈的主题与要素离不开战略、资金和科技。首先，国家战略是国际航天战略博弈的核心定位，国家的战略规划决定了国际航天战略博弈在国际整体战略中的地位，而战略规划的执行水平则决定了国际航天战略博弈的实施效果，这是国际航天战略博弈得以开展的基础。其次，资金投入是国际航天战略博弈发展的动力，国家的资金投入直接决定了国际航天战略博弈的规模和效果，当前的航天活动主要依赖于国家的财政投入。最后，科技水平是国际航天战略博弈开展的基础条件，决定了国际航天战略博弈的能力和领域。在总结归纳主题和要素的基础上，根据国际政治经济学理论进行理论范式的抽象和规范。国际政治经济学作为研究国际关系中政治与经济互动的学科，首先要关注国际经济关系的内涵探索，因为国际经济关系本身就是国际政治关系。[2] 因此，国际航天战略博弈的理论范式首要目的就是厘清航天经济的性质，作为开展国际航天战略博弈研究的基础。其次要抓住对外政策的过程分析，因为国际政治决策过程中的政治意图和经济利益是相互影响的。[3] 因此，需要通过实力确定利益，明确国际航天战略博弈的核心行为体，抓住国际航天战略博弈的本质特征，最终掌握国际航天战略博弈政策的灵魂。从经济关系的内涵和国际战略政策的过程两个维度综合分析可以形成国际航天战略博弈理论的理论范式，即航天经济的计划经济属性、以国家为核心的行为体和大国竞争的本质特征，这三个相互密切关联的要素则形成了国际航天战略博弈理论模型建立、推论的讨论和验证等最基本的限制条件。

在国际航天战略博弈的理论范式中，航天经济的计划经济属性或称为航天的“非营利性”，是国际经济关系最重要和根本的内涵，对国际航天战略博弈理论具有核心的约束作用。这是因为在确立航天经济的计划经济属性或称为航天的“非营利性”之后，才能将国家作为国际航天战略博弈

① 托马斯·库恩:《科学革命的结构》，金吾伦、胡新和译，北京大学出版社，2004，第145页。

② 斯贝茹:《国际经济关系学》，储祥银译，对外贸易教育出版社，1989，第21页。

③ 樊勇明:《西方国际政治经济学》，上海人民出版社，2006，第3页。

的核心行为体进行研究，并在航天资源有限性和经济、政治和安全的竞争性框架下，将大国竞争确定为国际航天战略博弈的本质特征。在航天经济中最核心的问题在于确定项目性质，即划分公共部门项目和私营部门项目。公共部门使用财政资金通过计划开展项目，私营部门依靠私人资本通过市场开展项目。两者之间的重大差别在于，公共部门以政府为代表，追求社会的整体效益提升；私营部门以企业为代表，要在激烈的市场竞争中生存下来，必须获取更大的利润，为客户提供更多的价值，为投资人提供更高的收益，利润是私营部门价值增加的直接标准，而不是社会效益。目前，无论美国、俄罗斯、欧洲、日本或者中国，绝大部分航天项目都是由公共部门使用财政资金通过计划指令的方式完成的。这是因为在所有的航天经济中，除了向以政府为代表的公共部门出售产品和服务外，在太空中赚取利润是非常困难的。只有卫星通信勉强够得上是私营部门的市场经济，但是仍不足以支撑航天产业整体的发展。20世纪90年代是商业卫星通信充满机遇的黄金时期，各类卫星通信系统和计划与互联网革命同时崛起，极大地刺激了投资市场和用户端的供需双方。由于卫星通信在技术灵活性和性价比方面不敌地面通信，以摩托罗拉公司的“铱星”系统和劳拉公司与高通公司发起的“全球星”系统为代表的卫星通信巨头之间经历破产和重组，商业航天的泡沫最终破灭。中国也经历了类似的过程，在20世纪90年代初期，卫星通信资源非常紧缺，很多部门普遍认为这一领域利润非常大，纷纷开展卫星通信的运营。到90年代末整体市场出现了供过于求的局面，与此同时，中国通信业随着光缆技术的发展和地面通信竞争的加剧，地面光缆成本急剧下降，尤其是城市与城市之间的光缆铺设开始变得非常普及，对卫星通信产生的替代效应十分明显，中国的卫星通信企业利润急剧下降，被迫实施业务调整和重组。

二、商业航天

商业航天是当前国际航天战略博弈理论最重要的颠覆性外部变量。商业航天的发展能够将航天产业从一个计划经济属性的“非营利性”产业，转变为市场经济属性的“营利性”产业，将航天活动由公共部门主导使用财政资金通过计划开展的项目，转变为私营部门主导依靠私人资本通过市场开展的项目。进而能够改变航天的实施主体，将国际航天战略博弈的核心主体由国家行为体转变为非国家行为体。最终，将当前的国际航天战略博弈从存量竞争转变为增量竞争，彻底改变国际航天战略博弈大国竞争的本质特征，完全颠覆国际航天战略博弈理论的基本框架。

商业航天和航天商业化是两个既有联系又存在重大区别的概念。航天商业化，是指将传统由政府部门组织和国有企业实施的航天工程项目进行商业化运行，即将国家的航天任务，通过市场化竞争机制交给私营企业承担和运营。商业航天，是指完全由私营部门自行发起、社会投资、自主经营、自担风险的航天项目和活动，这些私营企业或个人为此需要承担一定比例的投资风险和责任，按照典型的市场激励机制来运行，控制成本并获得最大的投资回报。商业航天和航天商业化的相似之处在于两者都强调了私营部门在航天活动和项目中的作用；两者最大的区别在于，航天商业化强调航天活动或项目由私营部门提供航天的产品或服务，商业航天则强调航天活动或项目整体的利润、资金来源和投资回报，更多地以私营部门的思维方式重视整个航天活动或项目的营利性。商业航天的这一区别性特征可以概括为“能够在太空挣钱”，同时还要求“不挣政府的钱”或“不从国家财政预算拿钱”。

在全球化的发展趋势下，如何利用商业航天为国家创造更大的经济效益是一个重要的课题。在金融资本和政府政策的支持下，美国以太空探索（SpaceX）、蓝色起源（Blue Origin）、行星（Planet）、一网（OneWeb）等为代表的初创航天企业快速发展，在商业发射、亚轨道旅游、天基互联网和遥感应用等领域取得了不小的技术进展，开始占据航天产业链的关键环节，成为国家航天力量的重要组成部分。这些公司通过风险投资和股权融资实现了商业航天领域资金来源方面的重要突破，但是在投资回报和航天经济营利性上尚未实现重大突破，如果商业航天不能证明其盈利能力，那么投资商业航天无异于庞氏骗局或商业诈骗。此外，大部分美国的航天初创企业还在依靠美国航天局（NASA）或美国军方的项目或订单支持实现营利。从商业航天和航天商业化的角度而言，目前，美国政府和美国的初创航天企业更好地完成了航天的商业化而非商业航天。因此，单纯依靠私营企业不足以改变航天产业，需要依靠多方力量的汇聚和资源整合，才能实现商业航天的突破。未来商业航天可能在商业模式和顶层设计两方面进行创新。首先，以私营部门为主体，企业可以进行商业模式的创新，在卫星通信、卫星遥感、卫星导航、发射服务、载人航天和深空探测等领域，通过创新商业模式，提供航天产品和服务实现营利。应用是航天的出发点和落脚点，围绕航天应用以盈利水平为标准实现航天技术的真正转换和应用。其次，以公共部门为主体，政府可以进行顶层设计的创新，利用政策法规和国家资源，为商业航天的实施创造有利环境，主动引导航天经济的转换，使得未来航天产业能够不依靠财政支持实现具有经济性的可持续发展。如果商业航天不能真正将航天经济从非营利性的计划经济转为营利性的市场经济，那么航天和国际航天战略博弈将永远是爱国主义和民族主义在科技上的副产品。在这个意义上，太空探索公司首席运营官埃隆·马斯克（Elon Musk）推出的星际运输系统（Interplanetary Transport System, ITS）作为以火星为目标的星际移民工具是真正的商业航天项目。[①] 大航海时代的风帆战舰为西方国家提供了技术优势并协助在世界范围内建立了资本主义的殖民帝国，塑造了世界近代历史，深刻影响了国际关系。商业航天在未来的国际关系中扮演着同样重要的角色。

三、理论发展

商业航天在未来实现真正的突破后，将会颠覆现有的理论框架，改变国际航天战略博弈的行为主体和本质特征，重塑理论的要素和内核，最终建立新的理论模型和逻辑。由于当前国际航天战略博弈理论的基础在于对历史经验的总结和对现实的观察抽象，因此，面对未来的理论发展，只能从理论框架出发进行一些探索。

第一，在理论范式上产生变革。由于航天经济有利可图，更多的企业

---

① Elon Musk, “Making Humans a Multi-Planetary Species,” *New Space* 5 (JunE 2017), https://www.liebertpub.com/doi/pdf/10.1089/space.2017.29009.emu.

将会参与到这一经济活动中来并且更大程度发挥企业的自主性，同时由于企业可以从市场上营利，其行为更多地将受制于市场变化而非政府的行政指令。随着企业、非政府组织、个人等非国家行为体在国际航天领域活动的增加和能力的增强，国际航天战略博弈的行为主体将从国家转移到具有最强实力的非国家行为体中，这一行为体有可能是私营企业，也有可能是国际组织，甚至有可能是个人，国家在国际航天战略博弈中可能将处于配角的地位，更多地以支持和维护核心非国家行为体的作用出现。这一情况可以参考大航海时代，探险家、投资人和东印度公司等非国家行为具有更重要的影响力。在这一变化中，航天活动将从一种计划经济的政府指令式的运行模式转变为市场经济的企业自发的运行模式，当前的航天的存量竞争将变为增量竞争，大国竞争不再成为国际航天战略博弈的本质特征，追求利润最大化将成为国际航天战略博弈的本质特征，国际航天战略博弈将围绕利润开展竞争与合作。

第二，在理论模型建构上产生变化。在市场经济中，企业的核心目标是利润最大化。由于国际航天战略博弈的核心主体转变为非国家行为体，国家战略、财政预算等公共部门的事务将不再成为国际航天战略博弈理论的关键要素。非国家行为体作为国际航天战略博弈的核心行为体，将更加关注影响市场规模、生产效率、投资回报率等经济指标的因素。非国家行为体的行动模式将不再关注相互之间的绝对实力，很有可能更加关注绝对实力，进而不再关注相对收益转而关注绝对收益。因此，在国际航天战略博弈中的主要逻辑将考虑如何扩大市场规模、提升利润率、增强营利能力，并在政治经济学的框架下分析生产要素与市场竞争策略之间的相互关系。在航天的市场经济中如何在国家帮助下通过竞争与合作，才能产生最大的经济收益将成为未来国际航天战略博弈理论最需要研究的核心问题。然而由于缺少事实的分析，仅凭现有的推断和预测，并不能完全把握未来国际航天战略博弈理论的发展方向，但是作为理论框架的基础，理论范式的研究提示我们重视理论的外部环境和基础条件，当外部环境改变后，国际航天战略博弈理论必然面临颠覆和革新。商业航天作为国际航天战略博弈理论的重要外部变量，需要在战略层面得到足够的重视和关注。

第二章 大国竞争与太空竞赛

大国竞争是当今国际关系的一个重要特征。新时代中国适逢世界面临百年未有之大变局，机遇前所未有，挑战空前严峻。世界百年变局主要表现在新兴市场与发展中国家整体快速崛起、大国实力对比关系发生显著变化等方面。[①] 在这一背景下，大国之间竞争的激烈程度不断加剧，成为国际关系的重要问题。太空领域的竞争实质上就是大国竞争的表现。[②] 本章主要是运用国际航天战略博弈的理论框架，对国际航天战略博弈的格局进行总体态势分析。并针对世界主要航天国家，从航天相对实力和国际航天战略博弈政策的维度进行研究，在分析当前国际航天战略博弈的基础上，对这些国家未来的国际航天战略博弈发展进行预判。

第一节 大国太空竞赛的战略思想

从国际航天博弈的历史来看，大国竞争中的思维和观念极大地影响了国家的航天政策。利用国际关系理论的范式，可以从现实主义的角度出发，对大国竞争中的战略思想进行分析，梳理历史上大国太空竞赛的脉络。作为历史的延续，这一分析有助于理解当今世界的大国在太空领域开展的战略竞争。

---

① 江瑞平:《世界百年变局与中国经济国际战略》,《国际战略评论（国际战略学院学报）》2020年第6期，第1页。

② 何奇松:《太空领域竞争的实质是大国竞争》,《人民论坛·学术前沿》2020年第16期，第18页。

一、太空竞赛与现实主义

在冷战初期，美苏双方均以现实主义的方式思考国际航天战略博弈，双方开展了激烈的太空竞赛。美苏在冷战初期的太空竞赛经历了三个阶段：第一阶段以洲际导弹和卫星发射入轨为目标，第二阶段以载人航天和太空行走为目标，第三阶段以载人登月为目标。在这一过程中，现实主义是美苏进行太空竞赛的指导思想，斯大林的对外扩张、赫鲁晓夫的和平竞赛思想、杜鲁门的杜鲁门主义、艾森豪威尔的大规模报复战略、肯尼迪的灵活反应战略、约翰逊的逐步升级战略，等等，都是现实主义的思考方式在国际航天战略博弈中的反映。

（一）冷战早期——50年代的国际航天战略博弈

国际航天战略博弈是美苏冷战关系的集中体现。[①] 二战结束以后，美国和苏联围绕德国问题、东欧问题、土耳其海峡问题、伊朗问题开展了争夺，已经不可能继续推行大国合作政策。经过斯大林在莫斯科选区选民大会的演讲和丘吉尔的富尔顿演说，美苏双方拉开了冷战的序幕。[②] 美国秉持杜鲁门主义开始实施马歇尔计划，苏联在经济上实施莫洛托夫计划，成立经济互助委员会，同时还成立了共产党和工人党情报局。以1948年“柏林禁运”造成的国际危机为标志，国际形势发生根本变化，美苏关系迅速恶化，两大阵营对立的格局已经形成。美苏20世纪50年代国际航天战略博弈的重点是利用技术优势获得政治优势，双方竞争的焦点则在发射运载火箭和人造地球卫星上。首先，这是由于在技术上需要拥有运载火箭然后才能将人造地球卫星送上太空，而运载火箭的技术又是基于弹道导弹技术进一步研究所开发的产品，两者有着密切的联系。其次，美苏利用在弹道导弹、运载火箭和人造地球卫星上形成的技术优势，在国际政治上可以形成巨大的战略威慑，产生现实的军事压力，同时可以展示自身制度的优越

① 任海滨：《浅析美苏冷战的起因》，《黑龙江史志》2009年第19期，第44页。

② 戴超武：《斯大林、苏联国际战略与冷战的起源》，《俄罗斯研究》2013年第1期，第5页。

性，在国际社会中占领道义高地。

冷战早期的50年代的国际航天战略博弈中，美苏两国在利用运载火箭发射人造卫星上开展了一场争夺战。在1955年7月29日国际无线通信联合会第三次大会召开之前，美国艾森豪威尔总统宣布美国正在进行发射人造地球卫星的准备工作。苏联科学院谢多夫院士也在大会上宣布苏联预计在国际地球物理年期间发射卫星。在这一阶段的太空竞赛中，苏联抢先在1957年10月4日，利用改造后试验成功的P-7洲际导弹，在拜科努尔航天发射场将世界上第一颗人造地球卫星“斯普特尼克1号”成功送入太空。卫星在技术和科技方面的成就有限，仅进行了星内的温度压力测试、大气密度测量和电离层研究，但它却产生了极为重大的政治影响。这标志着美苏太空竞赛的第一个回合胜出者是苏联。同时，在国际航天战略博弈上，苏联利用广泛而成功的宣传，世界普遍认为苏联在科学和技术上占据了领导地位，在军事方面形成了安全优势，并证明了社会主义制度相对资本主义制度的优越性。苏联的国际航天战略博弈获得了全面胜利。1958年以后，苏联和美国的第一阶段的航天竞赛结束。在这一阶段的国际航天战略博弈中，美苏双方都意识到运载火箭技术对航天技术未来发展的决定性意义，[①] 因此，这一时期美苏都投入巨大精力改进和发展可靠性高、运载能力强的运载火箭。首先，主要产生了适应各种载荷要求的航天运载火箭系列；其次，航天技术开始了应用探索，通信、遥感、导航等卫星应用的实用化，对国家和社会发展产生了意义深远的影响，这一阶段的技术发展为载人航天奠定了技术基础。

苏联的国际航天战略博弈在冷战早期的50年代能够获得巨大的成功，其原因主要在于战略上的重视、正确的技术路线选择和充分发挥国家体制的优越性。

第一，苏联高度重视火箭技术。[②] 美国的原子弹是威慑苏联的重要力

---

① 冯昭奎：《太空战争：国际安全的新视角》，《国际安全研究》2017年第5期，第22页。

② 何奇松：《国际太空新秩序与中国的责任》，《世界经济与政治》2016年第8期，第129页。

量，虽然苏联也在加紧研究核武器，但是在原子弹研制成功以前，苏联需要一种强力武器弥补美苏在军事装备上的巨大差距。虽然当时苏联的航空技术已经有了很大的发展，但是在战略轰炸机方面，美苏实力差距太大，苏联很难快速在战略轰炸机上赶上美国。因此，苏联高度重视火箭技术，全力发展弹道导弹。1946年3月，苏联在战后举行的最高苏维埃第一次会议上通过了第四个“恢复和发展国民经济的五年计划”，以法律的形式重点发展重工业和国防工业，为实现发动机技术和火箭技术的突破奠定了政策基础。

第二，苏联正确的技术路线选择。苏联航天之父科罗廖夫认为，苏联的中程导弹和二级洲际弹道导弹稍加改进就可以作为发射卫星的运载火箭。在此思路下，苏联在1947年10月复原组装了纳粹德国留下的V-2导弹并成功发射，将其命名为P-1，并以此为基础设计火箭发动机，在1957年8月21日成功地进行了世界上第一种洲际弹道导弹P-7的试射。P-7导弹的成功，为运载火箭的开发奠定了坚实的技术基础。科罗廖夫的研发思路得到了苏联科学院审查委员会主席凯尔迪什和科学院院士谢多夫的大力支持，在积极运作下，1956年1月30日，苏联政府正式作出在1957—1958年研制人造地球卫星的决定，开始制定卫星的技术要求。

第三，苏联充分发挥社会主义制度举国体制的优越性。苏联的人造地球卫星计划包括四个方面：研制运载火箭、建设发射场、研制卫星平台和卫星载荷设备、建立地面测控网。[①] 苏联发挥计划经济能够集中资源开展工程建设的制度性优势，将国家有限的研发资源集中到卫星任务中，实现了技术上的重要突破和工程上的快速建设。在运载火箭方面，研制运载火箭的任务实际上同发展洲际弹道导弹是一致的，仅需要调整P-7导弹的发动机。人造卫星的平台和载荷由吉洪拉沃夫为主设计，功能较为简单，主要是保证发射的绝对成功并让世人感觉到它的存在。在工程建设上，苏联在1954年决定建设航天火箭发射场，即拜科努尔航天发射场。建设了发射区、总装测试厂、控制测试大楼、推进剂储存库等相关辅助设施和行政

① 范海虹：《苏联与美国外层空间竞争（1945—1969）》，九州出版社，2014，第18页。

管理、训练、住宅等建设，快速完成了发射场、测控网的建设任务。

苏联国际航天战略博弈的成功，使得东西方两大阵营的力量对比发生了深刻变化，展示了苏联在航天军事和科技领域的优势，迫使美国认为存在所谓的“导弹差距”，证明了社会主义制度的巨大优越性，鼓舞了国际共产主义运动，提高了社会主义阵营的国际地位。

美国的国际航天战略博弈在同一时期遭遇严重挫折，[①] 主要在于战略上的轻视、技术路线的错误选择和国家组织体制的劣势。

第一，美国忽视火箭技术。美国在20世纪40年代至50年代初，先后就运载火箭和人造卫星研制的可能性和潜在的科技、军事价值进行了广泛的研究和讨论，工作之细致甚至远远超过了苏联。然而由于美国决策层缺乏长远眼光，在战略指导思想和决策上产生了误判，致使运载火箭和人造卫星的研究长期没有进入工程研发阶段，延误了战略机遇，最终未能追上苏联的发展步伐。从美苏双方航天的发展历程来看，苏联以运载火箭和人造卫星为代表的航天技术快速超过美国，与双方对待航天的基本态度有极大关系。美国在弹道导弹、运载火箭和人造卫星等航天技术发展的指导思想以及战略决策上犯了严重错误，这是美国落后的关键原因。美国在1945年7月16日成功试验原子弹以后，认为原子弹的威力不可估量且原子弹的制造可以被垄断。据此，美国为了推动对苏联的遏制政策开展了“原子国际战略”。一方面加紧开展原子弹的试验，增加原子弹的数量并提升原子弹的质量；另一方面加速发展新式远程轰炸机，以解决原子弹的运载问题。当苏联于1949年成功试验爆炸原子弹，打破美国的核垄断以后，美国开始发展氢弹，与苏联进行核军备竞赛。美国对原子弹和远程轰炸机的依赖，造成了对火箭技术的忽视。虽然美国军事和工业的某些部门试图扩大导弹计划，但是决策层大大低估了导弹的意义，认为洲际导弹研发困难、投入经费过大，对弹道导弹研究发展的经费进行了大幅削减。事实证明，美国的“原子国际战略”遭受了完全的失败，由于制造原子弹所依据

① 张杨：《冷战与美国的外层空间政策（1945—1969）》，东北师范大学博士学位论文，2005，第34页。

的相对论是全世界所共知的，因此，原子弹不可能长期被美国垄断。美国进行核垄断和核讹诈的结果，只能促使世界主要国家全力研究原子弹，在世界范围内引发核军备竞赛。

第二，美国在运载火箭的技术路线和研制思路上存在问题。美国大部分火箭专家把精力放在提高运载火箭单燃烧室发动机的推力上。这种设计思想无疑有助于火箭技术的长远发展，但也浪费了人力、物力和资金，拖长了研制周期。而苏联在提高单台发动机推力的同时，还努力探索单燃烧室发动机的并联技术和捆绑技术。这样可以避开难度大的技术而寻求技术捷径。因此，虽然美国在火箭技术和发动机技术上作出了很大的努力，但未能在短时间内缩短与苏联的技术差距。

第三，美国分散的航天组织方式效率低下。与苏联高度集中的统一领导体制不同，美国的弹道导弹、运载火箭以及人造卫星的计划和决策并没有一个具有高度权威的部门负责。政府、国会、科学机构、国防部以及陆海空三军都可以制定自己的规划，但是同时又都不能最后拍板决定。一个计划总要经过讨价还价，反复研究和多方面协调才能最终由几个部门集体作出决定。美国在20世纪50年代有好几个大型火箭计划、人造卫星计划并存，多家单位互不相让，各行其是，呈现出多头并进的局面。这种局面不仅导致人才、资金、设备的分散和浪费，也使宝贵的时间无可挽回地失去了。

美国在国际航天战略博弈中的失败对美国的军事安全、政治威望和科研教育产生了重大影响。苏联成功试验洲际导弹和成功发射第一颗人造卫星的消息，立即在美国引起了极大的震动和冲击。苏联划时代的航天成就给美国人带来的是突然的自卑、失望、痛心和对美国科学技术的怀疑，更严重的是动摇了美国对自身国家安全的信心。

（二）冷战早期——20世纪60年代的国际航天战略博弈

在冷战早期的20世纪60年代的国际航天战略博弈中，美苏双方围绕载人航天展开了第二阶段的太空竞赛。美苏的航天竞赛围绕三个阶段性目标开展，首先是航天器的载人飞行，其次是航天员出舱的太空行走，最后以载人登月的竞赛终结。在载人航天为主的太空竞赛中，苏联实施了“东方计划”和“上升计划”，美国则实施了“水星计划”“双子星座计划”和著名的“阿波罗计划”。在整个载人航天的太空竞赛中，[①] 苏联先胜后败，取得了首先进行航天器载人飞行和航天员出舱行走的胜利，但是美国最终通过成功实施载人登月，取得了最终的胜利。

美苏围绕载人航天开展国际航天战略博弈，主要是为了获得巨大的政治威望。20世纪60年代随着运载火箭技术的发展，各类卫星以及高空生物试验取得的进展，使载人航天技术很快发展成熟。[②] 虽然从技术上看，载人航天是运载火箭和人造卫星之后的技术发展的必然逻辑，但是由于冷战的升级和美苏之间太空竞赛的加剧，美苏双方为了能在世界上获得更大的政治利益和宣传效果，双方都加强了载人航天计划的制定、实施，并都取得了很大的成就。就技术发展而言，从人造卫星到载人飞船应当需要较长的时间，这不仅是因为航天技术需要逐步发展，而且在太空生物医学、太阳辐射等空间科学问题还没有得到清晰的认知的情况下，开展载人航天具有很大的风险。因此，需要在相关技术和科学问题得到认知和解决的基础上，才能将人送入太空。但是由于20世纪50年代末国际政治、军备竞赛、科技发展和意识形态对峙的综合因素，正常的科技发展规划被打破，美苏的太空竞赛占据了绝对的主导地位，第一颗人造卫星获得的政治声望已经相当可观，第一次载人的太空飞行将会加倍带来更大的政治利益，形成更大的政治威望。

第一阶段，美苏围绕太空载人飞行开展了竞赛。[③]

苏联高度重视载人飞行在国际航天战略博弈中的重要意义，在第一阶段的载人太空飞行竞赛上取得了胜利。苏联领导人赫鲁晓夫出于政治和国际战略的考量，对载人航天项目非常支持。这是因为第一颗洲际弹道导弹试射成功，第一颗人造卫星发射成功，为社会主义阵营、苏联乃至他本人都带来了极大的政治威望。每次航天技术的重大成就都有助于苏联国际地

① 吴国兴:《21世纪的载人航天“路线图”》,《国际太空》2005年第6期，第5页。

② 温谷:《意义深远的阿波罗载人登月工程，纪念首次载人登月40周年》,《国际太空》2009年第8期，第27页。

③ 张弛:《冷战中的美苏载人登月竞赛》，陕西师范大学硕士学位论文，2011，第57页。

位的提高，有助于加强苏联在国际战略谈判上的力量，也有助于提高赫鲁晓夫个人的领导威信。再加上赫鲁晓夫个人的性格特点，使其在各种场合不失时机地展示苏联的航天成就。例如，1959年苏联“月球”2号探测器击中月球，成为人类第一个送上月球的物体，赫鲁晓夫在访问美国时宣称“‘月球’2号探测器已将苏联的勋章挂在月球上”。为了增加戏剧效果，他还送给艾森豪威尔总统一枚“苏联勋章”。因此，苏联从1958年开始推动载人航天项目“东方计划”，确定进行载人轨道飞行，在1959年底完成飞船的设计工作，并在1960年进行了多次无人飞船的试验飞行。1961年，苏联政府正式批准进行载人轨道飞行，4月12日，一枚“东方”号系列运载火箭将尤里·加加林乘坐的“东方”1号飞船发射升空。加加林的绕地飞行实现了人类千百年来航天飞行的理想，把航天先驱们的理论变为了现实，有着无可辩驳的科学意义，证明了人类在短时间的失重状态下完全可以正常地生活。“东方”1号飞船绕地飞行的成功同样具有深远的政治意义，苏联在载人飞行这一重要领域又一次击败了美国。

美国由于管理体制和技术水平的原因，在第一阶段的载人太空飞行竞赛中失利。美国的载人航天计划同人造卫星相似，虽然美国提出载人航天飞行的设想并不比苏联晚，但是由于战略判断和组织架构的原因，直到1958年底才正式批准立项，由新成立的美国国家航天局执行，命名为“水星计划”。“水星计划”按照技术和设计验证、载人亚轨道飞行试验和载人轨道飞行的三个步骤开展。为了与苏联竞赛抢先进行载人飞行，领导水星计划的兰利研究中心太空任务小组修改了计划，提前进行载人航天飞行，但是苏联在1961年实现了首次太空飞行，水星计划只能成为美国心理失衡的补偿。在1961年5月15日，美国第一位宇航员艾伦·谢泼德乘坐命名为“自由7”号的小型宇宙飞船在卡纳维拉尔角由“红石”火箭发射升空。作为弹道发射，飞船上升的最大高度是186千米的亚轨道飞行，仅有5分钟的失重时间。由于这是在苏联人之后的飞行，因而成就也小很多，可以说在美苏载人太空飞行的竞赛上，美国人落后了。虽然美国在1962年又进行了两次高轨道飞行，但是考虑到目的已经实现，美国国家航天局在1963年结束了“水星计划”。[①]

载人航天第一阶段美国的落后是多种原因造成的。从实施情况来看，美国的“水星计划”与苏联的“东方计划”相比指标全面落后。在时间上，美国实现轨道飞行比苏联晚了10个月，苏联宇航员在轨时间多达382小时，而美国仅有58小时，还不足苏联的零头。造成这种差距的原因是多方面的。首先，在成立国家航天局以前，美国的载人航天研究极为分散和混乱，而且没有得到政府的重视，在战略布局上有所欠缺。其次，美国航天局虽然被赋予统一管理民用航天计划的大权，但是实际国家航天局在与其他部门打交道的过程中面临权威不足的情况。方案评审、设计招标、试验验证都需要有国防部和其他部门的参与，这种组织机构运行的效率完全不如苏联真正集中统一领导的体制。再次，“水星计划”过于复杂，未来验证四种不同的技术，需要大规模改造甚至重新设计火箭。一种火箭只能完成单一或有限的几个试验任务，不仅造成了计划的复杂性，而且相互牵制，失败后影响面很大，造成了时间的浪费，而且“水星计划”比“东方计划”采用了更多未经检验甚至需要长时间试验的新技术，比如发射救生系统、飞船姿态控制系统已经复杂的结合部，实际结果表明，正是实验这些新技术成败极大的贻误时机，最后，1960年的美国大选对“水星计划”带来了复杂的影响。

但是美国的“水星计划”在技术上取得的成就却比“东方计划”更大，这就为美国下一阶段载人航天的发展奠定了基础。首先，由于改进了多种导弹成为运载火箭，使美国在运载火箭方面取得了丰富的经验，加之还有其他几种导弹具有这种能力，这为美国未来的大型航天计划创造了必要条件，显得更加主动，而苏联当时只有“卫星”号及其改进型运载火箭。其次，“水星计划”虽然比较复杂，但是整个进程更为科学，具有推广的潜力。再次，美国通过“水星计划”发展了一些新技术，特别重要的是宇航员发射救生系统和飞船姿态控制系统以及后来广泛应用地再入与回收技

① 李云:《美国重要的星球大战天基武器试验计划》,《国外空间动态》1989年第11期，第1页。

术，苏联在“东方计划”中都未能获得这些技术。最后，“水星计划”在航天医学上确有重要收获，包括宇航员在失重条件下的生理和心理效应、进食与睡眠、太阳辐射、活动能力等宝贵的科学资料，同时在气象、地理、天文等学科上也取得了一些收获。由于美国积累了丰富的大型航天计划的管理经验，获得了许多载人航天飞行的必要技术，加之美国政府的大力支持，终于使美国在几年后超越了苏联。

第二阶段，美苏围绕航天员出舱的太空行走开展了竞赛。

苏联在第二阶段航天员的太空行走中再次取得了领先，保持了国际航天战略博弈中的优势。苏联在实现载人太空飞行后得到情报，美国的“双子星计划”载人飞船上的宇航员将在1965年3月23日试验太空行走。为了争夺第二阶段的胜利，在美国之前实现航天员的太空行走，苏联设计制定了“上升计划”。早期的东方-ZH飞船和联盟复合体原本希望实现三个目的：第一，进行航天器轨道交会对接的试验和训练；第二，解决当时运载火箭能力不足的问题，利用作为主推进机构的火箭舱将载荷推向更高的轨道；第三，为载人登月做技术准备，几个火箭舱的对接可以看作是一枚在空间轨道的多级火箭，利用它将载人飞船和载荷舱推向月球。但是由于赫鲁晓夫的政治压力，时间异常紧迫，“上升计划”成为一个与美国“双子星计划”竞争的过渡性计划，进行了两次飞行。第一次，于1964年10月12日在“卫星”号运载火箭基础上研制的“联盟”号运载火箭把乘坐三名宇航员的“上升1号”飞船送入轨道，并在轨道上停留了1天。第二次，于1965年3月18日，搭载两名宇航员的“上升”2号飞船发射升空，并完成了人类历史上第一次太空行走。“上升计划”的两次任务除了完成人类首次太空行走外，未能进行更有价值的研究，比“东方计划”的成就高不了多少，对未来发展具有深远影响的轨道交会对接技术没有进行试验验证，苏联在交会对接技术上的实现落后于美国。这表明在载人航天方面，美国已开始赶上并超过苏联了。[①]

① 景海鹏等:《空间站：迈向太空的人类探索》,《自动化学报》2019年第10期，第1801页。

美国在第二阶段航天员的太空行走中再次落后苏联，在国际航天战略博弈中仍然处于劣势。美国提出的“双子星座计划”是“阿波罗计划”的一个辅助计划，但是具有很强的独立性。航天的发展具有很大的连续性以及技术上的继承性，美国载人航天的发展是按从“水星计划”到“双子星座计划”再到“阿波罗计划”这样一个过程进行的，前一项计划为后一项计划奠定了技术基础并积累必要的经验。1965年6月3日发射的“双子星”4号飞船的飞行时间达98小时，打破了苏联纪录，同时首次进行了太空机动行走。1966年7月18日发射的“双子星”10号飞船在太空中对之前未能完成对接任务的“阿金纳”3号飞船和新发射的“阿金纳”10号飞船进行了跟踪、会合。这次高度成功的太空对接与轨道机动是航天史上一项伟大的成就，这是完成“阿波罗计划”的关键技术，为载人登月开辟了道路，至此，美国在载人航天方面全面超过了苏联。

第三阶段，美苏围绕载人登月开展了竞赛。

苏联在第三阶段载人登月的竞赛中完全失败。苏联政府在1964年8月3日通过了《关于月球和宇宙空间考察工作的决定》，规定了登月计划的具体任务和期限，但是由于运载火箭研制的失败和其他多种因素的影响，苏联的登月计划最终流产。在苏联航天之父科罗廖夫逝世后，米申担任科罗廖夫设计局的负责人，主持登月所必需的H-1型运载火箭的研制。由于苏联在单燃烧室大推力发动机方面一直没有获得突破性进展，因此H-1型运载火箭智能采用多级并联方案。但是在缺乏高性能控制技术支持的条件下，大推力发动机并联必然极大地降低火箭的可靠性，H-1型运载火箭的发射试验一败涂地，连续发生了四次爆炸事故。同时，时间也不足以进行更多的可靠性设计和验证。随着美国完成登月壮举，苏联政府在1972年正式要求暂停登月计划。随着太空竞赛的结束，美苏都开始加强航天技术的应用，苏联转向发展能够实现太空控制的空间站，战略的调整加速了苏联登月计划的消亡。

美国在第三阶段载人登月的竞赛中获得了最终胜利，在国际航天战略博弈中重新占领了优势地位。美国的登月计划是美苏太空竞赛的产物，对于登月计划而言，从技术角度来看，除了技术上的困难，载人登月的科学意义不大。但是美苏的太空竞赛已经开始，美国的航天计划需要着眼于如何战胜苏联，以显示美国的领先地位，提高国家声望。苏联宇航员加加林的太空飞行对美国公众的刺激虽然不如1957年人类第一颗人造卫星发射成功那样强烈，但是美国政府和国会却给予很高的重视。1961年4月20日，肯尼迪总统要求副总统约翰逊负责对美国在航天领域的地位和成就作出总结，研究美国能否抢在苏联之前把载人太空实验室送入轨道或实现载人绕月飞行，或载人飞往月球。美国国家航天局认为，美国不能肯定在载人绕月上击败苏联，但是如果进行载人登月，那么美苏两国都必须设计和制造全新的运载火箭和航天器，这不仅是国家之间的激烈竞争，也是两国科学家和工程师的技术竞争。从高技术研发计划上，美国技术专家认为，美国政府、工业界和大学具有长足的能力保证在登月飞行上领先苏联。鉴于加加林的轨道飞行在美国造成了第二次巨大的冲击波，① 面对国内压力，肯尼迪不得不采取紧急行动。经过国家航天局、国防部、白宫及科学委员会的讨论后，1961年5月25日，肯尼迪总统在美国国会发表了一篇特别国情咨文。这是美国制定“阿波罗计划”的一份历史性文件。在国情咨文中指出，“如果美国要在自由和暴政正在全世界进行的战斗中获胜，如果要在争取人心的斗争中获胜，就需要在载人航天领域取得重大进展，这是美国前途的关键”。这也代表了美国国会的态度。由于美国国会在美国争夺航天领先地位、击败苏联上的普遍看法与美国政府一致，因此雄心勃勃的登月计划和庞大的资金预算在国会参众两院得以顺利通过。“阿波罗计划”的提出、决策和批准过程，自始至终都有浓厚的政治色彩，尽管美国也宣称发展航天技术主要是为了科学与和平的目的，但是从1960年“阿波罗计划”面临重重困难到1961年戏剧性地成为美国国家级重点目标的巨大转变上看，美苏的冷战和太空竞赛是美国政府制定政策的根本出发点。在“阿波罗计划”制定和方案选择的过程中，运载火箭始终是起决定性作用的因素之一，为此，美国研发了“土星”系列运载火箭。1969年7月16日，巨

---

① 王永生、赵东明:《从加加林首飞到“国际空间站”和深空探索——载人航天发展历程和未来主要发展方向》,《国际太空》2017年第8期，第65页。

大的“土星”5号运载火箭载着“阿波罗”11号飞船在肯尼迪航天中心发射，“阿波罗”11号飞船完成了登月的壮举，正如美国宇航员阿姆斯特朗所宣告的，“对于个人来说这是一小步，对于全人类来说，这是巨大的飞跃”。此后，美国又进行了6次载人飞行，基本完成了登月后的科学实验任务。

美国为了在载人航天领域击败苏联，显示资本主义在科学技术方面的“领先地位”，为“阿波罗登月计划”投入了巨大的人力、物力和财力。[①] “阿波罗登月计划”从1961年5月肯尼迪宣布开始，到1972年12月结束，历时11年，在工程高峰时，参加工程的企业超过2万家，近280所大学和科学机构参与其中，总人数超过30万人。整个工程耗资巨大，“阿波罗登月计划”共耗资255亿美元。峰值年份近30亿美元，迄今为止全世界还没有哪一个计划能在规模和资金上超过“阿波罗登月计划”。[②] 但是在项目实施的过程中，美国学习苏联集中统一的项目管理经验，采取了与苏联类似的系统工程方式进行组织实施，整个计划以政府牵头的方式进行的，其计划经济的指令色彩浓厚，私营企业仅作为承包商完成相应的任务。

美国“阿波罗登月计划”获得的成果和取得的成就，为美国赢得了巨大的政治声望，使得美国在国际航天战略博弈中终于占据了优势地位。在科学上，它使人类对月球及近月空间有了首次直接的研究和认知。在技术上，取得了许多技术突破，使美国的运载火箭技术、制导与控制技术、生物医学科学技术、制造与加工技术、遥测与通信技术、空间科学技术等跃上了一个新台阶，这不仅为后来的航天计划奠定了基础，而且许多技术后来广泛地用于国民经济领域。在工程管理上，美国国家航空航天局因此取得了一系列宝贵的大型工程计划和管理的经验，促进了管理科学的发展。在经济上，产生了复杂的影响，一方面，蔡司报告认为使美国的经济增长率提高2%，物价指数下降2%，创造了80万个就业岗位；另一方面造成了债务的增加，造成了美国20世纪70年代后期的滞涨。

---

① 王鸣阳：《美国航空航天局50年》，《国际太空》2009年第3期，第25页。

② 朱剑英：《智能制造的意义、技术与实现》，《航空制造技术》，2013年第2期，第30页。

（三）现实主义的国际航天战略博弈

冷战早期的太空竞赛反映出现实主义成为美苏国际航天战略博弈的指导性思想。美苏现实主义的国际航天战略博弈核心体现在对实力和威望的追求。

从指导思想上看，现实主义认为权力是国际航天战略博弈的核心，权力的基础是国家的航天实力，航天实力能够界定国家在国际航天战略博弈中的利益。在这种思维逻辑的框架下，国际航天战略博弈成为以国家航天技术实力为基础地向对手进行战略威慑和追求国际威望的权力政治。虽然美苏双方都宣称发展航天技术是为了造福人类，实际上这只是为美苏的太空竞赛披上道德的外衣，美苏在太空竞赛中开展国际航天战略博弈的实质是大国竞争。正如最早提出现实主义理论的爱德华·卡尔指出的那样："政治总是权力政治……权力是政治的核心要素。"① 在美苏的国际航天战略博弈中，双方都将国家作为国际航天战略博弈的实践主体，在意识形态对立的国际无政府状态下开展国际航天战略博弈的激烈竞争，通过增强航天技术实力形成自身的航天利益。美国政治学家汉斯·摩根索认为，国际政治需要"从以权力界定利益的角度进行思考和行动"。② 苏联早期曾提出过"领天"的概念，认为美国的间谍卫星无权飞跃苏联上空的轨道，但是一方面受限于航天器运行的物理规律；另一方面缺少对航天器进行有效管制的技术手段，苏联最终放弃了"领天"的政治主张。

从国际战略实践上看，美苏实行以太空竞赛为主的国际航天战略博弈，反映了现实主义国际航天战略博弈思想对追踪国际霸权所表现出的保持权力、增加权力和显示权力的三种目标。美苏在国际航天战略博弈中也采取了维持现状、帝国主义和显示威望的三种国际战略策略。首先，在保持权力方面，美苏需要维护自身超级大国地位，因此在国际航天战略博弈中实行维持现状的政策，这种国际战略政策集中反映在对航天技术的垄

① 爱德华·卡尔《二十年危机（1919—1939）：国际关系研究导论》，世界知识出版社，2005，第98页。

② 汉斯·摩根索：《国家间政治：权力斗争与和平》，北京大学出版社，2006，第76页。

断，类似于对核技术的控制，美国通过国内立法将航天技术设定为两用品或两用物限制出口，苏联则制定出口控制政策防止航天技术外流。其次，在权力增加方面，美苏为进一步巩固自身航天超级大国的地位，在国际航天战略博弈中推行帝国主义政策，美苏均加大对航天技术的研发投入，不断提升弹道导弹的性能，同时建设了多个大型航天工程，在航天领域形成无可动摇的领先地位。最后，在显示权力方面，美苏积极展示自身超级大国的地位，在国际航天战略博弈中推行显示威望政策，围绕第一颗卫星、第一次载人飞行、第一次太空行走、第一次登月等多个航天领域的“第一”进行争夺，显示国家的军事和科研能力，展示国家的综合国力，成为威慑对手的重要方式。

美苏以太空竞赛为核心的国际航天战略博弈受到了权力结构和国际社会的限制。[①] 首先，在权力结构方面，美苏以太空竞赛为主推行的国际航天战略博弈形成了权力均衡的局面，虽然苏联在早期取得了较大胜利，但是随后被美国赶上，由于在同一时代双方技术实力基本相当且各有特点，美苏以太空竞赛为主的国际航天战略博弈实际上任何一方都无法取得压倒性的优势，但是美苏双方却都被庞大的太空竞赛经费投入拖累而疲惫不堪，太空竞赛与军备竞赛一样，最终使得美苏在航天领域形成了权力均衡的结构。其次，在国际社会方面，国际道德、世界舆论和国际法成为限制美苏开展以航天实力为基础、以太空竞赛为主要表现的现实主义国际航天战略博弈。国际社会反对将外空进行军事化，呼吁和平利用外层空间，美苏不得不重视国际道德和世界舆论的作用，开始争夺和平利用外层空间的道德高地。同时，联合国提议成立外空委员会并形成相关国际法律文件促进了国内的立法，建立外层空间的基本国际规则，国际社会这些努力为缓和美苏太空竞赛的现实主义国际航天战略博弈，促进开展空间合作奠定了重要基础。

① 吴昊、吴俊强等:《科罗廖夫之死——从运载火箭发动机技术的发展看美苏太空竞赛的转折点》,《学理论》2012年第8期，第19页。

二、冲突对抗与霸权稳定

在冷战后期的80—90年代，美苏开启了新一轮的冷战高潮，双方在国际航天战略博弈中重新启动了太空竞赛。但是在这一轮太空竞赛中，伴随着航天技术的发展和航天应用的推广，美苏不再专注于取得政治威望的“第一”，转而更加注重航天应用，实现对外层空间的利用和控制，维护其航天霸权。在控制外层空间的目标下，军事航天在美苏国际航天战略博弈活动中的重要性重新提升，同时由于冷战中期国际空间合作的开展，美苏对航天霸权的控制和争夺扩展到了经济、社会和文化等诸多领域，形成了国际航天战略博弈“合作与竞争共存、竞争大于合作”的态势。

（一）冷战后期的国际航天战略博弈情况

在冷战后期，以里根提出的“星球大战计划”为序幕，美苏重新启动了激烈的冷战。虽然在冷战中期由于世界贸易的快速发展，在以固定汇率制、关税与贸易总协定、国际货币体系为代表的国际经济制度的加持下，美国逐步确立了霸权并带领资本主义国家进入第二个“黄金时期”。但是在进入20世纪70年代后，以美国为代表的资本主义国家陷入了以低经济增长率、高失业率和高通货膨胀率为特征的滞涨时期，随着布雷顿森林体系的解体，美国霸权开始了衰退。苏联乘机进行扩展，在国际上呈现出“苏攻美守”的态势。里根就任总统后，一转尼克松和卡特时期的颓势，推行对苏强硬的“新遏制政策”，特别是在国际航天战略博弈领域推出了“星球大战计划”，将美苏重新拉回了太空竞赛的轨道。在美国发动新一轮太空竞赛的压力下，苏联被迫调整国际航天战略博弈策略，将重点转向国内政治和经济问题的解决，同美国开展谈判，使得国际航天战略博弈在冷战末期最终进入新的缓和进程。在这一过程中，美苏的航天霸权，尤其是美国航天霸权的建立与巩固，塑造了国际航天秩序。

第一，苏联加强了对外层空间的控制，谋求建立并维护航天霸权。冷战后期的国际航天战略博弈中，苏联重点开展航天应用并在载人航天方面转向空间站建设。首先，在航天应用方面，苏联在遥感、通信和导航等卫星应用领域实施了一系列重大航天系统工程。在遥感领域，作为军事侦察的重要手段，苏联研发和应用了第二代“琥珀”系列侦察卫星，并启动新一代遥感卫星的研究。在通信领域，苏联启动了“航向”（Gals）、“波浪”（Volna）、“射线”（Loutch）、“罗曼蒂斯”（Romantis）等卫星通信系统的研制和建设。在导航领域，苏联在“西科琳”系统的基础上启动了“格洛纳斯”系统的研制，为苏联红军和海军提供导航服务。其次，在载人航天方面，以控制外层空间的思想为指导，苏联将空间站定位为对地面威慑的重要载体、太空科研和工业生产的基地。苏联在美国登月成功后专注于空间站和载人飞船的研发和应用，这是因为登月技术的实现虽然有重大的政治影响力，但是在没有月面驻留技术的条件下无法实现长期有效的稳定控制，相比之下，只有空间站才能在轨道上长期停留，能够保障航天员的长期生活和工作，利用空间站可以研究地球环境和宇宙空间，还可以在失重状态下进行各种化工、生物制品的空间试验，加工生产纯金属和合金材料、半导体元器件材料等产品，作为开发月球和未来深空探测的跳板，实现对外层空间的长期有效控制。在新现实主义国际航天战略博弈建立和维护霸权的思想下，苏联研制了“礼炮”系列空间站和与之相配的“联盟”系列飞船。初期的“礼炮”1号到“礼炮”5号，都是试验性质的空间站，他们都只配备了一个交会对接口，每次也只能和一艘“联盟”飞船进行对接。在此基础上，苏联自“礼炮”6号开始，研发了实用型空间站，其后的“和平”号空间站是苏联载人航天技术的集大成者和外空控制能力的核心体现。为支撑空间站的运行并增加外层空间的控制能力，苏联也在积极探索更强的运输能力，研发了“能源”号运载火箭和“暴风雪”航天飞机。但是，冷战后期苏联计划经济积累的问题已经不能在经济上支撑更大规模的航天技术研发，苏联僵化的政治体制也不能实现航天管理体制的创新，经济和政治条件限制了苏联航天的进一步发展，也制约了苏联的国际航天战略博弈活动。[1]

第二，美国开展太空竞赛并最终拖垮了苏联，赢得了冷战的最后胜

① 赵洋:《太空中的宣传竞赛：苏美早期航天活动与政治宣传的互动》,《科学文化评论》2007年第4期，第45页。

利，维护了航天霸权并塑造了国际航天秩序。美国开展新一轮太空竞赛的基础在于其经济实力的恢复。面对美国霸权衰退的挑战，里根提出的“经济复兴计划”，采取货币学派和供应学派的理论，美国政府通过大幅度减税、减少政府支出、减少政府对经济的干预，严格控制货币供应量的增长速度，使得经济走出了“滞涨”，重新实现了增长，经济实力的恢复为美国开展新一轮的太空竞赛奠定了重要的物质基础。在经济实力恢复的情况下，美国采取对苏强硬政策开展了新一轮太空竞赛。首先，在航天应用方面，美国在遥感、通信和导航等卫星应用领域设立了众多航天项目。在遥感领域，作为军事侦察的重要手段，美国利用数字图形传输技术，在前期返回式卫星的基础上，研发了第五代“锁眼”侦察卫星，提高了对地侦查和感知能力。在通信领域，在前期研制通信卫星的基础上加快抢占地球同步轨道，美国启动了国防卫星通信系统、舰队卫星通信系统等一批军用通信卫星系统的研制和建设。在导航领域，美国在“子午仪”系统的基础上开始建设全球定位系统（GPS），成为美国乃至全世界重要的时间与空间基准。其次，在载人航天方面，美国启动了“天空实验室”空间站的建设和航天飞机的研制，通过空间站和航天飞机控制近地空间，同时学习苏联的经验，组织盟国与友好国家的航天员进入太空。再次，在军事航天领域，提出了“星球大战计划”，重点研究反导能力，通过防御性的导弹策略，抵消苏联的军事优势，加强美国对苏联的战略威慑能力，同时通过太空军备竞赛拖垮了苏联的经济。最后，美国积极开展航天的商业化，一方面采取更为灵活的国防采购招标方式，吸引私营企业参与航天工程，扩大航天投资对经济、技术和社会的拉动作用；另一方面加快航天技术的“军转民”，将军事航天领域的遥感和通信技术向民用领域进行转换和推广，促进了民用航天的繁荣，推动了经济发展的转型。

在美国新一轮咄咄逼人的太空竞赛攻势下，苏联被迫收敛扩张势头，转而谋求与美国开展谈判缓和关系。双方在1987年签订了《苏联和美国消除两国中程和中短程导弹条约》（简称《中导条约》），这是核武器出现后的第一个实质性削减核军备条约，受到国际社会的高度评价，美苏关系从此进入新的缓和时期。[①] 此外，苏联在国内经济的困境下，戈尔巴乔夫被迫启动了以“新思维”为指导的全面改革，造成了国内政治的动荡，最终导致了东欧剧变和苏联解体。美国最终赢得了冷战，建立起外空霸权。[②]

美国在冷战胜利后完全掌握了航天霸权，提供了一系列航天领域的公共产品，主导建立了国际航天战略博弈的国际秩序。首先，在卫星应用方面，美国在卫星导航、遥感和通信方面提供公共产品。美国建设的全球定位系统向全球用户免费提供导航、定位和授时服务，作为信息系统的时间和空间基准，广泛应用于测绘、交通、国防、通信、电力、金融、农业等领域，对国际政治经济发展产生了重大而深远的影响。美国国家海洋和大气管理局（NOAA）基于“泰罗斯”（Tiros）系列气象卫星、“艾托斯”（Itos）系列气象卫星和民用静止轨道气象系列卫星（GOES），提供的高质量大气层遥感数据，是世界各国进行海洋研究和天气预报不可或缺的数据源。此外，美国地质调查局（USGS）基于对地观测卫星（Landsat）提供的遥感信息，经过40多年的发展，被世界各地的研究人员、科学家和政策制定者广泛用于监测土地利用、森林砍伐率、水质、珊瑚礁健康评估、野火风险评估等领域，由于数据量大、数据类型丰富、精度高，可进行历史分析和未来预测，是目前质量最好的免费空间数据源。美国基于早期发展“电星”（Telstar）、“辛康”（Syneom）和“晨鸟”（Early Bird）等卫星积累的先进卫星通信技术，组织英、法、日等11个国家及各自指定的电信企业设立了国际通信卫星组织，作为一个全球性商业通信卫星系统供所有国家使用。其次，在载人航天方面，美国承担大部分经费，牵头组织16个国家实施了国际空间站的建设。国际空间站是目前在轨运行最大的载人空间平台，拥有现代化的科研设备，可开展大规模、多学科基础和应用科学研究的空间实验，成为有史以来规模最大、耗时最长且涉及国家最多的空间国际合作项目。国际空间站的建设一方面通过国际合作减轻了项目

---

① 韩克敌:《俄美的核力量、核战略与核谈判》,《俄罗斯东欧中亚研究》2019年第6期，第13页。

② 冯峥:《美国是如何赢得冷战的？——评〈长和平：冷战史考察〉〈美利坚独步天下〉及〈人心之争〉》,《国际政治研究》2013年第4期，第148页。

的资金压力并增强了科研能力；另一方面防止了苏联解体后武器技术的扩散，通过提供资金继续从俄罗斯购买载人飞船和运载火箭，阻止了俄罗斯航天人员的流失和相关敏感两用技术被出售。最后，在国际机制上，美国进一步巩固了以联合国和平利用外层空间委员会为核心，《外层空间法》为基础，国际电信联盟、全球卫星导航系统国际委员会等专业性国际组织为依托的国际航天战略博弈协调机制，在美国主导的多边框架下规范各国参与国际空间合作的国际航天战略博弈行为。

（二）新现实主义的国际航天战略博弈

航天强国之间的对抗和竞争形成了国际航天战略博弈中的霸权，拥有航天霸权的国家通过提供多种航天公共产品塑造了国际航天战略博弈的秩序。美苏作为冷战两极格局下的航天强国，在冷战后期开展了新一轮太空竞赛，美国赢得了最终的胜利并建立了航天霸权，同时向世界提供了卫星导航、遥感、通信等航天应用、载人航天、国际航天协调机制等航天公共产品，进而塑造了国际航天战略博弈秩序。新现实主义的国际航天战略博弈对航天霸权的建立和维护是冷战后期和冷战结束后开展国际空间合作的充分不必要条件，在很大程度上塑造了全球化时代的国际空间合作。

新现实主义的国际航天战略博弈对航天霸权的建立和维护，是在航天强国的实力和威望基础上经过对抗和竞争形成的，影响了权力分配、经济利益和规则制定的国际航天战略博弈秩序，其霸权的衰退取决于周期性变化和挑战国对国际航天战略博弈秩序成本与收益的变革。[①]

第一，实力和威望是航天霸权形成的基础条件。首先，航天强国的经济和科技实力是建立航天霸权的基础，由于航天强国拥有巨大的军事力量、经济实力和先进的科技水平，因此能够组织实施技术难度高和工程管理极为复杂的大型航天工程项目，类似卫星导航、载人航天这类大型的航天工程的实施才能提供全球航天公共产品，因此航天强国强大的经济和科技实力是国际空间合作和国际航天战略博弈秩序得以开展和建立的前提。

① 卢潇:《应对美国外空军备发展的国际外空军备控制研究》，国防科技大学硕士学位论文，2011，第68页。

其次，航天强国在冲突和对抗中形成的航天国际威望是航天霸权的重要基础。航天威望能够在不使用强制手段的条件下使得国际航天战略博弈活动的参与方自动服从航天强国的意志。威望虽然并不等同于实力，但是最终仍然取决于经济和科技实力。所以，航天威望就是在成功实施重大航天工程中形成的声望，特别能够与对手在太空竞赛、对抗和冲突的较量中形成和塑造。

第二，航天霸权对由权力分配、经济利益和规则制定组成的国际航天秩序产生影响。首先，在权力分配方面，航天强国可以通过自身政策和国际规则很大程度上决定和影响国际关系行为体的航天实力。美国通过自身的出口管制政策和以导弹及其技术控制制度（Missile Technology Control Regime，MTCR）为代表的国际防扩散机制，控制航天技术的交流和转移，从而决定和影响世界各国和相关机构的航天技术水平和能力。其次，在经济利益方面，航天强国可以通过重大航天系统工程带来自身的经济发展，同时决定国际商业航天的合作方式和利润流向。美国通过实施航天系统工程建设发展自身的航天企业，同时通过国际贸易安排决定发射服务、卫星采购、元器件出口等航天商业活动的形式并决定在此类航天商业活动中能够获得经济利益的航天企业。最后，在规则制定方面，国际航天战略博弈的规则既来源于习惯，也来源于正式谈判达成的国际条约，但是主要依据还是在国际航天战略博弈体系中处于支配地位的航天强国的利益。比如，卫星的频率和轨位作为有限资源在国际上基于“先到先用”的原则进行分配，但实际上只有美国和苏联这样的航天强国可以利用自身的技术优势发射足够数量的卫星，尽可能多地占有有限的空间优质资源，维护航天霸权国家的利益。

第三，航天霸权的衰退与变革。首先，航天强国是国际航天战略博弈体系稳定的维持者，但是航天强国不会永远占据航天霸权地位，航天霸权始终存在衰退与变革的问题。首先，国际航天战略博弈的态势存在“竞赛/对抗—缓和/合作”的周期，与之相对应，航天霸权也存在“扩张—衰落”的周期，由于支撑航天霸权基础的经济存在繁荣和衰退的运行周期，科技发展也存在突破和停滞的周期，因此航天霸权不可避免地存在衰退。

其次，从成本和收益的角度看，航天强国维持国际航天战略博弈体系需要付出巨大的成本，由于建设复杂庞大的航天系统工程需要持续不断的巨大投入，在建设过程中就会出现收益递减的问题。当国家的经济不能再负担航天工程项目时，拥有航天霸权的国家不得不减少对外层空间的控制。即根据效益递减规律，当航天强国从作为拥有航天霸权的国家的地位上获得的收益逐渐减小而成本不断增加，这将限制航天强国继续充当航天霸权国家的意愿。最后，当国际航天战略博弈体系中的挑战国发动太空竞赛时，拥有航天霸权的国家会在太空竞争中失去主导地位，实现航天霸权的更迭。[①]

第二节　大国太空竞争的主要策略

国际航天战略博弈不仅是航天实力的运用，更是造就航天实力基础的比拼。任何希望发展航天科技的国家都需要重视航天实力形成的基础，这些基础包括资金来源、保障体系建设，不能仅仅凭借加大投入实现航天实力的增加，这就走了苏联航天发展崛起和败亡的老路。未来的国际航天战略博弈，国家的短期目标是在现有的航天格局中占有优势地位，而长期目标则是实现航天领域从存量竞争到增量竞争的转变。新兴国家在实施国际航天战略博弈的过程中，首先要在战略上重视国际航天战略博弈的地位，坚持高举高打的战略定位，在财政允许的范围内加大资金扶持力度；其次通过航天管理体制的改革，逐步进行航天商业化和商业航天的发展；最终实现国际航天战略博弈的模式创新。

一、基本策略

航天大国积极与世界各国和各类国际组织开展多种类型的国际交流与合作。在观测国家对外战略的框架下，应该根据国家发展的需要，统筹考

① 徐能武:《美国战略威慑体系调整对外层空间安全的潜在威胁与挑战》,《国防科技》2013年第2期，第57页。

虑、综合合理利用国内外两个市场和两种资源，开展积极、务实和高效的国际合作，促进对空间科学的研究探索和外层空间的开发应用。在空间科学方面，同世界各国开展空间天文、空间物理、微重力科学、空间生命科学、月球探测和行星探测等领域的科学研究。在空间技术和应用方面，通过商业发射服务，航天技术、产品和服务的出口，实现一定的经济效益，支持国内的航天产业发展。

（一）战略定位

航天大国在太空竞争中，政府需要继续高度重视国际航天战略博弈。航天大国在对外合作中形成了国际航天战略博弈，即利用国际战略手段促进与对象国在航天领域的合作项目，同时以航天合作建立议题联系，促进本国与对象国合作关系的深化，使航天与国际战略互相借力，彼此支撑。从航天大国对外合作的整体情况来看，第三世界和发展中国家是世界主要航天国家开展太空合作的主要竞争对象。以中国、美国、俄罗斯的太空竞争为例，由于美国对中国的航天封锁政策，1999年以后中国未能承担任何美制及含有受控美制零部件卫星的发射服务，也不能从美国购买先进航天产品和服务，中美航天的商业合作完全陷于停顿。[①] 随着近年来中美竞争态势的加剧，美国变本加厉，通过出口管制和技术封锁、对中国航天企业实施资产冻结和经济制裁、拒发签证禁止中国科研人员赴美参会等多种形式，全面阻止和封锁中美包括空间科学在内的航天领域几乎所有的人员接触与交流。中国与欧洲、日本在航天领域的交流也受到美国对华航天遏制政策的影响，合作举步维艰。美国在航天领域对中国的遏制，不仅使得中国失去了公平竞争的环境，更为重要的是阻滞了中国通过国际交流与合作提升航天实力的路径，限制了航天产业的加速发展，影响了中国科技竞争能力的提升。中俄在载人航天、卫星导航等领域开展了广泛合作，但是由于中国航天科技水平的快速提升和俄罗斯航天实力的下降，双方的合作空间在快速缩小。因此，中国航天的国际合作重点是第三世界国家，在“一

① 张志会、马连轶：《20世纪末中美航天商业发射的合作与冲突》，《当代中国史研究》2018年第3期，第76页。

带一路”倡议下，中国积极与东南亚、南亚、西亚北非、非洲和拉美的广大发展中国家开展航天合作，并提出了“天基丝绸之路”的航天构想。所谓“天基丝绸之路”，是中国利用在航天领域的优势技术，围绕空间科学、发射服务、卫星应用、深空探测、载人航天和航天基础设施建设等议题，整合各类航天资源开展国际合作，为“一带一路”地区国家的经济发展、社会进步和民生改善提供有力支撑。[①] 从世界范围来看，任何希望发展航天技术的航天大国，都需要通过向广大发展中国家提供优质的产品与服务，扩大航天市场份额、获得航天发展资金、提升航天科技水平、增强国家航天实力。

航天作为国际综合国力的重要组成部分，在国际关系中仍然扮演重要角色。国际航天战略博弈需要立足于当前国际关系变化的态势，大国博弈、多边主导和应用推广为关键路径开展工作，特别是在同航天强国的国际航天战略博弈中积极作为，形成主动优势。在国家财政允许的条件下，加大在航天领域，特别是国际合作方面的资金投入，同时通过改革机构设置，塑造商业航天市场，吸引民间资本投入航天领域。“如果一个发展中国家的政府能够按照新结构经济学的理论，遵循本国比较优势来促进产业发展，其经济强劲的增长可能性很大，贸易方面将表现良好，需要政府补贴的无自身能力的企业也会比较少，因此，其经济将更有竞争力，财政状况和对外收支也会更好。”[②] 通过财政资金的驱动，将在国际航天战略博弈中形成对航天大国更加有利的局面，促进航天大国国际航天战略博弈活动的进一步开展。

（二）模式创新

在航天管理体制方面，航天大国需要进一步改革现有的管理模式，特

① “天基丝路”概念由中国航天工业科学技术咨询有限公司总经理王莉在2014年举办的第二届航天国际化发展论坛上提出，可参见《加强创新驱动，构建天基丝路：第二届航天国际化发展论坛召开》,《卫星与网络》2014年第11期；杨海霞、姚丽:《把握时代机遇，共建“天基丝路”：专访中国航天工业科学技术咨询有限公司总经理王莉》,《中国投资》2014年第12期。

② 林毅夫:《新结构经济学：反思经济发展与政策的理论框架》，苏剑译，北京大学出版社，2014，第24页。

别是重视利用私营公司等社会力量，加大航天与市场的结合程度通过航天商业化和商业航天两步走的方式实现产业创新。

航天管理体制在纵向和横向上有两大改革思路。在纵向上主要是管理体制的权力向上集中加强和向下分散放权，例如组建航天部、航天局主管部门，或者对原来的政府部门进行市场化转企。在横向上主要是管理体制的合并和拆分，例如中国建立航天科技和航天科工两大集团，增加内部的竞争性，或者对原有多家单位进行合并，例如俄罗斯组建国家航天集团。

不论采取何种改革思路，航天大国开展国际航天战略博弈的核心在于创造国家内部航天发展的动力，只有塑造内部自身发展动力，才能改变当前国际航天战略博弈的竞争性，从最根本的意义上扩大航天合作。因此，航天大国需要实现两步走，第一步尽力提高航天的商业化水平，第二步积极开展商业航天活动。当今航天大国的管理体制和模式创新需要围绕这两个主线展开。

第一，实现航天的商业化。目前，世界主要航天大国的航天活动仍然以国家任务为主，通过政府机关或国有企业的主导完成国家航天任务。下一步，需要改变航天任务的采办方式，降低航天市场的准入门槛，鼓励私营企业参与国家的航天任务，特别是要重视中小型民营航天企业的生产和发展，规定一定比例的国家航天任务资金必须由民营中小型航天企业承担，促进航天产业整体的发展和活力。同时，可以吸引发展中国家的航天企业参与航天大国的国家航天任务，让这些企业承担部分载荷或零部件的生产，突出国际航天战略博弈的经济效益，增强国际贸易在国际航天战略博弈的作用，进一步巩固航天大国的国际地位。

第二，设计商业航天发展。商业航天作为能够颠覆现有航天产业的理论，必须在战略高度予以重视，通过企业部门和航天主管部门的联合努力，可以实现航天大国商业航天的突破。首先，鼓励商业模式创新。以企业为主，进行商业模式的创新，利用航天技术和航天活动，在现有经济体制中创造新的商业模式实现营利，能够维持航天活动的开展，真正意义上的增强航天的自身活力。其次，设计商业航天产业。以政府为主，进行航天产业的改革，实现航天活动的营利性。建立以企业为主体、市场为导向、产学研用深度融合的航天技术创新体系，加强对中小企业创新的支持，促进航天科技成果转化。通过政府支持的大型商业性航天活动，改变现有航天产业主要依靠财政资金支持的困境，实现航天产业的市场经济化，为航天的持续发展建立基础。

二、关键路径

在航天实力的运用上，航天大国需要在大国博弈、多边主导和应用推广方面开展工作。航天大国与航天强国之间的国际航天战略博弈关系，是航天大国开展大国博弈的关键路径。航天大国应该在多边平台利用全球性/专业性国际组织开展标准设立与推进工作，此外，围绕应用推广开展国际航天战略博弈需要突出经济特性，促进商业航天的变革与发展。

（一）大国博弈

大国竞争是国际航天战略博弈的本质特征，也是航天大国开展国际航天战略博弈的核心工作。航天大国与航天强国之间的竞争作为主要矛盾在国际航天战略博弈中处于支配地位，对航天大国未来的发展起到了决定性的作用。太空竞赛是航天大国走向航天强国过程中在国际航天战略博弈关系的基本状态。航天作为国家高科技的代表性领域，对国家威望、军事安全、科技水平甚至经济和社会的发展具有重要的影响。国际航天战略博弈在大国竞争中，为争夺航天这一前沿领域的主导地位产生了复杂的联系，在敌对双方和联盟内部均会产生太空竞赛，其复杂性在于包括军事安全和经济贸易两个方面。

在军事安全上，国际航天战略博弈的主要议题是外层空间军事化、弹道导弹的数量和技术、反卫星武器与技术、导弹技术扩散等20世纪冷战时期遗留的航天博弈问题。外空的安全问题来源于冷战时期美苏在外层空间的军备竞争。在冷战中，美国针对苏联实施了两次“抵消战略”，第一次在50年代，利用美国的核优势抵消苏联的常规军事数量优势。第二次在70年代，利用美国的信息技术优势抵消苏联的常规数量优势。[①] 在50年代的美苏军备竞赛中，双方都集中发展弹道导弹，扩充导弹数量和导弹弹头的核弹量，提升导弹的射程、机动性和破防能力等技术指标，美国推出了大规模报复战略为核心的“新面貌”国家安全政策。[②] 苏联则推出了和平过渡、和平竞赛、和平共处的“三和路线”开展和平攻势。在核优势丧失的情况下，经历柏林危机后，美国出台了灵活反应战略。在20世纪80年代的美苏新军备竞赛中，美国通过建设基于信息技术的系统，例如全球定位系统、第三代国防卫星通信系统、弹道导弹防御系统，等等，提升了美军的综合实力，并将苏联拖入到太空的军备竞赛中，导致其最终的解体。进入21世纪以来，世界主要航天大国的军事现代化进程进一步加快，航天战略支援系统、新型战机、大型舰艇相继服役，无人系统、网络信息等新兴技术水平快速提升，部分航天大国对传统航天强国从跟跑变并跑，并跑变领跑。美国凭借第二次抵消战略建立的军事优势，已经受到了严重挑战，在未来作战行动中将面临更大风险。当前，美国第三次“抵消战略”就是以中国为主要对手，发展颠覆性技术为核心，结合新的作战概念，创新管理模式，改革采办方式，旨在2025—2030年形成美军新的技术优势。在应对“反介入/区域拒止”的挑战中提出“空海一体战”“全球公域介入与机动联合概念”和“多域战”等概念，均要求在作战中确保美军太空情报支援体系的运作，同时削弱和限制对手太空力量的使用，维护美军作为全球公共领域的外层空间的行动自由。

在经济贸易上，国际航天战略博弈的主要议题是贸易的结构性不平衡、市场经济地位、知识产权和出口管制等航天大国加入世界贸易组织以来出现的以经济特征为主的国际航天战略博弈问题。出口管制一直是南北关系、发达国家与发展中国家经贸关系中十分重要的问题。当前发达国家与新兴市场国家之间存在着结构性的问题，即双边贸易的不平衡，发达国

---

① 李健、吕德宏:《歧路徘徊：略论美军新“抵消战略”》，当代中国出版社，2015，第47页。

② 张彦伟:《美国艾森豪威尔政府时期大规模报复战略的演变》,《宜宾学院学报》2008年第2期，第58页。

家较长时期以来存在对新兴市场国家的贸易逆差。造成这种贸易逆差的原因很多，但是出口管制是导致发达国家在国际贸易中出现逆差的一个重要原因。发达国家坚持实行出口管制，使发达国家与新兴市场国家之间的比较优势不能充分发挥，发达国家企业失去了潜在贸易机会，影响新兴市场国家技术进口，最终影响南北关系的正常发展。[①] 航天是发达国家对新兴市场国家高科技出口管制的重要领域，一方面，航天技术与军事应用存在紧密联系，发达国家担心向新兴市场国家出口的航天技术将被用于增强新兴市场国家中航天大国的军事能力；另一方面，航天经济与国家财政有着紧密的联系，作为一种具有“计划经济属性”的经济产业，发达国家开展与新兴市场国家之间的航天经贸合作，例如美国卫星使用中国火箭进行发射，无异于在存量竞争中使用美国财政资金提升中国的航天产业。发达国家的出口管制政策迫使新兴市场国家必须不断开展技术创新，通过提升技术水平，推动新兴市场国家从航天大国走向航天强国，最终缩小与发达国家在航天领域先进技术水平的差距。出口管制作为一个极其复杂的政治经济问题，其核心在于如何平衡安全利益与经济利益之间的关系。[②] 南北关系中的航天经贸关系受到双边政治关系的重要影响。

航天大国与航天强国的国际航天战略博弈，按照间接路线进行设计，其目的就是要设法使敌人丧失平衡，以产生一个决定性的战果。[③] 直接开展竞争，结果必然会挑起对方顽强的抵抗，使局面反而难以改善。若是使用出人意料的渗透手段，用侧面迂回袭击的方式，其实是很容易和迅速实现战略目标的方式。因此，在这一太空竞争中，航天大国需要注重使用两种竞争手段。首先是发挥不对称性，即将竞赛、对抗、冲突和军力发展的竞争，引导到自己擅长对手不擅长的领域，对自身危害不大、对敌人危害巨大的领域。其次是增加对方的竞赛成本，即用较小的投入，诱导或逼迫对方不成比例地投入资源，使其无法把资源用于真正需要的领域，在资源

① 张波、刘枕岳:《基于美国出口管制视角的中美贸易失衡问题研究》,《黑龙江对外经贸》2009年第3期，第9页。

② 王勇:《中美经贸关系》，中国市场出版社，2007，第208页。

③ 李德·哈特:《战略论：间接路线》，钮先钟译，上海人民出版社，2010，第11页。

的重压下导致对方内部的崩溃。间接路线竞争策略的核心是保持一个目标，同时适应环境对方法和路线进行随时改变。

大国博弈中太空合作的未来在于商业航天。通过发展商业航天，促使航天经济的性质发生变化，转向市场经济为主导的产业，航天大国与航天强国之间可以实现将航天领域的存量竞争转变为增量竞争，最终大大增加双方的空间合作的可能。例如，在20世纪90年代中国航天实力有所发展的情况下，中美仍然能够在发射服务领域开展合作，一方面的原因是中国与美国航天实力的较大差距，另一方面是当时以通信卫星为代表的商业航天的兴起。整个90年代中国发射的美制卫星均为商业公司的通信卫星，与美国政府和军方的资金及任务无关。商业利益是中美航天合作的重要基础。如果能够实现航天大国与航天强国在航天领域的增量竞争，那么与21世纪以来同在互联网和移动互联网方面合作的情况类似，航天大国与航天强国在航天领域的资金、技术和管理方面将开展更为密切的合作，大大降低国际航天战略博弈的竞争性。

中国在国际航天战略博弈的大国博弈中既要坚持独立自主，又要善于合作。正如习近平总书记指出的："当今世界正处于百年未有之大变局，我们党领导的伟大斗争、伟大工程、伟大事业、伟大梦想正在如火如荼进行，改革发展稳定任务艰巨繁重，我们面临着难得的历史机遇，也面临着一系列重大风险考验。胜利实现我们党确定的目标任务，必须发扬斗争精神，增强斗争本领。"[①] 根据国际航天战略博弈理论，中美国际航天战略博弈关系的未来有两种走向：第一，中美航天相对实力维持不变或缩小，双方维持太空竞赛。第二，中美航天相对实力扩大，双方由太空竞赛转为空间合作。未来大国博弈如何发展，需要进行进一步的观察。

（二）多边主导

国际组织、国际会议、国际机制等多边平台是扩大航天大国影响力、提升航天话语权的重要载体，通过在多边平台开展国际航天战略博弈活

① 《习近平：发扬斗争精神增强斗争本领》,《人民日报（海外版）》2019年9月4日，第1版。

动，可以促进航天大国科技水平的发展，在未来进一步保障航天大国在国际航天格局中占有更加有利的位置。可以从争取现有国际组织主导权和建立由自己主导的国际组织两个方面着手开展国际航天战略博弈在多边平台的工作。

第一，争取在现有航天国际组织中的主导权。其主要是在国际性/专业性航天国际组织中，特别是标准类国际组织中开展国际航天战略博弈活动形成主导。在国际电信联盟、全球导航定位系统国际委员会等国际组织中，通过争取组织议程的设置权、条约的起草权、会议活动的举办权、实质参与权等方式，对现有的国际组织产生重大影响力，形成对此类现有航天相关国际组织的主导。此外，航天领域的专利、标准、人才等资源是世界各主要国家争夺的战略性创新资源，标准作为技术和贸易的语言，为产品和服务的交换提供了便利。标准的国际化为协调各国的技术、经贸和社会的合作起到了重要作用。在国际标准化组织（ISO）、欧洲航天标准化合作组织（ECSS）、第三代合作伙伴计划（3GPP）等与航天相关的国际标准化组织中积极推进本国航天相关标准的国际化。采用国际标准是本国产品和服务进入国际市场的有力竞争武器，而国际标准的内容和水平，直接关系到各国的资源情况、生产技术水平和出口竞争能力。[①] 因此，要将本国航天的标准努力推进为国际标准，同时随着航天技术的快速发展，知识产业的重要性日益突出，传统航天的工业标准将被新的知识产权标准所代替，需要围绕航天技术新的发展和应用领域形成国际标准，实现科研发展与标准化的同步，为航天应用占领市场奠定标准基础。

第二，建立和扶持新的航天国际组织增强多边主导能力。随着航天大国和新兴市场国家经济的持续发展和航天实力的日益提升，新兴国家已经有能力通过建立国际组织、召开国际会议、启动国际项目、制定国际规则的方式主导多边领域的航天国际合作。例如依托在2008年正式成立的亚太空间合作组织，可以在亚太区域形成较好的多边主导能力。在亚太空间合作组织建立前，东南亚、南亚、中亚和西亚的部分国家已经开展了航天

---

① 雷式松:《国内外航天标准化概览》,《航天标准化》2001年第5期，第41页。

合作，在双边和区域航天合作的基础上，由亚太航天大国牵头建立的航天类国际组织，可以利用区域内航天大国的地位以及区域内大部分国家航天实力较弱的情况，在航天国际组织的主导中抢占先机，在争取现有国际航天组织主导权的同时，开展具有区域特色的航天活动，走出一条全球性国际组织和区域性国际组织相结合的发展道路。亚太空间合作组织经过十多年的努力，建设了数据共享网络、空间段网络和地面系统互联、地基空间物体观测网络、灾害监测网络、空间应用网络、教育培训网络等六个合作网络，为亚太区域提供多种资源共享平台。围绕卫星遥感应用，为成员国提供了大量卫星图像，广泛应用于成员国的灾害管理、环境监测与评估、资源和农业产量评估等方面。① 未来，由亚太区域内主要航天大国主导的亚太空间合作组织在成员国和合作项目两方面需要加强发展。在成员国方面，一是需要扩展组织的成员国数量，形成更大的地区影响力，二是需要加强核心成员国的联系，具备更强的凝聚力，开展更加深入的合作。在合作项目方面，需要通过加大资金投入的支持，扩展航天应用领域，形成更多的合作项目，进一步惠及成员国，巩固区域内航天大国的主导地位。

（三）应用推广

应用是航天的出发点和落脚点，特别是在航天商业化和商业航天快速发展的背景下，国际航天战略博弈需要更加聚焦于航天的应用推广，特别是通过航天应用的国际化推广创造收益为航天的持续发展创造动力。从经济学投入—产出的角度来看，成功的国际航天战略博弈要求在有限的投入下，取得尽可能最大的进展，增加国家在军事上的威慑能力，提升国家的威望、民族的荣誉感和自豪感。特别是世界航天产业正在向航天商业化和商业航天转型，如何利用航天技术创造经济效益，为自身的持续稳定发展创造动力，成为世界主要航天国家的重要挑战。在这一背景下，国际航天战略博弈需要利用通信、遥感、导航等航天应用技术积极开拓国际市场。

① Development Vision 2030 of the Asia-Pacific Space Cooperation Organization (SPSCO), 14th November 2018, Beijing, China, http://www.apsco.int/upload/file/20190304/20190304110222308050.pdf.

第一，卫星通信是航天应用最重要的组成部分，具有较强的盈利能力。大多数发展中国家不具备与发达国家相同的强大的通信基础设施建设能力，在面积广大、人口分散度较高的发展中国家，卫星通信存在一定市场。一方面可以继续推进通信卫星出口与出租，通过与发展中国家联合成立合资公司的方式，继续推进转发器租赁以及提供卫星托管服务；另一方面，可以围绕具体的应用场景设计商业模式，面向个人用户或者企业用户，通过运营宽带卫星或租赁宽带卫星容量、管理和运营地面网络/网关基础设施，提供卫星通信服务。

第二，卫星遥感是航天应用的重要组成部分，广泛应用于军事侦察、国土资源普查、农业评估、气象预报、防灾减灾等领域。一方面，随着各国日益重视航天技术和应用，推动遥感卫星的整星出口；另一方面，可以根据政府部门、军方、企业和大众的需求，推动卫星遥感图片的增值服务和应用，利用已经积累的大量卫星遥感数据，在日趋成熟的遥感产业支持下，航天大国可以利用本国现有遥感资源、产品在当地进行应用推广。

第三，卫星导航是航天应用的潜在领域。在利用已经建成北斗卫星导航系统的基础上，一方面可以开展区域卫星导航系统建设服务，为有需求的国家建设小型区域卫星导航系统；另一方面可以根据应用场景设计，提供卫星导航产品，绝大部分卫星导航均为免费服务，因此需要根据当地精准农业、车辆监控、民航飞行等行业应用的需求，提供地基增强、星基增强等高精度产品。

第四，在现有卫星中提供“载荷有效搭载”服务。利用卫星的质量、功率和通信链路等可用资源，容纳额外的转发器、仪器或其他星载设备，发挥卫星的最大效益。作为传统发射服务的扩展，从购买发射位置进一步在卫星层实现航天载荷的有效应用。

第三节　当代国际航天战略博弈

随着大国竞争的加剧，当代国际航天战略博弈日趋增强。针对国际航天战略博弈的态势，通过综合分析和分项分析，对国际航天战略博弈的总体情况，美国、俄罗斯和欧洲的具体情况进行研究，可以更好地感知全球航天格局的变化。

一、当代国际航天战略博弈态势

把握国际航天战略博弈的总体情况和发展方向，需要综合多方情况在大的历史跨度下进行分析。根据“理论框架”部分提出的国际航天实力测算模型，通过收集咨询公司报告、政府文件、企业年报和新闻报道，以每五年为一次统计频率，经作者对航天实力测算所需的相关数据的归纳、整理和标准化处理，可以统计形成基本数据库。作者利用公式（1）的测算方法，对照2018年世界主要国家航天实力的测算方法，得出自1958年至2018年世界主要国家航天实力数据，并根据数据变化绘制世界主要航天国家1958—2018年航天实力对比图，图示如下：

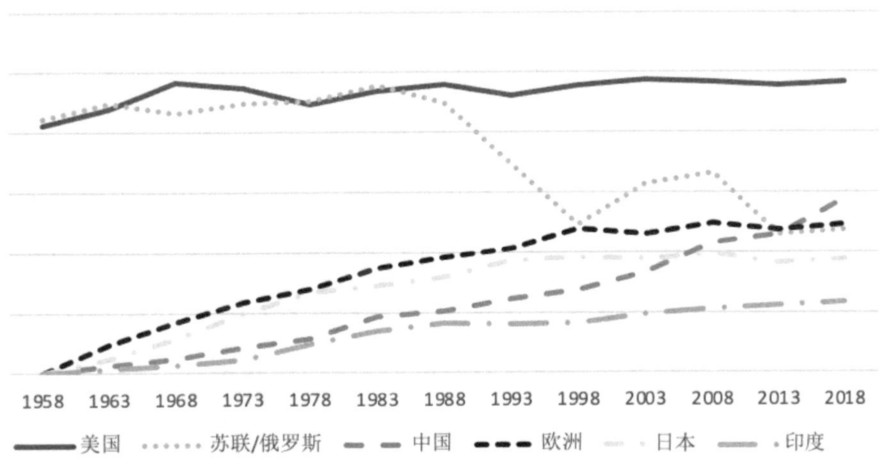

图3　世界主要航天国家1959—2019年航天实力对比图

资料来源：作者整理。

根据图3的数据分析可知，美国的航天实力长期以来保持稳定的优势地位，是世界上首屈一指的航天强国。俄罗斯的航天实力经历了较大的波动，在冷战时期，苏联的实力长期与美国不相上下，在某些年份甚至能够超越美国，但是在冷战结束后处于持续的衰退过程中。中国的航天实力有一定波动，但是长期以来维持了较为稳定的发展势头，特别是在进入新千年以后，中国的航天实力实现了重大跃升。欧洲和日本的航天实力起点较高，发展平稳，但是在美国的主导下受制于其组织体制和国际关系的约束，两者的航天实力均未能实现重大的突破和提升。印度的航天起步较晚，近年来在奋力追赶，国家整体航天实力提升较快，但是由于在科技基础和资金投入上与航天强国相比还存在较大差距，因此，印度虽然在航天领域拥有雄心壮志，但是在近年内很难实现跨越式发展。

在综合分析的基础上，结合战略、资金和科技的三项基本要素，对国际航天战略博弈的整体情况进一步开展专题分析，参考2018年世界主要国家航天实力的相关数据，可以将美国、中国、俄罗斯、欧洲、日本和印度的航天实力在战略、资金和科技三个方面进行分项统计和计算，并根据数据绘制世界主要航天国家2018年航天实力分项对比图，如图4所示：

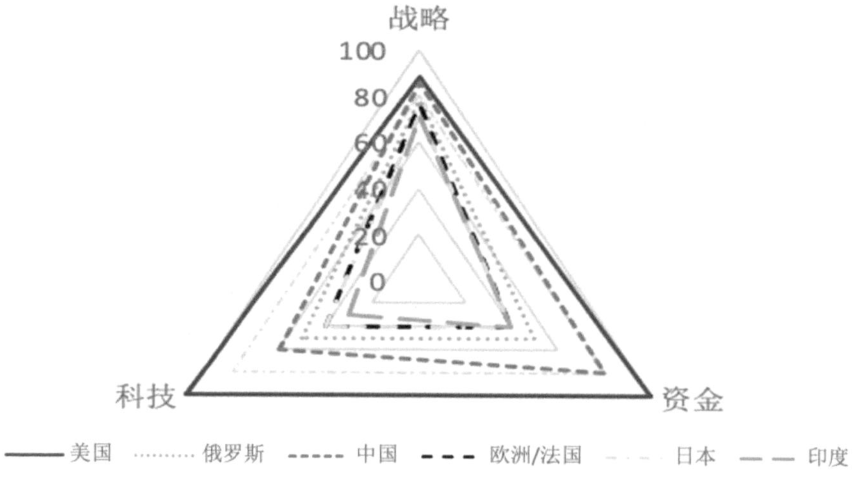

图4　2018年世界主要航天国家航天实力分项对比图

资料来源：作者整理。

结合图4中对各国2018年的国家航天实力数据，从国际航天战略博弈的战略、资金和科技三个方面进行分析，在战略上世界主要强国均高度重视航天的战略地位，在资金上均保持了较大的财政投入并动员了相应规模的社会投资，在科技上维持各国航天科技水平的持续提升。

在战略方面，世界主要国家高度重视航天的战略地位，将航天作为重点发展领域，努力提升国家的航天实力。各国的战略决心和能力水平决定了最终的实施效果。美国将航天放置于国家发展的重要位置，作为决定未来国家间生死存亡竞争的关键领域进行考量，在继续领跑民用航天、商业航天、空间科学研究等领域的同时，进一步加强军事航天的能力并提升其地位。成立太空军（Space Force）作为美国第六军种，旨在组织、训练和装备军事与文职人员，以维持美国太空行动的能力与自由。① 中国继续推进航天强国建设，持续开展多项重大航天系统工程，颁布各类法规政策，促进卫星应用和商业航天发展，从实现民族复兴的高度将航天作为激发民族自豪感和国家荣誉感的重要手段，高度重视航天发展。俄罗斯自2015年组建俄罗斯航天国家集团公司以来持续推进机构改革，通过建立国家航天中心等方式进一步改革管理体制，提升航天实力。② 继续重视航天在国家发展中的作用，其目的主要从重振国威和获取经济利益的角度出发，并未从民族未来发展的高度进行定位。欧洲继续重视并保障欧洲航天局的航天工程建设，其中，法国批准成立航天司令部。③ 日本建立“宇宙作战队”加快军事航天发展。④ 欧洲和日本将航天定位为重要的发展领域，力图保持优势。印度成立国防航天局重点发展军事航天，其成功开展的反卫星试验使其成为世界上第四个具备反卫星技术的国家。⑤ 印度虽然也高度重视航天发展，但是未能将航天定位于国家的核心发展领域。战略规划中的微

① United States House of Representatives, *National Defense Authorization Act for Fiscal Year 2020*, https://docs.house.gov/billsthisweek/20191209/CRPT-116hrpt333.pdf.

② 张京男:《俄罗斯航天国家集团公司成立的影响与分析》,《国际太空》2015年第9期，第7页。

③ Florence Parly Signs to Establish Space Command As Part of the AIR Force, French Ministry of the Armed Forces, https://www.defense-aerospace.com/articles-view/release/3/205607/france-formally-establishes-air-force-space-command.html.

④ 韦强:《日本欲成立“宇宙作战队”意图何在》,《军事文摘》2019年第21期，第22页。

⑤《印度设立三机构，应对网络太空及特种作战威胁》，新华网，2018年10月18日，http://www.xinhuanet.com/mil/2018-10/18/c_129974866.htm。

小差别，将对航天实力的发展和对比产生重要影响，同时，即便世界主要国家在战略中均高度重视航天，但是由于其自身组织机构和实施的能力，最终的战略实施效果具有较大差别。

在资金方面，世界主要航天国家普遍增加政府在航天领域的投入，航天预算在2018年规模超过760亿美元。[①] 同时，随着商业航天的发展，全球航天投资总额达32.5亿美元，与上年相比增长了29%，获得投资的公司数量增长到182家。[②] 美国的大量资金投入保证了其国际航天战略博弈战略决心的实施。根据太空新闻网站的报道，2018年美国航天预算在全球政府航天预算中占比超过50%，依然占有优势地位。中国在整体经济持续增长的支撑下不断加大对航天的投入。欧洲增加了航天预算拨款，恢复了对航天的资金支持。俄罗斯虽然高度重视航天，但是由于受到西方经济制裁的影响，经济困难导致整体航天预算严重缩减，航天资金的有效投入较为有限。日本在保障原有经费的条件下增加拨款并向军事航天领域倾斜，增强了国际航天战略博弈的竞争力。印度努力为航天发展提供资金支持，但是由于受到经济增长时速的影响，规模有所缩减。资金投入成为影响各国航天实力的重要方面，直接决定了国家航天战略的实施能力，深刻影响了国家间航天实力的对比。

在科技方面，世界主要航天国家的科技水平稳步提升。出现了一批航天的新概念、新技术、新产品、新材料和新工艺，提出了多种具有较强创新性的系统概念和方案，其核心是追求更高性能和更低的成本。前沿技术在航天装备中的应用能够显著提升装备性能，重塑现有的装备研制和生产流程，甚至颠覆未来作战形态。[③] 美国在航天科技领域仍然占有较大优势，

---

① “Global Government Space Budgets Continues Multiyear Rebound, ” *Space News*, https://spacenews.com/op-ed-global-government-space-budgets-continues-multiyear-rebound/.

② “Heavens Above: Seraphim Capital is the Archangel of Prosperity for Ventures ‘Collecting and Communicating Data from Above’,” *Space News*, https://spacenews.com/heavens-above-seraphim-capital-is-the-archangel-of-prosperity-for-ventures-collecting-and-communicating-data-from-above/.

③ 韩洪涛、杨开:《外国航天前沿技术最新发展浅析》,《国际太空》2019年第4期，第45页。

美国国家航天局主导的深空探测项目取得丰硕成果，“新视野号”探测器飞抵柯伊伯带小天体，“机遇号”火星探测器工作达15年，等等，这些成绩反映了美国在空间科学和技术领域仍然处于领跑位置。同时美国通过商业航天的发展，以重型“猎鹰”火箭发射为代表进一步完善运载火箭重复发射技术，启动多个巨型低轨星座建设，推动航天应用技术的进一步发展。中国以“长征5号”重型运载火箭成功发射、“嫦娥4号”月球成功软着陆、“北斗三号”全球系统核心星座部署完成、“高分7号”突破亚米级立体成像技术、多个民营企业成功发射自研火箭为代表，实现了航天科技水平的快速提升，同时考虑政府有限的航天预算，中国利用较少的国家投入取得了巨大的科技进步成就。欧洲航天科技水平仍然保持领先地位，在“地平线”2020技术研发项目和计划支持下，取得了较大的进展，稀疏孔径成像等多项先进航天器有效载荷技术进行研究实验。[①] 但是“伽利略”卫星导航系统中断服务117个小时，反映出欧洲航天科研能力的下降和组织管理的混乱。[②] 日本在航天科技快速发展，以“隼鸟2号”探测器成功登陆小行星为代表，进一步反映出日本航天科技水平的稳定发展。[③] 印度航天科技水平有所提升，但是基础较为薄弱，登月探测器软着陆失败证明与其他航天大国相比在科技水平上仍然存在较大差距。[④] 科技水平成为支撑国家航天发展的重要基础，与国家间的航天实力对比具有直接关系。

总体来看，随着美国与世界主要航天大国实力关系的变化，在国际航天战略博弈的政策上明显表现出开始积极应对中国、俄罗斯等国崛起的趋势。这一政策变化的根源在于美国重新定位了与航天大国之间的关系，重新回到了大国竞争的时代，将应对中国、俄罗斯对美国航天霸权的挑战作

---

① 贾平、梁晓丽、王聪、特日格乐：《2017年外国航天迁移技术发展综述》，《中国航天》2018年第7期，第34页。

② 《“伽利略”中断服务117小时后恢复，原预计48小时解决》，观察者网，2019年7月17日，https://www.guancha.cn/internation/2019_07_17_509782.shtml?s=zwyxgtjdt。

③ 《突破诸多技术障碍，日本成功登陆小行星》，中国科技网，2018年9月25日，http://www.stdaily.com/index/kejixinwen/2018-09/25/content_710273.shtml。

④ “India Loses Contact with Vikram Lander During Historic Moon Landing Attempt,” Space.com, https://www.space.com/india-loses-contact-with-vikram-moon-lander-chandrayaan-2.html.

为其航天领域内国际战略的重点，以实力寻求和平，追求太空优势，塑造有利于美国自身的战略环境，通过成立太空军把太空整合进军事作战领域，加强与盟国和私人公司的合作关系，力图延缓美国霸权的衰落。

二、美国的航天霸权

美国在世界航天格局中占有优势地位，在相对实力上远远领先于世界其他航天国家。在此基础上，美国国际航天战略博弈的政策核心是维持航天霸权，并根据与其他航天国家之间相对实力的变化，对国际航天战略博弈政策做出调整，努力维持美国航天的优势地位。

（一）美国的航天实力

美国航天在相对实力上具有优势地位。经过长期的发展，美国的航天企业具有较强的科研实力，因此，美国在航天领域建立了“分散建设、集中管理”的航天管理体制。在建设中由工业部门中的不同公司开展运载火箭、卫星和各类配套设施和设备的建设。在管理上实现集中领导，在民用航天方面通过国家航天局实现统一的管理；在军事方面由各军种主导进行建设，通过航天司令部进行面向联合作战的统一管理。美国长期保持国家财政对航天的大量投入，特别是近年来通过航天商业化和商业航天的发展，积极促进民间资本进入航天领域，为美国航天的发展筹集了充沛的资金，保持了美国在航天相对实力上的绝对领先地位。

首先，在科技上，美国积极推动航天科技的高水平发展，早期通过军转民，当前通过民转军的多种方式，维持航天科技的领先水平。在运载火箭方面，美国利用弹道导弹技术，保持大量和迅速进入太空的能力，美国拥有“雷神”（Raytheon）、“宇宙神”（Atlas）、“德尔塔”（Delta）、“大力神”（Titan）等多个系列的运载火箭。“土星”（Saturn）运载火箭是人类历史上最大的运载火箭，实现了人类登月的壮举。通过发展商业航天，重型“猎鹰”火箭（Falcon Heavy）是现役运载能力最强的火箭，通过重复使用大幅降低发射成本。当前，美国还在推动多个项目，为美国国家安全有效载荷发射任务打造价格适中、性能可靠的运载火箭。[①] 在卫星平台方面拥有美国洛马公司A2100、LM-100，波音公司BSS-702，鲍尔宇航与技术公司BCP-300等卫星平台，在卫星平台设计上不断向高可靠、高承载、低成本、小型化、产品化、型谱化方向发展，追求卫星平台的高度模块化，保障高质量、低成本和较短的研制周期。[②] 在深空探测和载人航天方面，美国航天局执行了"发现计划""新疆域计划""月球探索计划""火星探测计划""外行星计划"和"行星科学研究"等项目，全面发展深空探测能力，确保了其在深空探测领域的全球领先地位。[③] 同时，美国的载人航天在"阿波罗计划"实现登月以来，在航天飞机、"国际空间站"、重返月球的星座计划和飞往火星等方面引领世界，特别是在航天飞机停止使用后，通过商业运输实现"国际空间站"的乘员和货物运输。[④] 最新成立的太空发展局（SDA）计划部署一个军事低轨通信星座系统，利用红外成像技术对先进导弹威胁提供全球覆盖，完成态势感知任务，建立由空间传输、跟踪、监护、威慑、导航、作战管理和支持组成的一体化天基系统。[⑤] 此外，人力资源是航天政策制定和航天产业发展的关键要素，任何一个产业的快速发展都需要高素质的人才。航天产业的特殊性决定了这个产业有一些区别于一般产业的人才需求特征，要想实现跨越式与可持续发展，需要各种中高层的管理人才及技术人才。[⑥] 空间人才的培养问题引起了欧盟、日本、加拿大、印度等国家的重视，当然，作为空间大国的美国也不例外。美国

---

① 陈允宗:《美国空军推动新型火箭研制》,《国际太空》2019年第5期，第32页。

② 李罡、王姗娜、杜刚、崔佳:《美国主流通信卫星平台发展现状》,《中国航天》2017年第8期，第20页。

③ 周凯、王博、赵立军:《美国深空探测任务预算分配与投资策略研究》,《航天器工程》2016年第5期，第98页。

④ 张蕊:《美国载人航天商业运输的发展》,《航天器工程》2011年第6期，第86页。

⑤ "Space Force: What will the New Military Branch Actually do?" Space.com, https://www.space.com/united-states-space-force-next-steps.html.

⑥ 薛利:《跨越式发展和可持续发展对航天人才的需求》，中国国家航天局，2004年9月7日，www.cnsa.gov.cn。

特别注重从学位教育方面制定航天人才的培养方案，[①] 针对美国民众重视商业经济利益，轻视科学和教育的情况，制定了国防教育法案，真正加强美国在科学、数学和外语方面的教育。[②] 从整体上保障了美国航天科技的领先优势。

其次，在战略上，美国在国家战略中高度重视国际航天战略博弈。美国曾经在国际航天战略博弈上产生过重大失误。在冷战初期的美苏航天竞赛中，美国政府没有理解发展航天的重大意义，缺少明确的战略规划，组织机构众多且管理混乱，海陆空三个军种、美国国家航空咨询委员会、火箭协会、高等学校都各有一套人马从事航天事业发展。这些部门虽然有一些合作，但经常各行其是、相互扯皮，而美国政府又缺乏一个有高度权威的部门负责协调，因此导致技术力量、资金、设备的分散。在苏联取得优势后，美国痛定思痛，将太空政策作为美国核战略的一部分，也作为美苏军备竞赛的一个重要组成部分。特别是“高边疆”理论和“战略防御倡议”的提出，将军事航天作为打破核垄断、夺取对苏联军事优势的重要手段之一。[③] 这就使得国际航天战略博弈在美国国家战略的重要性进一步上升。冷战结束以来，美国继续重视国际航天战略博弈，特别是随着以中国为代表的新兴航天国家的崛起，拨动了美国敏感的神经。美国的国际航天战略博弈是在美国对外战略的大框架下形成的。例如，美国国防部在2011年发布了《国家安全太空战略》，强调国际合作，促进国际社会负责任、和平、安全地使用太空；改变过去先发制人的进攻战略，实施太空威慑战略；谋求在太空领域发挥领导权。[④] 这是奥巴马时期美国从小布什时期奉行先发制人和单边主义转向战略威慑和多边主义在国际航天战略博弈领域的反

① Joseph N. Pelton, Randall Johnson, Don Flournoy, “Needs in Space Education for the 21st Century,” *Space Policy*, 2004, 20(3): pp.197-205.

② M.Gruntman, R.F.Brodsky, D.A.Erwin, et al, “Astronautics Degrees for the Space Industry, Advances in Space Research,” 2004, 34(10): pp.2159-2166.

③ 夏立平:《美国太空战略与中美太空博弈》，世界知识出版社，2015，第49页。

④ 程群、何其松:《美国〈国家安全太空战略〉评析》,《现代国际关系》2011年第3期，第43页。

映，具有跨域协同、积极防御、重视盟国作用等特点。但是其核心仍然是继续实现对太空的有效控制，通过发展军事航天重点防范中国。[①] 特别是自特朗普上台以来，美国的太空战略强调“美国优先”，将确保太空安全视为国家安全的核心，重点确保美国在太空的霸权地位。[②] 在战略上强化了国际航天战略博弈的竞争性，在特朗普的亲自支持和指挥下，美军克服内部机构设置的重重困难，特别是美国空军的多重阻挠，正式成立太空军作为美国的第六个独立军种，将太空安全和国际航天战略博弈置于前所未有的重要地位，开展了咄咄逼人的战略攻势，加剧了国际航天战略博弈的紧张局势，启动了新一轮的航天竞赛。

最后，在资金上，美国维持较高的国家财政投入，同时通过航天商业化和商业航天引入社会资本，正在重塑国际航天战略博弈竞争的模式和格局。美国长期以来对航天领域保持较高的投入。从1960年到1981年，美国航天预算约占国民生产总值的0.15%，在航天活动方面的总费用高达约2690亿美元，年平均费用约达122亿美元。[③] 这种高投入是非常惊人的，其金额超过了其他所有国家航天预算的总和，占全球政府航天预算的一半以上，这既保障了航天科技的快速进步，也反映出美国对航天工业的重视。冷战结束后，美国政府的航天预算有所波动，但仍保持高额投入。美国1991财年的航天预算约355亿美元，其中美国航天局占135亿美元，国防部占205亿美元，其余分配给商业和能源部。[④] 近年来，美国在2008年世界金融危机的冲击下，保持了对航天的投入。2015财年美国政府航天预算总额为445.67亿美元，相较2014财年的431.73亿美元增长了3.2%。其中，美国国防部获得235.72亿美元，航天局获得180.1亿美元，二者累计占比高达93.3%。[⑤] 2017财年，美国政府航天预算总额为433.4亿美元，相

① 唐笑虹：《试析奥巴马政府的军事太空战略》，《国际战略评论》2013年第2期，第47页。

② 何其松：《特朗普政府的太空战略》，《国际问题研究》2019年第2期，第124页。

③ 沈青：《美国航天经费的回顾和展望》，《国外导弹与宇航》1984年第3期，第35页。

④ 元忠：《美国空军预算》，《中国航天》1993年第5期，第45页。

⑤ 张召才：《从〈航天报告（2016）看全球航天发展态势〉》，《卫星应用》2016年第8期，第16页。

较2016财年的444.4亿美元略降2.4%。近一半的美国政府航天预算用于国防部预算内的军事航天活动，2017财年，美国防部航天预算为207亿美元，占美国政府航天预算的47.7%，较2016财年降低6.0%；美国民用航天预算为227亿美元，比2016财年增长0.9%，占美国政府航天预算一半以上。[①] 而根据美国航天基金会2019年《航天报告》显示，在2018年，全球航天产业总收入为4147.5亿美元，包括商业航天收入和各国政府航天预算两部分，其中政府航天预算总计858.9亿美元，占全球航天总收入的20.7%，增长率为12.7%。在全球航天经济投资中，美国占据最高份额，2018年美国政府对航天活动共计投入483亿美元，较2017年增加10%。其中国防部航天预算为245.3亿美元，比2017年增长了18.5%，美国宇航局在民用航天支出中占比最大，其预算为207.4亿美元，增长率为5.5%，内政部、能源部、国家科学基金会、美国海洋及大气管理局、交通部、农业部共计占比6%（30亿美元）。在美国政府保持大规模财政投入的基础上，积极发展航天商业化和商业航天，撬动民营资本进入航天领域，为国际航天战略博弈注入资金。目前，美国通过风险投资和股权融资已经迈出了航天商业化的重要一步，在2017年美国商业航天领域有30家企业获得总计约 37 亿美元以上的投资。根据航天工程技术研究院统计，在火箭制造及发射服务领域，由亚马逊创始人贝索斯创立的蓝色起源公司和马斯克创办的太空探索技术公司等五家公司获得了总额为25.6亿美元的投资；在卫星制造与运营领域，共有12家企业获得了总额约为6.81亿美元的投资；在地面终端、遥感、空间资源利用等领域累计有11家企业获得约4.8亿美元融资。[②] 特朗普政府已经将私营部门作为维护太空安全的重要力量，进一步推动航天经济的转型，实现航天经济的市场化运行和盈利。

（二）美国的国际航天战略博弈政策

美国国际航天战略博弈政策的核心是维持其在航天领域的霸权，确保

① 刘悦、贾茹、李立凌、王阳:《从美国航天基金会〈航天报告（2018）〉看世界航天发展态势》,《国际太空》2019年第1期，第48页。

② 陈俊斌:《全球商业航天概览及投融资分析》,《中信证券·军工·军临天下》2018年第68期，2018年10月1日，http://www.zgtxcj.com/Uploads/2018-10-12/5bc02ee23aebc.pdf。

在航天科技领域的绝对领先优势地位，维护国家的太空安全，在各类军事和商业活动中能够不受约束地使用太空资源，同时，对战略竞争对手进入太空和使用太空资源的能力加以限制。正是基于控制太空的战略目标，美国根据与其他国家之间相对实力的变化调整自身的航天战略和国际战略政策。从总体上看，美国的国际航天战略博弈主要是针对中国、俄罗斯、欧洲、日本、印度等航天强国开展的。进入21世纪，美国对中国从空间合作迅速转向太空竞赛并不断升级，持续推动遏制中国航天实力增长的进攻性竞争政策。在俄罗斯航天实力迅速衰落和欧洲航天实力基本稳定的情况下，维持与俄罗斯、欧洲的空间合作。在中美航天竞争的背景下，美国进一步加强了与日本、印度的空间合作。未来可以预见，美国将通过加速外空军事化进程、扩大航天投资等直接手段和出台相关法规、知识产权诉讼、关键技术的出口管制和国际机制等间接手段，加强对中国航天发展的遏制。

第一，美国以太空安全和军事应用为重点的直接手段开展国际航天战略博弈，对主要竞争对手和潜在竞争对手形成正面压力。

军事航天一直是美国国际航天战略博弈的重要组成部分，特别是近年来，美军围绕中美竞争提出了“战略中信转移”、“亚太再平衡”、“海空一体站”、“联合全球公域介入与机动概念”（JAM-CC）、“多域战”等一系列战略和战术概念，其核心是应对“反介入/区域拒止”的威胁，航天力量在其中扮演了重要的角色。从历史上看，冷战早期美国将航天战略置于核战略之下，艾森豪威尔政府提出和推动的针对苏联的“新面貌”战略，配合“大规模报复”战略。强调以美国的核优势与技术优势抵消苏联常规军事的数量优势，核心内涵是“以核制苏”，即利用核武器技术抵消苏军地面部队强大的数量优势。虽然有一定效果，但是在苏联发展出核武器并实现与美国相互摧毁的均势之后便归于沉寂。冷战中期里根政府提出“星球大战计划”，将航天战略置于独立且重要的位置，强调以信息技术优势抵消苏联的常规数量优势，即“以信息化抵消机械化”，建设了卫星侦查系统、全球定位系统等众多国防设施，在遏制苏联军事扩张以及“海湾战争”以来历次局部战争中获得了巨大成功。[①] 在这一过程中，美国将航天技术迅速转化为民用技术，在冷战的胜利中起到重要的作用。因此，美国现在以航天系统为基础，特别是建设“太空军”作为美国的第六军种，通过制定长期计划、改善国防采办体系、加快技术民转军、推动国防教育和人才培养、创新作战方式和概念等手段，支撑美国的全球侦查和投送能力，利用卫星导航和通信设施，为无人作战、远程空中作战等军事行动提供支援，在战略上提供“劝阻”“拒止”“惩罚”等多种能力在内的复合式战略威慑。

需要注意到，虽然美军积极改革国防采办体系，但是这并不意味着美国的航天投入与其他国家相比能够产生更高的效果。美国在航天技术发展上走过许多弯路，例如航天飞机虽然技术先进，但是并不比载人飞船更具有经济性，每架航天飞机的研制费用约20亿美元，其单次发射费用约5亿美元，超过预算近百倍，同时具有较低的安全性。[②] 在国际航天战略博弈中，美国能够占据主导地位得益于其资金投入的规模优势。

第二，美国以国内立法、国际条约、国际组织和国际会议等多种间接手段，规制主要竞争对手和潜在竞争对象。

在国内立法层面，美国在国际航天战略博弈中，利用《出口管理法》、《武器出口控制法》、年度《国际战略关系授权法案》和年度《国防授权法案》开展国际航天战略博弈。经济制裁和贸易禁运是美国打击竞争对手的重要手段，自冷战以来，美国通过出口管制、武器禁运对社会主义阵营实行制裁。《出口管理法》主要适用于两用物项的贸易管理，实施细则是《出口管制条例》，商务部控制清单是《出口管制条例》的组成部分，清单含10类产品和技术，航天产品主要在第9类。《武器出口控制法》主要适用于军品的贸易管理，实施细则是《武器交易条例》，军品清单是《国际武器交易条例》的组成部分，清单共21类，航天产品主要在第15类。每个财

---

① 李健、吕德宏:《歧路徘徊：略论美军新“抵消战略”》，当代中国出版社，2015，第46页。

② 林一平:《盘点美国航天飞机运营卅载得失》,《交通与运输》2011年第6期，第44页。

年美国都推出《国际战略关系授权法案》和《国防授权法案》，两部年度法案作为国会向美国政府拨款的依据，既是美国对外政策的集中反映，也是国际航天战略博弈的重要体现，在每年的年度法案中均对美国国际航天战略博弈活动的原则进行了规定。例如，《1990—1991财年国际战略关系授权法案》第902节明确规定，“暂停中国火箭发射美制卫星，除非总统以国家利益为由豁免”。《2013财年国防授权法案》则赋予总统决定航天相关物项出口许可证审批管辖权的权力，但继续沿用禁止向中国、朝鲜和支持恐怖主义国家出口卫星与相关部件的事实上的禁运。①

在国际条约和组织层面，美国参加的多边控制机制先后有巴黎统筹委员会、瓦森纳安排和导弹及其技术控制制度。② “导弹及其技术控制制度”（MCTR）是美国参加的一个多边出口控制机制，美国通过《武器出口控制法》和《出口管理法》对约定的内容进行落实和执行，如《武器出口控制法》第73节（a）项规定，对于违规出口《导弹技术控制制度》所规定的任何设备或技术的一些行为，应实施制裁。美国国会在1991年通过了“赫尔姆斯修正案”，对《武器出口控制法》第73节（a）所规定的制裁对象进行了扩大解释，形成了《武器出口控制法》第74节（a）（8）（B）条款，即“针对非市场经济国家，制裁对象为（1）设计开发或者生产任何导弹设备或技术的所有政府活动，（2）影响开发或生产电子产品、宇航系统或设备、军用飞机的所有政府活动”。《武器出口控制法》第73节和第74节（a）（8）（B）条款，经常被美国政府援引用于制裁，包括多次对中国航天企业的制裁。

美国的禁运和制裁，没有阻止相关国家航天事业的发展，也没有阻止美国的盟友与相关国家开展合作，反而导致了本国航天工业国际市场的萎缩。因此，在2014年，美国国务院和商务部分别发布了对《美国军品管制清单》（USML）第15类“航天器及相关物项”和《出口管理条例》

---

① 江山：《奥巴马签署〈国防授权法案〉》，《太空探索》2013年第2期，第15页。

② 张健壮、秦秀珍：《美国多边出口控制与卫星出口许可》，《中国航天》2003年第5期，第5页。

（EAR）修订的“阶段性终稿”，将部分卫星和相关物项从《美国军品管制清单》转移到《商业管制清单》（CCL），使得这些物项能够按照两用品进行出口管制，事实上放松了卫星出口，但是对中国、朝鲜、古巴、伊朗等国家仍然采取严格的禁运措施。[①] 此外，美国也积极利用联合国、世贸组织，以及商业团体等多边平台，在机构设置、会议组织和议题设计等方面对竞争对手进行规制。例如，美国积极推动全球卫星导航系统国际委员会（ICG）工作小组开展频率协调、兼容互操作、教育培训等工作，加强美国在多边平台的主导能力。同时也积极开展多边商业活动，例如，美国积极推动国际卫星通信组织的私有化，将它从一个国际机构转变为私营公司并在美国交易市场上市，吸引更多的社会资金进入，利用资本运作的方式实现对它的控制和发展。[②]

三、俄罗斯的航天改革

俄罗斯在世界航天格局中具有重要的影响力，与其他世界主要航天国家相比在相对实力上具有一定优势。然而由于俄罗斯综合国力的下降，特别是经济情况持续恶化，丧失了原来同美国在国际航天战略博弈中平起平坐的霸权地位。在这一航天相对实力变化的基础上，俄罗斯国际航天战略博弈的政策核心是通过自身发展和积极参与国际合作维持其在世界航天领域的影响力，特别是通过机构改革实现减员增效，以国家财政资金支持和航天部门自身的努力创收为主要手段，防止其航天实力和影响力的进一步衰落。

（一）俄罗斯的航天实力

俄罗斯航天在相对实力上具有一定优势。苏联时期建立了“集中建设、集中管理”的高度集中的航天管理体制。由于苏联的解体，完整的航天工业生产部门和保障体系被瓦解，在俄罗斯中央政府权力集中不足和经

① 谢一涵：《“中国例外”的美国卫星出口管制政策分析》，《卫星应用》2013年第9期，第50页。

② 张鸥：《国际通信卫星组织完成私有化变革》，《国际太空》2001年第12期，第24页。

费有限的情况下，航天主管部门不再拥有绝对权威，形成航天局和各类科研—生产联合体各管一摊，发挥各自渠道争取项目和资金的多中心结构，俄罗斯演变为“分散建设、分散管理”的航天管理体制，严重制约了俄罗斯的航天实力增长。即便如此，俄罗斯在航天技术上仍然具有一定优势，俄罗斯政府在国家战略中也对航天发展高度重视，竭尽所能地保障国家财政对航天的经费投入。当前，俄罗斯持续不断的经济衰退对其航天科技进步和战略实施造成了严重困扰。

首先，在技术上，俄罗斯航天继承了苏联时期的丰富遗产，主要依靠原有的技术积累进一步发展，虽然在电子技术领域落后于西方国家，但是在部分航天技术领域仍然处于世界领先和独一无二的地位。在载人航天方面，载人航天技术是当今世界规模最大、难度最好的技术，投资巨大、周期较长，建设和在轨运行大型载人空间站、使用载人飞船作为空地交通工具均具有较高的技术难度。[①] 俄罗斯拥有以自动交会对接技术为代表的完整载人航天技术体系，当前国际空间站也需要依靠俄罗斯的载人航天技术，通过购买俄罗斯“联盟号”飞船的舱位和座位实现货物运输和人员往返，俄罗斯舱段的推进系统也是维持国际空间站在轨稳定运行的关键。在运载火箭方面，俄罗斯运载火箭的运载能力在有效载荷的相对质量上具有很大优势，其火箭发动机，特别是液体火箭发动机的先进性和经济性，始终处于世界领先地位。俄罗斯运载火箭结构产品具有较高的加工工艺水平，与其他国家的同类产品相比具有很高的可靠性。目前，俄罗斯还在积极开展超重型专用运载火箭的研制和通用型环保、高可靠性和高安全性的运载火箭研发。[②] 在卫星研制和应用方面，俄罗斯在卫星通信和卫星遥感技术上积极开展研发工作，技术水平有所提升，特别是在卫星导航方面，“格洛纳斯”全球卫星导航系统实现全面的恢复和稳定运行。在航天基础设施方面，俄罗斯投入巨资在斯沃博德内航天发射场的基础上，利用最新

① 李明：《俄罗斯载人航天工程的现状与启示》，《航天电子对抗》2005年第1期，第61页。

② 王钢：《俄罗斯运载火箭的历史、现状和发展方向》，《导弹与航天运载技术》2003年第4期，第17页。

技术建设东方航天发射场，彻底摆脱对哈萨克斯坦拜科努尔航天发射场的依赖，同时振兴远东地区的经济发展。[①]

其次，在战略上，俄罗斯尝试改变目前“分散建设、分散管理”的多中心航天管理体制。1992年2月，俄罗斯总统叶利钦下令建立俄罗斯联邦航天局（Roscosmos）作为民用航天活动的管理执行机构，在1997年实现火箭、军事航天和导弹防御三个兵种的合并，并将研制生产导弹和军用航天设备的军事航天工业移交俄罗斯航天局，国防部仅作为用户方，希望航天局成为军事航天和民用航天统一的管理机构。1999年5月，将航天局改为航空航天局，增加了对航空工业的管辖权。[②] 但是，航天局在俄罗斯的航天管理体制中没有成为真正意义上的中央执行机构，相反，俄罗斯航天管理体制是多中心的组织架构。最具权威的是设计局和设计师委员会，而不是其政治领导机构。强大的设计局和科研—生产联合体为了保护其业务范围和生存而斗争，使得俄罗斯航天局长期缺乏权威。[③] 例如“安加拉”火箭的研制更多由赫鲁尼切夫国家研究和生产中心牵头组织和吸引资金，“和平”号空间站延长运营至1999年是由科罗廖夫能源火箭航天集团的股东会作出的决议，俄罗斯航天局在这些航天活动中并没有很强的主导权。由于财政资金紧张，航天任务萎缩，俄罗斯一直在调整机构，力图实现减员增效。普京上台以来，高度重视航天在俄罗斯国家战略中的地位，在2013年底以航天仪器制造研究院为基础，组建联合火箭—航天集团（URSC），将俄罗斯航天领域的所有企业都并入其中。俄罗斯联邦航天局仍然保留，主要负责管理科研院所和地面基础设施。[④] 2015年1月，俄罗斯将俄罗斯联邦航天局与联合火箭—航天集团合并成立“俄罗斯航天国家集团公司”（Roscosmos Space State Corporation），公司拥有原联邦航天

---

① 魏威、陈海鹏:《俄罗斯东方发射场情况及进展》,《中国航天》2016年第6期，第16页。

② 石卫平、何继伟:《俄罗斯航天发展战略与管理体制的调整》,《航天工业管理》2001年第3期，第29页。

③ Harvey Brian, *The Rebirth of the Russian Space Program*,(1st ed.)(Germany: Springer. 2007), p.265.

④ 王永生、赵东明:《俄罗斯航天机构艰难改革路》,《国际太空》2014年第5期，第57页。

局职权，同时拥有联合火箭—航天集团及其下属企业，联合火箭—航天集团几乎囊括了俄罗斯航天领域内的所有企业、设计局与科研单位。[1] 俄罗斯希望通过此次改革真正实现航天产业的集中，恢复苏联时期传统有效的“集中建设、集中管理”体制，同时希望通过组建兼具国家行政和企业双重职能的特有“经济组织形式”，应对财政拮据带来的挑战，推动本国航天能力复苏。俄罗斯的这一改革思路，主要是在国家航天任务萎缩的情况下，通过机构合并实现“减员增效”，降低内部的竞争性，增强国际竞争。俄罗斯国际航天战略博弈的主要目标是在发展经济和科学技术的基础上，保障国家的太空安全，重点发展能够对军事活动提供支持的军事航天系统，同时促进国际合作吸引资金并从中获得实际利益。俄罗斯国际航天战略博弈在国际战略中的定位已经从冷战时期与美国争夺航天霸权地位转为在国家经济困难条件下保存航天工业的实力。航天领域是俄罗斯在制造业中少数几个处于世界领先地位的行业，因此，俄罗斯的国际航天战略博弈从原来集中力量发展军事航天转为发展民用航天和商业航天，特别是通过参与美国主导的国际空间站项目，发挥自身在载人航天领域的技术优势，为航天工业获得急需的资金。虽然俄罗斯积极推动，甚至尝试了出售“联盟”号作为提供太空旅游等多种方式，但是航天经济的实际效益有限。由于航天经济所固有的计划经济属性，俄罗斯的航天经济转型之路注定异常艰难。

最后，在资金上，俄罗斯政府航天预算受本国经济形势恶化影响下跌严重。俄罗斯高度重视航天的发展，尽力为航天提供较大规模的财政预算，但是由于经济的整体滑坡和国际能源市场价格下跌，以及西方针对“乌克兰和克里米亚危机”对俄罗斯实施的经济制裁，使得俄罗斯航天经费投入规模大减。2015年12月，俄联邦航天局将2016—2025年的十年航天预算从最初公布的3.4万亿卢布降低至1.5万亿卢布，降幅高达56%。

---

① 张京男:《俄罗斯航天国家集团公司成立的影响与分析》,《国际太空》2015年第9期，第7页。

其中，2015年预算仅为1658.14亿卢布。2016年预算约1045亿卢布。[①] 继2016年大幅下跌之后，2017年进一步减少12.9%，实际拨款额为925亿卢布（约15亿美元）。[②] 私营企业在航天发展和太空安全领域的重要性日益增加，近年来，俄罗斯参考美国的经验，采取更新国家太空战略、重组太空军事机构、突出全面能力提升、鼓励太空商业合作等措施，调动社会投资参与航天活动。特别是激励政策商业化趋势更加明显。[③] 当前，受经济和政治的不确定性影响，俄罗斯在航天领域的投入无法避免大幅缩水的趋势。

（二）俄罗斯的国际航天战略博弈政策

俄罗斯国际航天战略博弈政策的核心是维持其在航天领域的影响力，防止航天技术进一步的衰退。由于俄罗斯国内经济的持续恶化，不能为俄罗斯的航天发展提供充足资金，因此，俄罗斯非常重视航天领域的国际合作，希望通过国际合作获得航天发展急需的资金。俄罗斯对主要国家的航天政策分为三类，第一是以美国为主，积极开展空间合作，但是也注重维护其太空安全和军事航天地位；第二是以中国和欧盟为主，积极开展空间合作，但是注意防止中欧利用合作扩大对俄罗斯的航天优势；第三是以印度、日本和广大发展中国家为主，通过出售大量航天产品、服务和技术获得资金。

第一，俄罗斯重视与美国的国际航天战略博弈。由于苏联的解体和经济的衰退，俄罗斯已经丧失了同美国竞争航天霸权国家的能力，当前主要是在载人航天和火箭发动机等优势技术领域维持同美国的空间合作，但是在关系俄罗斯国家安全和国际地位的军事航天领域，则同美国开展坚决的斗争。首先，俄罗斯重视同美国在航天领域的合作，利用美国的资金维持其航天产业的运行与发展。俄罗斯在同美国的合作中，主要发挥在载人航

① 张召才:《从〈航天报告（2016）〉看全球航天发展态势》,《卫星应用》2016年第8期，第16页。

② 刘悦、贾茹、李立凌、王阳:《从美国航天基金会〈航天报告（2018）〉看世界航天发展态势》,《国际太空》2019年第1期，第48页。

③ 王翔:《美俄新一轮太空防务建设及启示》,《国防》2019年第7期，第72页。

天和运载火箭发动机方面的技术优势，通过参与国际空间站项目，向美国出售航天员在“联盟”号的座位并提供货运服务。同时向美国出口具有技术优势的火箭发动机。自1992年以来，俄罗斯火箭制造商与美国普拉特·惠特尼公司签订了销售协议，俄罗斯的火箭发动机技术开始进入美国，通过出口RD-170和RD-180型的发动机、组合件、材料和制造工艺创造收益。[①] 其次，俄罗斯同美国在以削减弹道导弹、部署反导系统和太空武器等裁军和军控问题为代表的军事航天领域开展坚决的斗争。战略威慑能力，特别是弹道导弹和核武器的战略威慑是俄罗斯仍然能够成为世界大国的主要依靠力量，美国部署反导系统、增强核能力建设、开展太空武器试验等军事航天活动，对俄罗斯产生了直接的重大压力，削减了俄罗斯的战略空间和军事优势，因此，航天领域的裁军与军控问题是美俄激烈斗争的重要领域，也是俄罗斯开展国际航天战略博弈的重点工作。冷战结束以来，美苏围绕削减战略武器进行了多轮较量，1991年美苏签署了《第一阶段削减战略武器条约》，在七年内把进攻性战略武器削减约30%，由于苏联解体，美俄双方在1993年签订了《第二阶段削减战略武器条约》，俄美部署在进攻性战略武器上的核弹头总数将分别削减至3000枚和3500枚并将销毁所有分导式陆基洲际多弹头弹道导弹。但是经历美国退出《反弹道导弹条约》部署国家导弹防御系统和退出《中导条约》等多次波折后，俄美2010年签署的《新削减战略武器条约》也岌岌可危，新条约的履约前景并不乐观。[②] 为了维护俄罗斯的国家安全和大国地位，俄罗斯在军事航天领域将和美国进行持续而坚决的斗争。

第二，俄罗斯积极同中国和欧洲开展合作，但是在合作中尽力防止中欧航天实力的进一步提升。苏联解体后，俄罗斯的航天技术和产业受到巨大打击，多年停滞不前，各种卫星的研制和发展逐渐落后于美国，通过与中国、欧洲开展航天合作是俄罗斯恢复和发展其航天产业的重要手段。俄

① 雨田:《俄罗斯的火箭发动机技术进入美国》,《导弹与航天运载技术》1993年第2期，第70页。

② 吴大辉:《美俄新核裁军条约：变化、意义与变数》,《和平与发展》2010年第3期，第29页。

罗斯航天局与欧洲航天局在2003年签署了《为和平探索和利用宇宙空间开展合作及建立伙伴关系的协议》，扩大了合作范围，开展了卫星研制、深空探测和科学研究的多种计划，以国际空间站和载人航天为重点，明确了一批商业合作、航天员训练计划、火星探测、技术交流和知识产权保护等合作项目。同时，利用俄罗斯运载火箭为欧洲国家的卫星和航天器提供商业发射服务。[①] 但是，美国不希望看到俄欧的接近，通过国内立法和国际机制对俄欧合作设立了多重障碍，同时俄欧合作的规模也较为有限，其经费不足美国航天经费投入的三分之一，对俄罗斯的航天产业的发展可谓“杯水车薪”。中俄建立了密切的战略合作伙伴关系，特别是随着中国航天工程的大量建设和产业的快速发展，为双方的合作提供了很多机会。中俄在优势领域开展了多项合作，在卫星导航领域建设了中俄总理定期会晤机制下的中俄卫星导航重大战略合作项目委员会合作机制，双方开展了兼容互操作协调、相互建设参考站等多项合作。在载人航天领域开展了载人飞船研发、舱外航天服设计、航天员训练等合作。但是中俄航天合作也存在较大的结构性障碍。随着中国航天实力的不断增强，中国在推动国际航天合作的同时更加希望获得技术，但是俄罗斯能够提供的优势航天技术在中国日益发展的情况下越来越少，因此希望对其技术实现保护。例如中国在引进俄罗斯RD-180火箭发动机的过程中就受到这一矛盾的困扰。中俄航天相对实力的变化影响着俄罗斯对中国的航天合作政策。

第三，俄罗斯重点加强与印度、日本和广大发展中国家的航天合作，这类国家与俄罗斯航天实力差距较大，双方具有广阔的合作空间。首先，俄罗斯和印度建立了紧密的航天合作关系。印度是俄罗斯重要的航天合作伙伴，俄罗斯通过向印度出口航天产品设备和服务技术获取大量资金。特别是随着印度航天事业的不断发展，对采购航天产品、服务和技术产生了越来越大的需求，俄罗斯需要寻找既有需求又有雄厚资金的国际合作伙伴，目前印度最为合适，双方的互补性较强。因此，俄印双方签署了大量的航天合作协议和合同，印度从俄罗斯引进了大量航天装备，同时双方开

① 金师：《俄罗斯和欧洲国家在航天方面的合作》，《国际太空》2005年第1期，第20页。

展了多项航天合作项目。包括运载火箭及其组件的出口和生产、载人航天的新型飞船设计和航天员训练、两用系统和“格洛纳斯”全球卫星导航系统及其任务控制、地面跟踪设备的合作、双方在月球探测领域的合作，等等。其次，俄罗斯探索与日本的合作。根据俄罗斯政府的提议，日俄两国政府正在就航天领域的合作进行磋商。如果进展顺利，日本可能将与俄罗斯共同使用位于俄罗斯远东地区的东方航天发射场。如果俄日关系能够进一步提升，俄罗斯愿意加强合作，但是美日关系对俄罗斯和日本的合作产生了严重的限制。最后，俄罗斯积极探索与广大发展中国家的合作。例如，与沙特围绕运载火箭发射服务、为突尼斯研制和发射小卫星等有益的尝试，等等。但是除印度外，广大发展中国家的经济能力较为有限，对航天的需求也不强，部分资源型国家与俄罗斯一样深受国际能源市场价格波动的困扰，因此，这类国家的航天市场对俄罗斯航天产业发展的支撑能力有待观察。

四、欧洲的航天合作

欧洲在世界航天格局中具有重要的影响力，在相对实力上长期具有优势，但是其航天实力来源于法国的领导和联合的欧洲。当前，以法国为核心的欧洲航天体制面临欧洲整体经济疲软、德国实力增强、英国脱欧的重重挑战。在这一航天实力和变化的基础上，欧洲国际航天战略博弈的核心是通过加强欧洲内部的协调与合作，进一步提高航天技术的自主性，形成一致对外的国际航天战略博弈体制；通过积极开展国际合作，向非欧国家出口航天产品、服务和技术，增强航天国际地位和全球市场的竞争力，维持其技术先进性和影响力。

（一）欧洲的航天实力

欧洲航天的相对实力长期以来保持在较强的水平。欧洲航天主要得益于法国在政治上和技术上的独立自主和欧洲各国在欧盟和欧洲航天局框架下的成功联合。以法国为核心的航天体制使得欧洲航天在运载火箭、卫星技术和空间科学等方面具有较强实力，同时，保证了其国际航天战略博弈在世界上具有较强的影响力，但是，欧洲内部的危机对航天资金的筹集和未来航天的发展存在较大的挑战。

首先，在科技上，欧洲在运载火箭、卫星技术和空间科学等航天领域的科学和技术水平都位居世界前列。在运载火箭方面，利用法国的弹道导弹和运载火箭技术，由法国提议并联合西欧11个国家在1973年开始联合研制了“阿丽亚娜”系列火箭，至今已研制成功五种型号。在1979年底首飞成功之后发展迅猛，从“阿丽亚娜1”号到“阿丽亚娜5”号，地球同步转移轨道运载能力从最初“阿丽亚娜1”号的1780千克到“阿丽亚娜5”号单星发射的6500千克，在发射服务市场连续多年位于首位。[①] 当前正在研制新一代“阿丽亚娜6”号火箭，在继承原有火箭特点基础上，重点通过制造环节降本增效来提高火箭产品的竞争力，实现更低的成本。[②]“阿丽亚娜”系列火箭的成功是法国空间研究中心、欧洲航天局和欧洲工业界科技实力的集中反映。在卫星应用方面，拥有欧洲遥感卫星系列、全球环境与安全监测计划（即“哥白尼计划”的对地观测系统）、欧洲环境卫星、多类通信卫星、“伽利略”卫星导航系统和欧洲GPS增强系统等涵盖遥感、通信和导航在内的完整卫星应用，同时拥有法国阿斯特留姆公司的“欧洲星”卫星平台，正在研制“空间客车”卫星平台等多种卫星平台和地面测控网，建设和运营了法属圭亚那库鲁发射场和遍布欧洲和全球地面站组成的欧洲航天局航天跟踪网。但是在2019年7月11日以来的约一周时间内,欧洲“伽利略”全球卫星导航系统经历了从服务降级到服务全面中断，再到服务恢复的过程。[③] 反映出欧洲航天的科技水平和运行管理存在重大缺陷。

其次，在战略上，由于欧洲内部的纷争，法国与德国在领导权上的明争暗斗，减弱了联合欧洲的领导力，同时英国脱欧使得欧洲航天的整体实力有所衰弱。欧洲的国际航天战略博弈主要以法国为核心，正如戴高乐所说，在欧洲法国与德国的区别，就在于法国掌握了航天技术和相关设施，

① 费雅佳:《阿里安火箭的由来、诞生和发展》,《中国航天》2000年第10期，第20页。

② 黄涛、黄迪、秦筱璇、杨开:《阿里安6火箭装配和制造技术综述》,《飞航导弹》2019年第10期，第5页。

③ 刘春保:《“伽利略”系统故障事件分析》,《国际太空》2019年第8期，第28页。

成为政治上的大国。法国2019年宣布在空军内部成立太空军司令部，负责保护法国的外空安全和相关设备设施，通过更新现有遥感、通信卫星，提高侦查和监视等太空感知能力。① 法国也积极整合和调动欧洲的资源，实现航天技术和产品的突破，例如欧洲航天局的“阿丽亚娜”和“赫尔墨斯”项目均是由法国发起的。欧洲航天局包括强制性科学计划和选择性计划两类。科学计划是唯一的强制性计划，也是欧洲航天局凝聚联盟存在的唯一计划。科学计划是欧洲航天局强制性活动的核心，强制性活动包括技术研究和一般行政管理。所有的成员国必须参加强制性活动，并且缴纳固定的共同费用，缴费的数额根据各国整体的经济状况决定。各国不能干涉科学计划。选择性计划是欧洲航天局的成员国可以自主选择参与或不参与的计划，并且没有缴费比例的限制，选择性计划包括远程通信、气象、导航卫星、空间实验室及“阿丽亚娜”运载火箭。欧洲航天局工业政策中最重要的是工业收益原则，即公平返款原则。欧洲航天局授予某一成员国的合作总额占总合同额的百分比，除以该成员国提供的资金在欧洲航天局用于工业的经费中占的平均百分比。这一比例既包括强制性科学计划也包括选择性计划，按照逐个计划进行累积到所有计划中。② 对于欧洲的国际航天战略博弈而言，同时存在法国航天局和欧洲航天局两个目标几乎相同的强大空间组织，必然会产生合作与冲突。法国向欧洲航天局缴纳的资金来源于划拨给法国航天局的预算，同时法国代表团在欧洲航天局内消息灵通、准备充分，在理事会、科学计划委员会以及各种代表团的所有审议中能够发挥主导作用。

最后，在资金上，欧洲重视航天发展保持了较高的资金投入。欧洲航天局预算连续多年保持快速增长，德、法、意三国出资额显著提升。2015年预算为44.33亿欧元，相较2014年的41.02亿欧元增长了8%。③ 欧洲航

① 冯升:《法国组建“太空军”的背后》,《解放军报》2019年7月17日，第4版。

② 罗格·博奈、维托里·诺曼:《国际空间合作：欧洲空间局范例》，李磊译，科学出版社，2014，第58页。

③ 张召才:《从〈航天报告（2016）〉看全球航天发展态势》,《卫星应用》2016年第8期，第16页。

天局2017年预算为57.5亿欧元（约合65.6亿美元），比2016年的52.5亿欧元增长了9.5%。在欧洲航天局的成员国中，法国、德国、意大利等国家政府航天预算显著增长。法国国家空间研究中心（CNES）2015年预算为21.26亿欧元，其中8.94亿欧元投资给欧洲航天局项目，用于法国本国航天活动的预算约12.31亿欧元。2016年法国的出资额为21.2亿欧元，2017年增加到23.34亿欧元。德国2015年航天预算为14.25亿欧元，相较2014年的13.19亿欧元增长了8%，其中划拨欧洲航天局的预算为8.91亿欧元，2016年德国的出资额为14.3亿欧元，2017年增加到15.81亿欧元。意大利航天局2015年预算为8.154亿欧元，相较2014年的6.328亿欧元增长了28.9%，2016年意大利的出资额为7.69亿欧元，2017年增加到9.186亿欧元。[①] 虽然欧洲国家积极增加航天投入，但是由于欧洲经济的整体疲软和欧债危机的影响，欧洲在航天领域的未来投资有待实践检验。特别是在当前航天所固有的计划经济属性情况下，欧洲维持未来的航天投入困难重重。凯恩斯主义认为“通胀之下无债务”，国家和企业的债务可以通过通货膨胀、永续债等多种方法拉长时间“熨平”，但是作为一种“以空间换时间”的策略，其核心是希望利用企业的利润填补债务。欧洲国家高度重视航天发展，希望利用航天科技带动整体技术的发展，但是作为依靠国家财政投入支持的产业，其利润本身来源于国家的财政投入，最终的结果很有可能加剧欧洲的主权债务危机，对欧洲的发展造成最终毁灭性的打击，只有实现欧洲航天产业的结构性调整，大力发展商业航天，才有可能转变这一情况。

（二）欧洲的国际航天战略博弈政策

第一，欧洲国际航天战略博弈政策的核心是通过加强欧洲内部的合作维持其技术先进性和国家影响力。虽然欧洲各国很早就参与了多类航天领域的科学研究活动，但是欧洲国际航天战略博弈政策起步于“伽利略计划”的实施，正是通过“伽利略”系统建设，欧洲逐渐认识到自己已经成

① 刘悦、贾茹、李立凌、王阳:《从美国航天基金会〈航天报告（2018）〉看世界航天发展态势》,《国际太空》2019年第1期，第48页。

为一个正在崛起的重要空间力量。[①] 欧洲的国际航天战略博弈开始实现广泛的战略目标，在社会和经济上增强整体产业的竞争能力，利用国际航天市场获得经济效益的基础上，在技术和政治军事上能够维护外空安全，进一步实现欧洲的独立自主，利用航天国际合作项目积极发挥出国际战略的影响力。特别是欧盟委员会在2016年10月26日发布了《欧洲航天战略》，明确了推进航天应用、强化航天能力、确保航天自主、提升航天地位四大战略目标；突出强调推进欧洲航天一体化，加强军民航天活动统筹。[②] 从总体来看，科技合作在欧盟成立之初就作为欧洲一体化规划的重要部分，原子能机构、欧洲航天局是欧盟的重要合作机构，航天作为科技的重要代表，是联合的欧洲需要开展长期规划和建设的重要领域。但是由于欧洲的共同防御政策尚处于起步阶段，欧洲航天领域的军事安全问题存在很多障碍，欧洲在太空安全领域主要依靠美国为首的北约组织提供保护。当前对欧洲国际航天战略博弈最大的挑战在于欧盟在战略性领域采取集体行动非常困难。[③] 同时其经济基础也正在被日益削弱。

第二，欧洲在国际航天战略博弈领域维持与美国的空间合作。欧洲早期与美国的合作主要是在发射服务方面，美国为欧洲提供搭载服务机会。之后转变为欧洲航天局购买美国运载火箭。随着欧洲在法国带领下拥有了进入太空的能力，美欧航天合作集中于空间科学和载人航天领域。随着商业航天的发展，美欧双方在卫星通信、发射服务、卫星应用等方面的竞争加强。然而欧美的竞争不应忽视双方在航天领域存在广泛且积极的合作。但是由于美欧之间相差悬殊的航天相对实力，双方的合作与竞争并不对等，欧美仍然有较大的合作空间，双方的空间合作的国际航天战略博弈政策取向均大于太空竞赛的意图。

第三，欧洲对俄罗斯在航天领域开展多层次、内容丰富的空间合作，希望利用国际航天战略博弈进一步提升航天薄弱领域的技术水平并扩大影

① 杨彩霞、高国柱：《欧洲空间政策与法律问题研究》，法律出版社，2011，第43页。

② 孙红俊：《欧盟发布欧洲航天战略》，《中国航天》2017年第1期，第34页。

③ 张成新、郑华：《欧盟在太空时代的角色生成：进程、挑战及启示》，《德国研究》2019年第4期，第40页。

响力。在冷战时期，由于东西方关系的限制，虽然科学界进行了频繁的接触，召开了很多会议，甚至在1970年由欧洲空间研究组织与苏联科学院签署了正式的科学信息交流协议，但是欧洲与苏联没有全面的航天合作协议和可靠的航天合作机制。冷战结束后，俄罗斯航天实力有所下降，但是与欧洲相比仍然具有一定优势，双方签署了正式的合作协议，在空间物理学、微重力、生物和医学等空间科学领域开展了密切的合作，同时积极开展对地观测、卫星通信、导航兼容与互操作的协调与合作，特别是在载人航天领域，依托国际空间站开展航天员训练、空间站建设等多方面的合作。在合作之外，欧洲的“阿丽亚娜”火箭与俄罗斯的“质子”火箭在国际发射服务市场开展竞争。欧洲与俄罗斯的国际航天战略博弈随着双方相对实力的变化而调整政策，在双方相对实力基本保持不变的情况下，仍然将保持这种以合作为主、竞争为辅的态势。

第四，欧洲对中国的国际航天战略博弈呈现出从合作转向竞争的态势，随着中国航天实力的进一步增强，在未来有可能回归合作。中欧在20世纪70年代主要是在贸易和投资领域开展合作，直到90年代才开始加强科技领域的合作。进入21世纪，欧洲加强了在技术和战略上的独立性，同时中国为有效突破美国的对华遏制，中欧双方积极开展了空间合作。中国航天通过参股的亚太公司采购“亚太六”号卫星，促使泰雷兹公司启动不含受控美制零部件的欧洲化卫星的研制，这与欧洲寻求航天独立自主的战略方向也是高度契合的，促成了“长征火箭+欧洲化卫星”的组合。中国还积极参与欧洲的“伽利略计划”，开展卫星导航合作。随着中国航天技术的进步和发展，中国航天实力迅速提高，部分技术、产品和服务已经可以参与国际竞争，中欧航天合作迅速转冷。另外，从双方工作的重点领域来看，欧洲高度重视科学研究，但是目前空间科学与航天技术和重大航天工程相比不是中国的重点发展领域，随着中国在空间科学方面的快速发展，未来中欧在空间科学领域有可能开展密切合作。当前，中欧航天实力还未能产生较大差距，在中国航天实力进一步提高后，未来欧洲有可能改变国际航天战略博弈政策，重新开展与中国的空间合作。

第五，欧洲愿意加强与日本、印度等国家的空间合作。欧洲与日本定期举行交流会议，在空间科学、对地观测等多个方面开展合作。虽然欧洲有同日本深化在载人航天和深空探索领域合作的愿望，但是日本认为科学任务应该由日本自身在内部独立研发完成，所以日本的空间科学项目集中于其擅长的前沿领域且规模较小，很难同欧洲开展协调，在卫星遥感、通信和导航领域，则主要与美国开展合作，日欧双方缺少合作的契合点。欧洲同时也在积极加强与印度、澳大利亚、加拿大、南美洲和非洲等国家的合作，通过开展对地观测、卫星导航教育培训等合作，希望加快向这些国家和地区出口航天技术、产品和服务，创造更多经济效益。

第三章 国际机制与太空治理

利用国际机制对太空进行治理是全球化时代国际航天战略博弈的重要内容。本章主要运用国际航天战略博弈的理论框架，梳理航天领域的国际机制，归纳太空治理的问题与挑战，对航天领域政府间国际组织和非政府组织进行分析，研究各国在国际多边平台中的博弈策略，重点讨论商业航天发展对航天国际机制与治理的影响，更好地拓展国际航天战略博弈理论的应用范围。

第一节 空间合作与相互依赖

在冷战中期的20世纪70—80年代，美苏开启了缓和进程，双方在国际航天战略博弈中也开始了初步的合作。同时，西方资本主义国家和社会主义国家内部，也开展了更为紧密的航天合作，国际机制在航天合作中发挥着日益重要的作用。这些空间合作的开展是相互依赖思想在国际航天战略博弈中的反映，自由主义国际航天战略博弈也证明，在超级大国激烈的太空竞赛之外，空间合作存在巨大的潜力。

一、冷战中期的国际航天战略博弈

在冷战中期，以联邦德国政治家波兰特提出的“新东方政策”为序幕，东西方关系开始实现缓和。[①] 以美苏首脑会谈为标志，东西方缓和正式形成，中欧裁军谈判和欧洲安全合作会议标志着东西方缓和达到高峰。在国际政治的变化下，美苏国际航天战略博弈也发生了转变。随着美国阿波罗登月的成功，美苏之间激烈的太空竞赛告一段落，双方将重点转向航天应用。冷战中期的国际航天战略博弈以相互依赖为思想基础，以空间合作为重要表现。在美苏之间、社会主义阵营内部和资本主义阵营内部开展了空间合作，并逐步建立了国际航天战略博弈国际机制。

第一，美苏之间开展空间合作。美国与苏联之间主要通过载人航天项目开展了空间合作。尽管在美国和苏联科学家的努力下，美国宇航局和苏联科学院在1962年6月就签订了第一个正式的太空研究合作协议，开启了两个航天强国之间的空间合作，但是在冷战初期进行激烈的太空竞赛的环境下，美苏尚不具备开展空间合作的条件，美苏在空间合作上只建立了通信联系并进行气象卫星、通信试验、研究论文的资料交换。20世纪70年代，美苏政治关系的缓和与改善为双方开展空间合作创造了可能。在众多的航天合作领域中，美苏选择在载人航天领域开展合作。这是因为载人航天具有较高的显示度，同时从人道主义的角度出发，保护航天员的安全具有很强的道德感召力。因此，美苏将载人航天列为最优先的合作议题。经过前期的接触和准备，1970年10月，美苏在莫斯科召开正式会议，确定利用美国的“阿波罗”飞船和苏联的“联盟”号飞船进行对接。经过两年多的研究和讨论，美苏联合工作小组在1972年4月5日达成了关于太空合作的17点协议，美国总统尼克松与苏联总理柯西金于5月24日在莫斯科签署了《关于以和平目的开发和应用外太空的合作协议》，确定在1975年进行联合飞行。联合飞行在技术上主要是解决两种飞船的兼容问题，设计测距设备、交汇对接设备、通信与飞控设备、工程组织等领域。经过三年的协调，“联盟19”号与“阿波罗18”号飞船在1975年7月15日实现了成功对接，宇航员进行了“轨道上握手”的互访活动，相互交换了国旗。苏

① 张才圣、吴友法:《德国“新东方政策”与欧洲一体化研究》,《武汉大学学报（人文科学版）》2009年第1期，第102页。

联领导人勃列日涅夫发出贺电，美国总统福特也通过无线电和宇航员进行了通话，双方在第二天进行了第二次互访活动，并在7月19日分离。在“阿波罗—联盟”联合太空飞行任务中，共进行了32项科学实验，其中5项为联合实验。美苏的联合载人实验在国际航天战略博弈的历史上具有重要意义。在技术上，验证了一系列的关键技术，为宇航员的太空救援提供了新的手段；在工程上，证明了不同国家的航天计划能够进行国际合作的技术可能性，为跨国的国际航天工程提供了一个合作样板；在政治上，美苏的联合飞行对于缓和国际形势，进一步改善美苏双边关系，乃至东西方关系作出了重要贡献，因此受到全世界的普遍称赞。[①]

第二，社会主义阵营内部开展空间合作。苏联在1967年4月决定为社会主义盟友国家和友好国家发射人造卫星。自1975年起，先后为印度、捷克斯洛伐克和保加利亚发射了人造卫星。此外，苏联利用冷战早期在载人航天方面的技术积累，依靠“联盟号”飞船和“礼炮号”太空站，提出了“国际宇航员计划”。苏联在1976年8月与民主德国、波兰、捷克斯洛伐克、匈牙利、保加利亚、罗马尼亚、古巴签订关于探索及和平利用外层空间的新协议，其中规定在1978年到1983年培训八个国家的宇航员并将他们送上太空。在实施过程中，作为政治性高于科技性的国际航天战略博弈活动，苏联按照参与国家对苏联的重要性对航天员的顺序进行安排。其中的典型是为了改善1968年“布拉格之春”对苏联与捷克斯洛伐克关系的影响，捷克航天员在1978年首先进入“礼炮6”号空间站。[②] 作为冷战的前线，为展现民主德国对联邦德国的竞争优势，民主德国宇航员西格蒙德·雅恩在1978年8月26日也进入了太空。除东欧国家之外，越南、蒙古、印度、叙利亚和阿富汗的航天员也参与了苏联的国际航天战略博弈活动。

第三，资本主义阵营内部开展空间合作。美国为了巩固盟友、制衡苏

① 胡文瑞:《美国国际空间站的经历与探索及对我国的启示》,《中国科学院院刊》2010年第3期，第335页。

② 郭春生:《论“布拉格之春”对苏联内政的影响》,《东欧中亚研究》2002年第3期，第75页。

东集团，积极开展国际航天战略博弈活动，为盟国和其他资本主义阵营的国家提供运载火箭来发射人造卫星。自1962年至1976年，美国先后为英国、加拿大、意大利、澳大利亚、联邦德国、荷兰、西班牙和印度尼西亚发射了人造卫星。此外，西欧国家在国际航天战略博弈中加强合作，在1975年成立欧洲航天局（ESA），法国在其中起着核心和骨干的作用。法国政府对航空航天给予高度关注，在政策和资金上予以保障，从20世纪50年代开始自行研制探空火箭和导弹，并在此基础上研制“钻石”号运载火箭，这些技术成为未来欧洲“阿丽亚娜”系列火箭的基础。法国的努力推动了西欧国家在国际航天战略博弈中的联合，使得联合的欧洲成为仅次于美国和苏联的第三个航天中心。

第四，建立国际航天战略博弈的国际机制。在美苏的合作下，以联合国为基础平台，成立了一系列国际航天战略博弈的国际组织并在国际法的框架下创立了外层空间法。在国际组织方面，联合国和平利用外层空间委员会作为政府间国际组织的代表，与国际宇航协会等国家非政府组织，在国际航天战略博弈中区别于冷战初期限制美苏超级大国的太空竞赛，开始发挥促进空间合作的新作用。同时国际通信卫星组织、国际海事卫星组织等股份公司性质的非国家行为体开始参与国际航天战略博弈，为国际航天战略博弈赋予了经济意义。外层空间法方面，作为国际法的一部分，由《关于各国探索和利用包括月球和其他天体的外层空间活动所应遵守原则的条约》《关于营救宇航员、送回宇航员和归还发射到外空的实体的协定》《外空物体所造成损害之国际责任公约》《关于登记射入外层空间物体的公约》《关于各国在月球和其他天体上活动的协定》组成，形成了登记制度、责任制度、援救制度、月球开发制度和国际合作制度，规范并协调了世界各国探索和利用外层空间的基本原则，同样在限制太空竞赛和军事对抗外，开始发挥促进国际空间合作的作用。[①] 国际组织和国际法作为国际空间合作的基础性和保障性条件，在国际航天战略博弈中的作用和地位日益增强。

① 叶灿坤:《外层空间法的发展与实践》,《法制与社会》2016年第23期，第3页。

二、自由主义的国际航天战略博弈

相互依赖是国家行为体之间以相互影响为特征的关联。[①] 冷战中期所展现的自由主义国际航天战略博弈是国家之间和不同国家行为体之间在航天领域以合作为重要表现形式的相互影响。由于国际航天战略博弈的竞争性和大国竞争的本质，国际空间合作的开展受到很多限制，自由主义国际航天战略博弈存在较高的敏感性和脆弱性。

以空间合作为主的自由主义国际航天战略博弈，其产生和发展的原因在于联系渠道的增加、军事安全重要性的降低和国际机制的建立。

第一，航天技术外溢效应造成的联系渠道增多。航天技术的发展造成了技术的外溢和扩散。一方面，航天技术的进步使得航天科学和技术从原有的小部分研究机构向更为广泛的机构、领域进行了扩散；另一方面，在航天工程的日益复杂的趋势下，更多不同领域的科研院所、大专院校、企业协会开始参与航天工程的建设。在技术发展扩散和建设单位增多的背景下，国际航天战略博弈的参与主体不断增加，除国家的政府部门和军事单位之外，科研机构、教育机构甚至民间组织都参与到航天活动中，成为国际航天战略博弈的重要载体，使得国家开展国际航天战略博弈的联系渠道增多。联系渠道的增加使得国际航天战略博弈的各方不再容易明确绝对的敌对或盟友关系，跨国的政府间和非政府间航天网络关系开始发挥作用，促成了自由主义国际航天战略博弈的实施和发展。

第二，随着社会发展，军事安全的重要性降低。从历史进程和国家发展阶段来看，由于美苏两极均衡的稳定结构已经形成较长时间，双方能够通过确保相互摧毁形成恐怖的核平衡，军事安全议题在双方的竞争中已经不再处于绝对主导的地位，但是在经济发展和解决社会问题方面，双方均面临着日益严重的挑战，经济和社会领域的竞争性增强，进而导致经济和社会发展问题的重要性上升。在这一背景下，为配合冷战缓和的大趋势和

① 罗伯特·基欧汉、约瑟夫·奈:《权力与相互依赖》，门洪华译，北京大学出版社，2002，第9页。

大战略，美苏开始调整自身的国际航天战略博弈政策，启动了航天领域的接触与合作，通过将军备控制的安全问题与和平利用外层空间的发展问题、营救航天员等人道主义活动联系在一起，转移了公众的关注点，为实施自由主义国际航天战略博弈提供了条件和动力，也促使以军事安全占绝对主导定位的现实主义国际航天战略博弈转向以经济和社会议题为主的自由主义国际航天战略博弈。

第三，国际航天战略博弈的国际机制逐步完善。建立由国际组织和国际法组成的国际航天战略博弈国际机制，使得国家的国际航天战略博弈活动在国际规则、章程和程序中日益规范化，为国际空间合作创造了制度基础，国家在国际机制下实施自由主义国际航天战略博弈具备了重要条件。国际航天战略博弈国际机制的建设是在经济发展技术进步、航天均势的权力结构和国际组织开展活动的条件下形成的。首先，经济发展和技术进步使得国际航天战略博弈中的国际机制作用增强。航天技术的发展，使得传统的国际机制不足以开展国际航天战略博弈活动的协调，航天经济活动的开展促使建设国际制度成为有利可图的经济行为，为建设国际航天战略博弈国际协调机制注入了动力。其次，美苏航天均势的权力结构有助于国际机制发挥作用。美苏拥有的强大航天实力在国际航天战略博弈中形成了权力均衡，这种均势结构长期稳定，使得人们将注意力集中在航天强国上，而航天强国拥有能力制定规则，由于美苏开展国际航天战略博弈的需要，形成了制定国际航天战略博弈国际规则的动力，在美苏能力和意愿的推动下，国际航天战略博弈国际机制逐步完善。最后，在相互依赖的条件下，国际组织可以把各国负责航天事务的人员汇集在一起，确定讨论问题的组合，成为建立国际航天战略博弈国际机制的催化剂。而航天领域的国际网络、规则和机构组织一旦建立，将难以清除或进行大规模调整。即便是美苏这样具备技术优势的航天强国也会感到，与已经建立的航天国际机制发生冲突时，就难以推行自己的政策。正是在这样综合的作用下，国际组织和国际法的作用逐步增强，有助于国际航天战略博弈问题的解决。

空间合作是自由主义国际航天战略博弈的重要特征，但是空间合作的开展并不意味着在国际航天战略博弈中不存在冲突和竞争，也不能认为在国际航天战略博弈中的主体完全平等。首先，自由主义国际航天战略博弈仍然存在冲突，虽然国家之间开展航天合作对彼此都有利，但是在空间合作中存在利益分配的问题，即在互利之中存在着“绝对收益”和“相对收益”的差别，因此，国际航天战略博弈中的冲突不仅存在还可能增多。其次，自由主义国际航天战略博弈仍然存在竞争，甚至产生现实主义国际航天战略博弈中的零和博弈。即便以军事和安全议题为核心的现实主义也可以通过军事联盟的合作增强国家的外空安全，因此，不能以“零和”与“非零和”区别现实主义国际航天战略博弈和自由主义国际航天战略博弈，自由主义国际航天战略博弈在经济或社会方面仍然存在着竞争。最后，自由主义国际航天战略博弈并不平等，航天强国仍然占有优势地位。航天毕竟是少数大国才能开展的活动，由于国际航天战略博弈的有限性和竞争性，虽然开展国际空间合作，但是合作的主体在地位上并不平等，即便是在经济活动中，拥有垄断地位的一方必然处于优势。因此，相互依存的国际航天战略博弈中的主体并不平等。

开展空间合作的自由主义国际航天战略博弈拥有复杂的国际关系背景，但是相较于以太空竞赛为特征的现实主义国际航天战略博弈，自由主义国际航天战略博弈仍然具有较高的敏感性和脆弱性。首先，敏感性是指国际航天战略博弈活动对国家国内政治的影响力。由于航天活动的高技术特性和庞大的资金投入，空间合作议题必然受到国家内部利益集团的高度重视，这就使得空间合作是高度敏感的国际议题，容易受到国内政治和国际关系的影响。[①] 其次，脆弱性是指国际航天战略博弈活动被切断时国家蒙受损失的程度。由于航天技术的高门槛、高风险和高投入，航天技术仅集中在少数几个航天强国和航天大国手中，同时，几个航天大国又处于激烈的大国竞争之中。因此，航天技术的不平衡性和大国竞争的本质使得开展国际航天战略博弈的国家其技术发展具有很强的内生性，即技术的对外依存度较低，即便开展了空间合作，停止相关合作造成的损失也非常有限，这种情况导致自由主义国际航天战略博弈非常脆弱。因此，在自由主

① 赵坚:《积极开展国际空间交流与合作》,《国防科技工业》2018年第11期，第24页。

义国际航天战略博弈中，空间合作总是伴随着较高的敏感性和脆弱性。

第二节　太空治理机制及其挑战

国际机制与太空治理是研究国际航天战略博弈的重要维度。在经济全球化的推动下，基于冷战时期建立的传统航天国际机制，面对大量私营公司作为非国家行为体参与航天活动和国际合作的挑战，已经出现了一些不能适应当代太空治理需求的趋势，进而产生了一系列“太空治理赤字”问题。需要针对私营公司不同于国家行为体的特点，在未来进一步完善国际机制。

一、航天国际机制

航天国际机制是由国际组织和国际法规组成的，以联合国为基础，由一系列专业性和区域性国际组织，根据条约、宣言、原则、惯例和协定等各类国际法文件组成的多层次、多形式、多主体的国际太空制度。机制代表了国际制度的特殊组织形式。简而言之，机制体现着对确保合作能够实现相互受益模式的游戏规则的各种理解。[①] 从机制的角度出发，可以跨越对正式国际组织研究的局限，从而对太空治理体系的结构和进程有一个更加全面的理解。航天国际机制起源于20世纪50年代，经过近70年的发展，逐步形成了较为完善的体系架构。虽然航天领域的国际组织和国际文件数量众多，但是在太空治理的权威性、广泛性、基础性和协调能力等方面，联合国及联合国的相关组织拥有绝对的核心地位。

（一）组织架构与运行

联合国和平利用外层空间委员会（COPUOS）是联合国大会在1959年根据联合国大会1472号决议设立的特别委员会，负责联合国航天领域的国际合作工作，其下设科学和技术小组委员会、法律小组委员会，科

① 本杰明·J. 科恩:《国际政治经济学：学科思想史》，上海世纪出版集团，2010，第108页。

技小组委员会的研究成果供法律小组委员会制定法律文件使用。这些经过外空委和联合国大会通过，各国签署、批准或生效后成为具有法律意义的条约和文件，是外层空间法的主要来源。联合国外层空间事务厅（UNOOSA）是联合国外空委设在维也纳的秘书机构，联合国航天领域开展国际合作的组织架构与运行机制如图5所示。

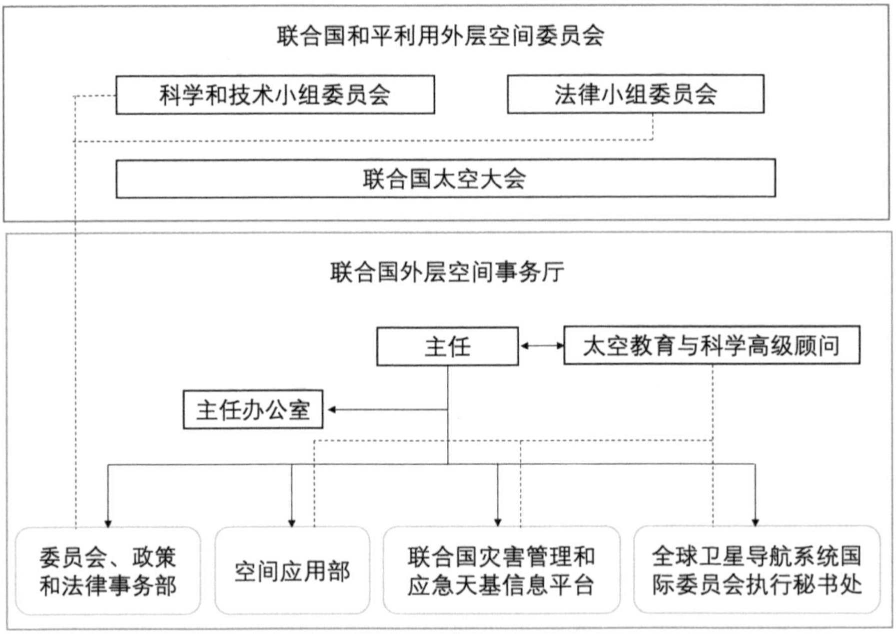

图5 联合国外空组织与机制结构图

资料来源：作者整理。

联合国外空委会议（UNISPACE）是联合国通过国际协调开展和平利用外层空间国际合作的重要方式。目前，联合国已经举行过三次外空委会议。第一届联合国外空委会议于1968年8月14日至27日举行，有78个会员国、9个联合国专门机构和4个其他国际组织出席，重点是提高人类对太空利益的认识，会议审查了空间科学、技术和应用方面的进展，并呼吁加强国际合作，特别是考虑发展中国家的利益。第二届联合国外空委会议于1982年8月9日至21日举行，有94个会员国、45个政府间组织和非政府组织参加。主要讨论了防止外层空间军备竞赛和维持外层空间和平的问题，决定建立空间科学和技术教育区域中心，通过教育和培训活动及其发展中国家利用空间技术的能力。第三届联合国外空委会议于1999年7月19日至30日举行，有97个会员国、9个联合国专门机构和15个政府间国际组织参加，重点是保护全球环境和管理自然资源，增加航天技术应用对人类安全、发展和福利的利用，保护太空环境，增加发展中国家获得空间科学及其收益的机会。《空间千年：关于空间与人类发展的维也纳宣言》是会议的重要成果，其中为应对外层空间活动的挑战提出了33项建议。

联合国外层空间事务厅（也译为联合国外空司）作为联合常设维也纳的联合国外空委秘书机构，负责联合国国际航天合作的日常性事务工作，是保证联合国框架下国际航天合作正常运行的核心机构。外层空间事务厅执行联合国决议，代表联合国秘书长管理《射入外层空间物体登记册》并通过外空厅网站发布相关信息。外层空间事务厅设有一名主任，下设五个部门，在太空教育与科学高级顾问提供的专家意见支持下开展工作，这些高级顾问还与联合国附属的空间科学和技术教育区域中心保持密切合作。五个部门分别是：（1）主任办公室负责制订工作计划和预算、管理和监督各项业务工作，开展对国际战略流和宣传。（2）政策和法律事务部为和平利用外层空间委员会下设的科学和技术小组委员会和法律小组委员会提供秘书、组织和行政方面的实质性工作支持，协助制定法律文件，在联合国外空会议中提供会议组织和秘书服务。（3）空间应用部通过组织交流培训，在联合国空间应用方案的指导下，帮助所有国家利用航天数据和技术应用，围绕全球卫生、灾害管理、气候变化、人道主义援助、环境监测和自然资源管理等应用需求，提升各国在基础科学和航天技术方面的能力。（4）联合国灾害管理和应急天基信息平台通过数据的分享，为各国应对自然灾害，在预防预警、备灾减灾、响应重建等方面提供帮助。（5）全球卫星导航系统国际委员会执行秘书处汇集了全球所有卫星导航定位系统供应商，通过开展系统间的兼容与互操作研究，以信息传播、教育培训等方式提高卫星导航的应用水平。

（二）重要文件

自20世纪60年代以来，联合国外空委及其法律小组委员会，在各国的合作下，制定并发布了一系列与外空活动相关的条约、宣言（原则）、决议等法律文件，这些法律文件构成了当代国际法中外层空间法的主要内容。

联合国开放签署的五项条约是外层空间法的基础。（1）《关于各国探索和利用包括月球和其他天体在内的外层空间活动原则条约》，简称“外层空间条约”（1966年12月19日联大通过，1967年10月10日生效）。这个条约发展和补充了“外空原则宣言”的内容，以条约的形式将从事外空活动的各项原则确定下来，使之产生法律约束力，是外层空间法的核心基础。（2）《营救宇宙航行员、送回宇宙航行员和归还射入外层空间的物体的协定》，简称“营救协定”（1967年12月19日联大通过，1968年12月3日生效）。（3）《空间物体造成损失的国际赔偿责任公约》，简称“外空责任公约”或“赔偿公约”（1971年11月29日联大通过，1973年10月9日生效）。（4）《关于登记射入外层空间物体的公约》，简称“登记公约”（1974年11月12日联大通过，1976年9月15日生效）。（5）《指导各国在月球和其他天体上活动的协定》，简称“月球协定”（1979年12月5日联大通过，1984年7月11日生效）。

除了五个条约外，法律小组委员会还根据外空活动的不断发展，自20世纪80年代开始审议了其他相关法律问题，形成了五项大会通过的原则。（1）《各国探索和利用外层空间活动的法律原则宣言》（1963年）。（2）《各国利用人造地球卫星进行国际直接电视广播所应遵守的原则》（1982年）。（3）《关于从外层空间遥感地球的原则》（1986年）。（4）《关于在外层空间使用核动力源的原则》（1992年）。（5）《关于开展探索和利用外层空间的国际合作，促进所有国家的福利和利益，并特别要考虑到发展中国家需要的宣言》（1996年）。

在条约和大会通过的原则之外，针对具体问题的讨论，大会通过的有关决议共有五项。（1）1961年12月20日第1721 A和B (XVI)号决议：《外空和平使用之国际合作》。（2）2000年12月8日第55/122号决议第4

段："和平利用外层空间的国际合作中关于使用地球静止轨道的一些问题。"（3）2004年12月10日第59/115号决议：《适用"发射国"概念》。（4）2007年12月17日第62/101号决议：《关于加强国家和国际政府间组织登记空间物体的做法的建议》。（5）2013年12月11日第68/74号决议：《就有关和平探索和利用外层空间的国家立法提出的建议》。除此之外，联合国还提出了《和平利用外层空间委员会空间碎片减缓准则》和《外层空间核动力源应用安全框架》两份重要文件。

总体来看，联合国通过外空委会议、年会、年度报告等形式，在外层空间事务厅成熟的组织架构下开展国际协调工作，通过了一系列的条约、宣言（原则）、决议等法律文件，成为国际法中外层空间法的基础，形成了稳定运行的航天国际机制，促进了航天领域的国际合作，其整体体系的运转机制是有效的。

二、太空治理与挑战

太空治理是针对外层空间这一全球公共领域，在全球化和全球治理的背景下提出的概念。全球治理指的是引导全球社会实现自身目标的机制，即以人类整体发展为价值导向，各种公共的和私人的多元主体管理全球公共事务的诸多方式的总和，其目的是动员全球最广泛的参与，以实现全球公共利益最大化。[①] 这是一个非常适合理解世界上旧有边界日渐模糊、新身份司空见惯，人类思考面向全球的概念。因此，从全球治理的概念出发，以当前航天国际机制为基础，思考和讨论太空治理问题就成为国际航天战略博弈研究的一个重要领域。

（一）变化趋势

近年来，世界航天产业不断发展，总体保持上行趋势。在美国商业航天快速发展的推动下，商业航天已经占据了世界航天产业的主导地位，并在继续加速发展。数据表明，随着商业航天的快速增长，其产业规模占比

① 俞正梁：《国际关系与全球政治：21世纪国际关系学导论》，复旦大学出版社，2007，第229页。

持续增长，甚至超过航天产业规模的75%，已成为带动世界航天产业经济发展的重要引擎。同时考虑到相关政策法规的不断完善与多项行动举措的持续推进，发展趋势还将保持，未来商业航天占比有望继续增大，主体地位越发明显。美国航天基金会自2006年开始发布年度《航天报告》，截至2018年已发布13版。自2019年起该报告改为按季度发布，依然从航天经济、从业人员、航天基础设施、航天产品和服务、教育、航天政策等方面，对2018年全球航天活动进展进行全面总结。报告显示，2018年全球航天产业总收入为4147.5亿美元，较2017年增长了8.1%。其中，商业航天收入约为3288.6亿美元，占全球航天总收入的79.3%，增长率为6.6%。2018年共计发射114次465个航天器，美国、欧洲、日本和印度的航天从业人员总数达到20万人。[①] 此外。美国卫星工业协会（SIA）2020年7月发布的《卫星产业状况报告》统计，2019年世界航天产业持续增长，全球航天产业规模为3660亿美元，较上年增长1.7%。其中卫星产业总收入2710亿美元，卫星产业总收入占全球航天产业规模的74%。[②] 因此，商业航天的发展对航天产业和航天国际合作至关重要。

全球化时代和大国竞争背景下的太空治理，对传统的航天国际机制提出了挑战。当前的航天国际机制来源于冷战时期美苏太空竞赛奠定的框架，这一航天国际机制对调整和规范人类太空活动、促进世界和平稳定发挥了积极作用。但是，随着国际格局的深刻变化，全球化和科技的快速发展，国际太空机制面临着种种问题与挑战。一方面，国际政治、军事、经济、社会日益依赖太空；另一方面，太空技术也正日益成为国家经济发展的助推器，国家军事实力的倍增器，国家军事和安全战略的赋能器，国家软实力的展示器。[③] 特别是随着商业航天的发展，越来越多的国家行为体与非国家行为体均参与到航天活动当中，这就使得安全与发展问题日益突出，太空军事化、武器化，对人类和平造成极大威胁，越来越多的航天器

① *The Space Report*, Space Foundation, https://thespacereport.org/register/the-space-report-2020-quarter-4-pdf-download.

② 允星:《2020年〈卫星产业状况报告〉发布》,《卫星应用》2020年第8期，第66页。

③ 何奇松:《太空安全治理的现状、问题与出路》,《国际展望》2014年第6期，第119页。

进入太空，使得轨道资源和频率资源竞争日趋加剧，太空碎片增多，妨碍人类可持续地利用太空，私营公司的经济活动提出了私有产权的问题，《外层空间条约》所确立的太空“全球公地”性质正遭到日益严峻的挑战。

（二）挑战与应对

太空治理的挑战不仅关系到太空资源的开发与利用，更加重要的问题还在于其对国际格局稳定与平衡的影响。国家行为体与非国家行为体互相交织，使得当前的新太空竞赛具有多中心的特点。然而也正是多中心、多元化的特点，加上现有国际太空法律机制不完善，存在不少盲点，使得在新太空竞赛背景下，太空治理面临“发展赤字”“治理赤字”与“和平赤字”。[①] 以当前的巨型低轨星座为例。与传统地球静止轨道（GEO）的大型通信卫星相比，卫星互联网一般采用低轨卫星星座进行通信，具有延时较小、速率更高、可实现真正的全球覆盖等特点。能够为飞机、船舶、岛礁、海上浮台等地面网络难以覆盖的区域提供互联网接入服务。自2013年，“另外十三亿人”（O3b）星座部署拉开全球卫星互联网的发展序幕以来，以一网（OneWeb）、星链（Starlink），以及中国的“鸿雁”“虹云”等为代表的数十个类似“星链”的星座计划，进一步掀起了巨型低轨星座的建设高潮。[②] 这些巨型低轨星座对太空治理提出了挑战。第一，存在产生大量空间碎片的潜在安全风险。仅中国和美国已经向国际电联申报了三个由超过一万颗卫星的巨型低轨星座计划。这些巨型低轨星座安全性主要是指星座的碰撞问题。目前，星座面临的碰撞威胁包括星座内部卫星间的碰撞、星座与其他物体的碰撞以及空间环境安全威胁。巨型低轨星座卫星数量多，除了具有传统星座所面临的碰撞威胁外，其庞大的规模还带来了新的问题。[③] 第二，加剧了外层空间的军事化。以星链为代表的低

---

① 何奇松：《新一轮月球竞赛与太空治理的前景》，《国际战略评论（国际战略学院学报）》2019年第3期，第120页。

② 章罗娜、马忠成、饶建兵等：《低轨卫星互联网发展趋势及市场展望》，《国际太空》2020年第11期，第28页。

③ 云朝明、胡敏、宋庆雷、武暾：《巨型低轨星座安全性研究及其规避机动策略综述》，《空间碎片研究》2020年第3期，第19页。

轨卫星创新的“平板式卫星 ”设计理念和“一箭60星”组批发射方式，成为近十年航天产业科技进步的缩影。但同时在卫星上搭载的遥感技术（GNSS-R）载荷实现了高空间分辨率和高时间分辨率的对地实时监控，考虑到美军是星链的最大的潜在客户，其在军事通信和军事侦察方面的超强能力极大地推进了外层空间的军事化。第三，挑战现有的航天国际机制。当前的外层空间法可以对巨型星座建设提供法理支持依据，但在空间碎片减缓、频率轨位分配、登记监管、经济性和可靠性等方面也存在不相适应之处。[①] 需要对相关国际法律进行调整，同时在这一过程中，以美国为代表的发达国家占据了绝对优势地位，广大发展中国家缺少参与到其中的技术实力和手段，巨型低轨星座的建设又进一步地扩大了发达国家与发展中国家在航天技术和航天应用领域的差距。

商业航天需要在国际机制的框架下，通过太空治理的正向激励才能促进国际航天合作。增量竞争和存量竞争是各行业在不同的市场环境下的必然阶段。“增量竞争”是指在某一时间段内市场上的需求不断扩大，市场主体之间的竞争是自由、非挤压式的。“存量竞争”是指在某一时间段内市场上的需求是固定的，市场主体时间的竞争是挤压式、压迫式的，只有击败竞争对手才能生存。增量竞争与存量竞争之间的相互转换是市场经济运行发展中的必然结果，航天领域国家之间和私营企业之间的竞争也概莫能外。在传统国家财政支持的航天计划领域，经过60多年的发展，特别是“阿波罗计划”的高潮后，政府投资已经释放了巨大的生产力，一大批传统航天企业均取得了成功，也使得航天进入了技术储备相对丰富、公共部门需求相对饱和的阶段。由于市场总量有限，航天竞争从增量竞争进入存量竞争阶段，市场实行残酷的淘汰制竞争，保持竞争力是所有传统航天企业面临的难题，这一情况同样出现在需求见顶的乘用车市场和流量见顶的互联网经济中。在当前航天技术的支持下，对太空资源的开发和利用远未到达顶点，其间仍然拥有广阔的市场前景。因此，以商业航天发展为契

① 熊楚杨:《外层空间法对巨型星座部署的影响及对策研究》,《北京航空航天大学学报（社会科学版）》2020年第3期，第101页。

机的航天国际机制在太空治理中的重要任务就是将当前的存量竞争转化为增量竞争，在一个较长远的时期内缓和国家之间和私营航天企业之间的竞争关系。为了促成这一重要的历史性转变，航天国际机制需要进行更新迭代，在航天国际组织、制度规范等方面作出创新，创造足够庞大的太空市场和合理积极的市场竞争规则。例如，在以《外层空间条约》为基础的国际法框架下创造外空产权，确保航天私营企业的投资收益并且促进资本投资。航天国际机制的失序和太空治理的失败有可能导致太空利用和开发陷入无序竞争局面。国际社会应共同努力，推动国际太空机制向公正合理的方向发展，使人类对太空的开发和利用真正造福全人类。[①] 虽然国际社会也提出了多项治理倡议，并进行了相当努力，也取得了部分成效，但在太空实现全面的安全与发展并行的治理目标仍然任重而道远。

三、国际组织类型分析

国际组织是航天国际机制的核心。在以国家为主导的国际航天战略博弈体系中，政府间国际组织对国际航天战略博弈具有最大的影响力，是国家进行多边国际航天战略博弈活动的主要平台，非政府国际组织将在国际航天战略博弈中起到补充的作用。通过对航天领域政府间国际组织的分类，总结不同类型国际组织的特点，可以识别出国家在不同类型国际组织中的博弈策略。

航天领域的政府间国际组织是由国家的政府或政府权力机构基于特定目的，以一定协议或法律形式设立的组织机构。政府间国际组织能够开展国际协调工作，不受具体国家的管辖，可对其成员国作出具有一定约束力的决定，是在一定范围内维护航天国际秩序的重要机制，对国际航天格局能够产生一定的影响。航天领域的政府间国际组织数量众多，根据不同的标准可以进行多种分类，其中以职能和地域可以进行较为明确的划分。以职能属性为标准，可以分为综合性和专业性的国际组织；以地域属性为标准，可以分为全球性和区域性的国际组织。

① 张辉：《国际太空机制及其面临的挑战》，《现代国际关系》2010年第2期，第19页。

第一，综合性与专业性国际组织主要是其职能上的差别。航天综合性国际组织具有较为广泛的职能，涉及国际航天战略博弈的政治、法律、军事、经济等众多领域，其活动与国际航天战略博弈的关系密切。对航天领域国家间的政治经济关系影响较为突出。例如联合国和平利用外层空间委员会、欧洲航天局、亚太空间合作组织等。航天专业性国际组织以频轨、遥感、通信、导航等某个或某些航天领域的专业问题为主，主要围绕该议题开展活动，例如国际电信联盟、全球卫星导航系统国际委员会等。

第二，全球性与区域性国际组织主要是在其地域范围上的差别。航天全球性国际组织拥有世界范围内的成员单位，其成员不受地域性的束缚，可以来自世界各个地区，在全球均可形成影响力。例如国际卫星通信组织、国际海事卫星组织。航天区域性国际组织是在一定的地区或区域内，其成员具有明显的区域特征，不具有此类区域特征的国家无法成为其组织成员。例如欧洲通信卫星组织、阿拉伯卫星通信组织、非洲区域卫星通信组织、欧洲气象卫星应用组织等。

根据国际组织综合性与专业性的职能差异和全球性与区域性的地域差异，可以将航天国际组织分为以下四类，参加表3–1。

表3–1　国际航天战略博弈国际组织对比表

	综合性	专业性
全球性	联合国和平利用外层空间委员会	国际电信联盟 国际通信卫星组织 全球卫星导航系统国际委员会
区域性	欧洲航天局 亚太空间合作组织	欧洲通信卫星组织 阿拉伯卫星通信组织 非洲区域卫星通信组织 欧洲气象卫星应用组织

资料来源：作者整理。

第一，综合性/全球性国际组织。联合国和平利用外层空间委员会是根据1959年联大第1472号决议建立的，全球范围内唯一的综合性国际组织，简称“外空委”，现有包括中国在内的92个成员国。联合国维也纳办事处外空司是外空委的秘书处。外空委的宗旨是制定和平利用外空的原则和规章，促进各国在和平利用外空领域的合作，研究与探索和平利用外空有关的科技问题和可能产生的法律问题。由于联合国外空委主要围绕航天领域外空法开展工作，其出台的政策文件和签订的国际条约具有最高效力，是世界航天大国进行航天开发原则博弈的重要场所。

第二，专业性/全球性国际组织。专业性/全球性的国际组织围绕专门议题进行讨论，其决议在该领域内具有决定性的影响，是国际航天战略博弈中国际机制的重要来源，世界各主要航天国家都在自身实力允许的条件下，投入最大努力争取在此类组织中制定有利于自身的条款和协议。例如国际电信联盟（以下简称“国际电联”）管理国际无线电频谱和卫星轨道资源，是国际电联无线电通信部门（ITU-R）的核心工作。国际电联《组织法》规定，国际电联有责任对频谱和频率指配，以及卫星轨道位置和其他参数进行分配和登记，“以避免不同国家间的无线电电台出现有害干扰”。因此，频率通知、协调和登记的规则程序是国际频谱管理体系的依据。国际电联无线电通信部门的主要任务亦包括制定无线电通信系统标准，确保有效使用无线电频谱。国际电信联盟是各国进行国际航天战略博弈的主战场。此外，有的专业性/全球性国际组织转变为公司企业，例如，开启卫星商业通信服务的国际通信卫星组织，正是通信卫星的成功，国际电话业务和洲际电视传播业务迅猛发展，促使各国均释放发射通信卫星的需求，从此打开卫星商业发射大门。这类组织是在国家主导下进行国际航天战略博弈商业竞争的重要载体。

第三，综合性/区域性国际组织。这类综合性/区域性国际组织在推动地区一体化、发挥技术合作的外溢效应，促进地区合作上可以发挥重要作用。例如欧洲航天局在法国的主导下成立于1975年，作为致力于探索太空的区域性政府间组织，拥有22个成员国，总部设在法国巴黎，联合欧洲的力量，开展国际协调工作，研制了运载火箭，开展了行星和月球的无人探测、地球观察、载人航天等任务，保证了欧洲航天技术的领先并促进了欧洲的联合，在欧洲区域一体化进程中具有重要作用，成为法国维持其政治大国地位的主要工具。未来，亚太空间合作组织在亚洲地区也有可能扮演这一角色。

第四，专业性/区域性国际组织。这类国际组织的高度专业化，可以作为区域一体化的基础，在特定领域发挥重要作用。例如阿拉伯卫星通信组织是阿拉伯联盟成员国于1976年4月为提供卫星通信服务而建立的政府间专业性国际组织。其组织机构由各成员国邮电和电信部长参加的大会、9个成员国组成的理事会及理事会领导下的由总经理负责处理日常行政事务的执行机构三部分组成。目前，该组织拥有三颗通信卫星，通过建立、经营和维持阿拉伯区域的通信系统，补充本区域已有的国际电信交换中心之间的公众电信，并为阿拉伯国家提供交换电视节目的新的可能方式。该组织于1985年开始营业，成为发展中国家间首创的卫星通信合作组织。沙特阿拉伯通过向该组织提供经济援助，极大地增强了其在阿拉伯国家中的领导地位，促进了阿拉伯国家之间的联合。

需要特别指出，随着卫星通信行业的发展，部分国际和区域性卫星通信组织从政府间国际组织转变为跨国公司或私营企业。在卫星通信产业发展的初期，几乎所有卫星通信系统均由政府部门或电信机构投资。随着卫星通信技术的发展和成熟，为应对日益激烈的市场竞争，提供符合用户需求的通信产品，特别是传统语音通信和广播电视转向视频、宽带和数据服务，私有化成为大多数国际卫星通信组织的选择。[①] 2000年和2001年，欧洲通信卫星组织、国际海事卫星组织、国际通信卫星组织等政府间国际组织相继实现了私有化，许多大型政府电信机构退出了卫星通信服务领域。[②] 完成私有化的国际组织转变为欧洲通信卫星公司、国际通信卫星公司等股份制公司，国际海事卫星组织的股份也可以进行转让，这些脱胎于政府间国际组织的私营公司在国际金融市场公开发行股票募资，金融投资者、基金和大型金融机构成为公司的控股方。当然，各国在其中的博弈仍

---

① 张鸣:《国际通信卫星组织完成私有化变革》,《国际太空》2001年第12期，第24页。

② 崔志:《全球卫星通信产业的重要发展趋势》,《卫星电视与宽带多媒体》2005年第20期，第21页。

然存在。

国家利用航天领域的政府间国际组织进行多边博弈，一般根据国际组织的不同特性开展国际航天战略博弈活动。总体而言，从国际航天战略博弈的技术、战略和资金维度分析国家在多边平台的博弈策略，可以更加明确国家的战略目的，对国家在多边平台的国际航天战略博弈进行更为精确的评价。在技术方面，主要是利用国际组织进行技术标准的推广，为航天技术、产品和服务的输出奠定基础。在战略方面，主要是利用国际组织对国家的国际航天战略博弈政策进行贯彻，梳理国际政治威望。在资金方面，主要是利用国际组织聚合更多国家的参与，调动更多资金参与重大项目的实施。

因此，航天领域的政府间国际组织存在较为明显的功能性倾向：专业组织比综合性组织具有更强的约束力，区域性组织比全球性组织具有更强的凝聚力。在国际组织和国际机制中，由于存在搭便车的现象，大型国际组织内的成员不会积极地进行集体行动。集团越大，分享收益的人越多，为实现集体利益而进行活动的个人分享份额就越小。经济人或理性人不会为集团的共同利益采取行动。[①] 反而在很小的集团中，由于成员数目很少，可以得到集团总收益的很大一部分。因此，世界主要航天国家普遍利用国际组织这一特性开展国际航天战略博弈。在综合性或全球性的国际组织中讨论具有普遍性的议题建立基础原则，在专业性或区域性国际组织讨论具体性问题形成行业或领域内的国际规范。

四、多边平台博弈策略

航天领域不同类型的国际组织在组织机构、运行方式、议程设置和决议效力等方面存在巨大差别。利用博弈论对多边平台的博弈策略进行研究，是国际航天战略博弈在多边平台进行实践的重要内容和手段。航天活动的主体在多边平台的博弈可以根据多边平台的具体情况，参考博弈论的研究成果，在完全信息静态博弈、完全信息动态博弈、非完全信息静态博

① 曼瑟尔·奥尔森:《集体行动的逻辑》，上海人民出版社，2014，第3页。

弈或者非完全信息动态博弈的四种框架下，进行研究、设计和分析，利用纳什均衡和贝叶斯均衡求出最优解，辅助进行决策。

在本书的研究中，以中国、美国、俄罗斯、欧盟世界四大卫星导航供应商在全球卫星导航系统国际委员会（ICG）中的博弈为案例，对时间议题和频率议题进行分析，梳理世界主要航天国家的决策。全球导航卫星系统国际委员会成立于2016年，是隶属于联合国和平利用外层空间委员会的一个非正式机构。全球导航卫星系统国际委员会根据2004年联合国大会第59/2号决议中同意了以美国为首的全球卫星导航系统行动组提出的建议，同时要求最大限度地利用全球卫星导航系统支持可持续发展（A/AC.105/846）。[①] 全球导航卫星系统国际委员会的主要工作是协调卫星定位、导航、授时和增值服务的有关问题，促进各导航卫星系统的兼容和互操作，推动全球卫星导航系统的应用。全球导航卫星系统国际委员会下设A、B、C、D四个工作组。A工作组为兼容性和互操作组，主要研究讨论卫星导航系统间的兼容和互操作问题；B工作组为全球卫星导航系统性能增强组，讨论全球卫星导航系统服务增强技术及服务性能问题；C工作组为信息分发与能力建设组，主要负责信息传播、教育培训和应用推广工作；D工作组参考基准、授时和应用组，此工作组在2010年前被称为“与国家和区域机构及相关国际组织的交流”工作组，主要要求大地坐标和时间基准问题。[②] 此外，全球导航卫星系统国际委员会还设有供应商论坛，围绕四大系统进行讨论。在本书中，我们选择对全球导航卫星系统国际委员会的时间议题和频率议题的博弈进行分析。

（一）时间议题的博弈策略

目前，在全球范围内提供定位、导航和授时的卫星导航系统包括美国的全球卫星定位系统、俄罗斯的全球卫星导航系统“格洛纳斯”（全球卫

① UNOOSA, United Nations general assembly Fifty-ninth session, 59/2. *Review of the Implementation of the Recommendations of the Third United Nations Conference on the Exploration and Peaceful Uses of Outer Space*, Agenda, 2004.

② 曾开祥、马燕、陈秀万：《全球导航卫星系统国际委员会及其发展》，《中国航天》2011年第12期，第12页。

星导航系统）和中国的“北斗”卫星导航系统（BeiDou Navigation Satellite System，BDS）。由于欧洲的“伽利略”卫星导航系统（Galileo）、日本的“准天顶”卫星系统（QZSS）和印度的区域卫星导航系统（IRNSS）正在建设过程中，仅能提供区域服务，尚未提供全球服务且出现严重系统故障，因此不进行讨论分析。对于美国全球卫星定位系统、俄罗斯“格洛纳斯”全球卫星导航系统和中国“北斗”卫星导航系统三大系统而言，由于兼容与互操作是多系统（Multi-GNSS）时代用户需求的发展趋势，大地坐标参考系和时间参考系的兼容互操作是多系统兼容工业的基础，因此开展系统间的时间协调成为基础和迫切的现实需求。

时间议题在全球卫星导航系统国际委员会中的D工作组中进行研究和讨论。从目前的情况来看，全球卫星定位系统、“格洛纳斯”全球卫星导航系统和“北斗”卫星导航系统三大系统使用的时间参考系和大地坐标参考系均非常接近协调世界时（UTC）和协议地球参考系（ITRF），D组建议各卫星导航系统时间同步的参考时间需要尽可能地解决协调世界时，同时系统除了播发自己的系统时间（ST）的同时，还应播发导航系统时间与一个实时实现的协调世界时的时间偏差，以及播发导航系统时间与协调世界时预测的时间偏差。[①] 美国全球卫星定位系统的协调世界时时间来源于美国海军天文台实时物理实现的时间，即协调世界时（USNO）。全球卫星定位系统时间与协调世界时（USNO）时间偏差保持在5纳秒以内。俄罗斯“格洛纳斯”全球卫星导航系统的时间，即协调世界时（SU）通过全球卫星定位系统接收机和卫星双向时间传统（TWSTF）链路保持与协调世界时的协调一致性。中国“北斗”卫星导航系统的协调世界时时间来源于中国科学院国家授时中心实时物理实现的时间，即协调世界时（NTSC），系统的时间偏差控制在30纳秒以内。[②] 因此，在全球卫星导航系统国际委

① 孙海燕、蔡志武、闫芳君、肖胜红：《时间议题在ICG国际会议策略分析》，《全球定位系统》2015年第3期，第84页。

② 高为广、焦文海、肖云、王茂磊、袁海波：《北斗系统时间评估方法及初步结果》，《第二届中国卫星导航学术年会电子文集》，https://read.cnki.net/web/Conference/List/WXDH201105004.html。

员会的时间议题中，共同的时间基准类似于一个公共产品，对全球卫星定位系统、“格洛纳斯”全球卫星导航系统和“北斗”卫星导航系统均能产生一定效益，但是却需要美国、俄罗斯和中国作为供应商付出一定的国际合作成本进行兼容与互操作的协调，同时，各方所付出的成本与其系统建设情况相关而有所不同。

在全球卫星导航系统国际委员会中美俄时间议题的博弈模型中，将参与博弈的中国、美国和俄罗斯设为i=1，2，3。由于参与博弈的各方均了解对方的策略及其结果，因此在博弈中的策略均为合作或竞争，进而可将中美俄所能采取的策略集分别设为s1、s2、s3，其中s1、s2、s3 ∈ S1=（合作，竞争）。各方的收益函数为yi，成本函数为ci，博弈过程中各方有n行动，表示第i个博弈参与方所采取的第j中行动。对于参与本博弈的各方而言，需要在博弈中采取行动在获得收益的同时付出成本，因此有第i方的收益为：

$$y_i = y_i\,(a^1, a^2, \cdots\cdots, a^n),\ i=1,2,3$$

同时，有第i方的成本为：

$$c_i = c_i\,(a^1, a^2, \cdots\cdots, a^n),\ i=1,2,3$$

在研究中设Pi为第i方的策略偏好，当Pi大于零时，第i方采取该策略，否则不采取该策略，则博弈模型为：

$$p_i = y_i - c_i = \sum_{j=1}^{n} (y_i^j - c_i^j)\, a_i^j\ ,\ i=1,2,3$$

中美俄参与全球卫星导航系统国际委员会时间议题的博弈各方所采取的最优策略是该博弈的纳什均衡。由于参与博弈的中美俄均是理性人，因此，各方均寻求利益最大化，而且三方的行动、收益、成本均为公开信息，所以各方的信息完全互信了解，各方必须制定策略并在会议中表示和实施，属于完全信息静态博弈。即开始时由参与者同时选择行动，然后根据所有参与者的选择，每个参与者得到各自的结果，每个参与者的收益函数在所有参与者之间是共同知识。[①] 同时为将模型简化，将参与各方的收益、成本和行动均设为线性函数，在上述模型的假设条件下，可得表3–2。

表3–2　中美俄全球卫星导航系统国际委员会时间议题博弈分析表

<table>
<tr><td colspan="4">中国：合作</td><td colspan="4">中国：竞争</td></tr>
<tr><td colspan="2" rowspan="2"></td><td colspan="2">俄罗斯</td><td colspan="2" rowspan="2"></td><td colspan="2">俄罗斯</td></tr>
<tr><td>合作</td><td>竞争</td><td>合作</td><td>竞争</td></tr>
<tr><td rowspan="2">美国</td><td>合作</td><td>$>0, >0, >0$</td><td>$>0, \leqslant 0, >0$</td><td rowspan="2">美国</td><td>合作</td><td>$\leqslant 0, >0, >0$</td><td>$\leqslant 0, \leqslant 0, >0$</td></tr>
<tr><td>竞争</td><td>$>0, >0, \leqslant 0$</td><td>$>0, \leqslant 0, \leqslant 0$</td><td>竞争</td><td>$\leqslant 0, >0, \leqslant 0$</td><td>$\leqslant 0, \leqslant 0, \leqslant 0$</td></tr>
</table>

资料来源：作者整理。

若该博弈模型中存在纳什均衡，可知纳什均衡的结果取决于Pi的结果，分为两种情况：

第一，当$P_i > 0, (i=1, 2, 3)$时，博弈中的参与者中国、俄罗斯、美国存在纳什均衡，各方均可以采取合作的策略促成合作。

第二，当$P_i \leqslant 0, (i=1, 2, 3)$时，博弈中的参与者中国、俄罗斯、美国也存在纳什均衡，各方均采取竞争的策略，则合作无法达成，但是由于Pi是小于等于零的策略，博弈参与方不会采用，因此该纳什均衡不可能存在。

在其他两种情况即$P1 > 0$且$P2 > 0$，$P3 \leqslant 0$；$P1 > 0$且$P2 \leqslant 0$，$P3 \leqslant 0$时，参与各方均存在偏离的动机，无法达成稳定状态。因此，在中美俄的全球卫星导航系统国际委员会时间议题博弈中，由于中国、美国和俄罗斯都选择合作的策略，相对于其他策略，其收益都优于或至少不劣于其他任何策略，作为中国、美国和俄罗斯的占有策略，在三方合作上形成了占有策略均衡，因此，中国、美国和俄罗斯均无偏离的动机，中国、美

① 罗伯特·吉本斯:《博弈论基础》，高峰译，中国社会科学出版社，1999，第1页。

国和俄罗斯愿意继续合作。

（二）频率议题的博弈策略

在全球卫星导航系统国际委员会的议题中，卫星导航系统频率的兼容与互操作议题是受到各方关注的一个议题。频率作为重要的空间资源，已经成为各方争夺的焦点。由于美国全球卫星定位系统和俄罗斯全球卫星导航系统在20世纪五六十年代已开始了与频率相关的试验和系统建设，因此占据最优频段。为保证卫星导航系统的使用效果，中国与欧盟仅有次优的频率可以争取使用。欧洲在2005年12月28日发射了“伽利略”系统的首颗试验卫星。中国在2007年发射了“北斗二号”系统的首颗卫星，在中欧发展各自卫星导航系统的过程中，“北斗”系统建设进展较快且“伽利略”系统建设进展缓慢，中欧在卫星导航系统的频率使用上产生了争议。2009年中国与欧洲不断围绕双方卫星导航系统的频率开展了协调。欧方认为，“伽利略”的频率是从美国全球卫星定位系统的手里花血本获得的，而且欧洲“伽利略”系统早已按此频率进行了技术设计，现在已经无法修改，要求中国“北斗”使用其他频率。中国主张根据国际电联通行的频率使用原则，即“谁先用谁先得”的原则，“北斗”系统经过快速发射组网的建设，已使用了原本“伽利略”系统计划使用的频率，因此中方已经取得频率的所有权，对“北斗”的频率权益寸步不让。[①] 中欧围绕卫星导航的频率资源开展了博弈斗争。

在这一过程中，在中国与欧洲围绕“北斗”和“伽利略”的频率协调中，中欧事实上根据系统建设的情况双方依次作出行动，中欧双方都清晰地掌握对方使用频率的情况，在博弈进行的每一步当中要选择行动的一方都知道这一步之前博弈进行的整个过程，因此，中欧双方的博弈可以使用完全信息动态博弈模型。[②] 在中欧频率博弈中，如果利用完全信息动态博弈的模型进行分析，由于中国“北斗”系统建设进度较快已经拥有了频率，

---

① 刘玉：《“北斗”二代与“伽利略”卫星频率之争》，《数字通信世界》2011年第2期，第17页。

② 罗伯特·吉本斯：《博弈论基础》，高峰译，中国社会科学出版社，1999，第43页。

因此，假设欧洲的可选择行动集合为A={反对，接受}，假设中国可选择行动集合为B={反对，接受}。中欧频率博弈进行的顺序为：欧洲从其可选行动集A选择一个行动a，中国观察到欧洲的这一行动之后从其可选行动集B中选择一个行动b。中国和欧洲的不同行动组合决定了二者的收益。在中欧的频率博弈中，C表示中国接受欧洲要求后能够获得的补偿，L表示中国失去频率后各种损失贴现后的总和，Y表示中国维持现有频率的收益，D表示中国不接受欧洲获得频率要求而采取各种方法维持原有频率时的支出，Y’表示欧洲从中国获得频率的收益，C’表示欧洲提出获得“北斗”现有频率而遭到中国反对时为实现最终获得频率所花费的支出。在本博弈中每一个节点表示的是现有博弈点的状态，而下一个节点表示的是对方进行的行动选择，在博弈树上每一枝末端括号内表示的是博弈参与各方的收益值，即括号中左边表示的是欧洲卫星导航系统频率协调的收益，右侧表示的是中国卫星导航系统频率协调的收益。中欧围绕双方的博弈参考图6。

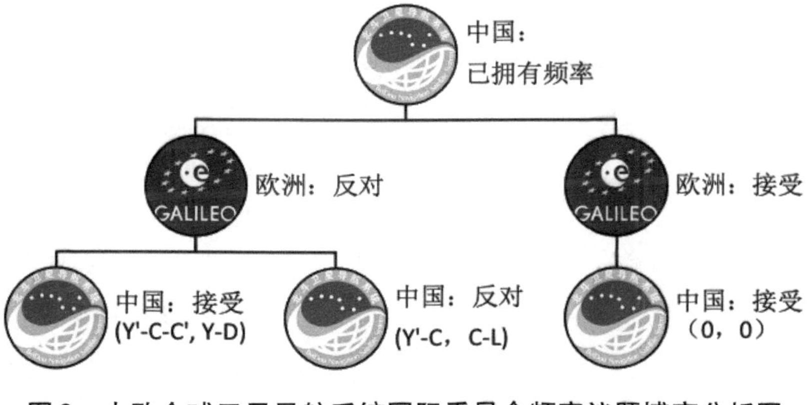

图6　中欧全球卫星导航系统国际委员会频率议题博弈分析图

资料来源：作者整理。

在中欧卫星导航频率博弈中，欧洲先行动，其可选择的行动为反对或接受，中国在欧洲行动和拥有连个决策集，其可能的选择包括（反对，接受）、（反对，反对）、（接受，接受），其中，括号前者表示欧洲的行动，括号后表示中国的行动。动态博弈中存在纳什均衡、子博弈纳什均衡、贝叶斯纳什是均衡和精炼贝叶斯纳什均衡。中欧卫星导航频率博弈作为完全信息动态博弈，需要分析子博弈精炼纳什均衡，即均衡战略在动态博弈的每一个子博弈上均为最优策略。对此，在本博弈中使用逆向归纳法，从最终结果向前倒推，在每一个子博弈上均构成纳什均衡。

在中国的决策集中，中国接受欧洲的要求收益为C–L，反对欧洲的要求收益为Y–D。当C–L > Y–D时，中国会选择接受欧洲的要求；挡C–L < Y–D时，中国会选择反对欧洲的要求。在中欧的卫星频率博弈中。中国独立自主建设“北斗”卫星导航系统，而且中欧已经停止了关于“伽利略”的合作，中国接受欧洲要求后几乎不可能获得任何补偿，因此C趋近于极小；而在中国失去频率后，“北斗”系统的建设将会造成巨大困难，中国的损失极大，因此L趋近于极大。中国如果维持现有频率，有利于“北斗”系统的建设和发展，因此Y趋近于极大；由于“北斗”系统建设进度较快，中国在反对欧洲要求的过程中只需要加快系统建设即可，因此D趋近于极小。所以，在实际情况中存在C–L < Y–D。在此情况下，中国的占优策略是反对欧洲的要求。当中国的决策为反对欧洲要求时，可分析欧洲的占优策略。欧洲如果能获得“北斗”系统的现有频率，可以获得一定收益，因此Y’存在，但是由于“伽利略”系统其实正在建设过程中，仍然存在较大的调整空间，因此Y’并不趋近于极大；同时欧洲如果与中国强行争夺现有“北斗”频率，需要加快系统建设，如果双方协调失败将导致双方均无法使用该频段，在“伽利略”系统建设无法提速的情况下，欧洲与中国开展争夺的成本和挑战巨大，因此C’趋近于极大。在实际情况中，Y’–C–C’ < Y’–C，且有Y’–C < 0，比较Y’–C和0，欧盟没有必要与中国进行战斗到底的斗争。因此，由以上逆向归纳法分析可知，在此博弈中，只有欧洲接受中国拥有频率的现状才拥有博弈中的唯一一个子博弈精炼纳什均衡，因此，欧洲的合理策略只能是接受中国拥有次优频率的现状。中欧卫星导航频率协调事实的发展也正是如此。

五、航天非政府组织

航天领域的非政府间国际组织主要是由不同国家的民间团体、协会、个人等非政府机构组成的国际组织或机构。这些非政府机构组成的国际组织或机构是国际航天战略博弈领域中对政府间国际组织多边平台的补充，可以起到二轨国际战略的作用，但是由于航天的计划经济属性和以国家为核心的行为体，特别是大国竞争的本质，导致这类非政府间国际组织的作用非常有限。

非政府间国际组织的数量众多，列入全球具有较大影响力讨论综合性议题的国际宇航联合会（IAF）、国际宇航科学院（IAA）、国际空间法学会（IISL）等组织，也有各个领域的专业化组织，例如在卫星导航领域的美国导航学会、德国巴伐利亚州政府主办慕尼黑卫星导航峰会、俄罗斯国家航天集团主办的莫斯科国际导航论坛、中国卫星导航系统管理办公室学术交流中心主办的中国卫星导航年会等国际机制，还有区域性的非政府国际组织，例如亚太空间机构论坛（APRSAF）、东盟空间技术和应用分委会（ASEAN-SCOSA）、亚太区域空间机构论坛（Asia-Pacific Regional Space Agency Forum）等。非政府间国际组织不具有国际法的主体资格，这些非政府间国际组织的活动和决议也不具备法律约束力，更多的是作为联系平台开展交流。

非政府间国际组织通过发挥二轨国际战略的作用，能够独立地参与国际航天事务，对国际航天战略博弈关系能够产生一定的影响。例如，国际宇航联合会成立于1951年，是一个非营利性的非政府组织，其成员来自全世界各种政府组织、工业专业协会及学术团体。国际宇航大会（IAC）是由国际宇航联合会成员举办的年度会议。通过会议讨论，可以加强国际航天领域的交流。再如美国导航学会（ION）成立于1945年，是一个致力于推进导航科学和技术发展的非营利性组织。它服务于对航天、航空、航海、陆地导航等感兴趣的各种组织及个人。虽然美国导航学会是一个美国的学术组织，但其会员遍布世界各地。航天领域的非政府组织是世界航天强国开展国际航天战略博弈有益的补充渠道。

第三节　商业航天与国际合作

商业航天作为一种以市场为主导和手段的航天活动，在当前经济全球化和航天科技快速发展的条件下，持续繁荣发展，已经处于世界航天经济的核心地位，国际商业航天活动也呈现高潮迭起、加速创新态势。以私营企业为主的商业航天逐渐成为航天国际合作的重要组成部分，扮演着越来越重要的角色，对全球航天技术和服务领域的合作将产生重要的影响。从国际机制的角度看，当前的航天国际机制经过冷战太空竞赛和冷战结束后经济全球化的检验，对太空治理而言是一套行之有效的国际体系。未来航天领域的国际合作，需要在传统航天国际机制的框架下，根据前期积累的有益经验，充分考虑商业航天发展的特点，为未来国际商业航天活动创造充足的空间。

一、太空产权与收益

产权制度是市场经济的基石，通过国际机制和太空治理明确太空产权对商业航天的发展和航天国际合作的推进至关重要。产权制度决定了市场交易的主体和内容、决定了有效运转的价格体系、决定了市场的定价机制。在商业航天蓬勃发展的背景下，私营公司在国家的扶持下参与航天活动，资本需要获得投资回报，要求商业航天能够创造巨大的商业价值，这是商业航天能够持续健康发展，国际航天合作能够推进的基本前提。

（一）界定太空产权的意义

太空产权的界定是商业航天能够创造商业价值并获得投资回报的基础。太空产权的界定有助于解决太空资源的外部性问题，同时可以利用市场化的国际机制更加有效地配置太空资源。

第一，太空产权的界定有助于解决外部性问题。太空产权可以将太空资产所有者的自身利益与资产管理联系起来，激励决策者对其行为的成本和收益负责，作出有效利用太空资源和投资的决策。简单来说，产权界定将使得外部性问题内在化，从而减少市场无序竞争的负面影响。① 事实上，大量太空资源被定义为全球公共领域，其产权主体模糊，由于缺少完备的信息和管理的激励，国际组织、政府或私营企业等航天活动的主体对太空资源的管理效率并不高，例如对空间碎片的管理。这些大量产生的“太空搭便车”行为是太空资源使用具有较大外部性的明显体现，极大地降低了太空资源的使用效率。如果能够明确太空资源的产权所属关系，航天活动主体承担使用成本并享受相应的收益，必将提高太空资源的使用效率。

第二，建立市场化的国际机制可以有效配置太空资源。在航天国际机制中建立市场化的运行体制可以将太空资源配置到价值最高的用途，提高太空资源利用效率。利用市场及价格型号可以使太空资源得到有效的合理配置，一方面，在太空资源的使用过程中，需要减少政府行政命令的干预，纠正行政干预造成的价格扭曲；另一方面，可以提供价格信号反映太空资源的真实成本。例如对当前轨道资源的使用，在国际电联分配保障发展中国家使用权益的基础上，通过“先申请先使用”和“先用先得”的原则，在交易转让的制度下，优化太空资源配置的效率。

第三，太空产权的界定可以促进创新。太空资源产权的明确可以鼓励私营航天企业和社会资本进入航天产业，持续有效地激励太空探索活动，鼓励创新从而促进太空资源得到更好的开发和利用。

（二）太空产权的界定与收益

毫无疑问的是，利用航天国际机制在太空治理的过程中界定太空资源的产权是一个非常复杂和具有极大挑战性的工作，可以从实力和成本收益的角度角度进行分析，同时，这与航天活动的收益密切相关。

第一，从现实主义中国家实力的角度对太空资源的界定进行分析。在太空产权的建立过程中，不可能忽视国家实力的作用。航天强国的航天实力对航天国际机制中太空资源产权的建立具有核心的约束性作用，决定太空资源分配的是国家实力而不是国际社会中的道德感。任何个体或群体想

① Anderson T. L., Leal D. R., *Free Market Environmentalism for the Next Generation*(New York: Palgrave, 2015), p.54

要确保自己的稀有资源产权，就必须具有强制性排除其他潜在竞争者的意愿和能力。[①] 事实上，没有进入太空并使用太空资源能力的国家，无法真正维护自身的太空权益。从现实主义的角度而言，我们不能忘记汉斯·摩根索的忠告："权力界定利益其实就是古老的公平法则——谁承担的责任更多，谁就应该获得更多的权利。"此外需要注意，国际关系中的权力同样具有层次性，在以国家实力为后盾的太空产权界定之外，针对一些特定议题，在一定条件下，与美国经济学家奥尔森描述的集体行动的困境不同，国际组织和航天活动的参与主体能够为了集体利益自行组织起来采取集体行动。无论国家还是市场，在使个人以长期的、建设性的方式使用自然资源系统方面，都未取得成功；而许多社群的人们借助不同于市场的制度安排，却在一个较长的时间内，对某些资源系统成功地实行了适度治理。[②] 对于航天这一具有高技术特征的领域，专业性与多层次性的权力体系结构对于太空产权的界定、太空资源开发和利用产生收益都具有重要作用。

第二，从政治经济学的成本收益的角度对太空资源的产权界定进行分析。针对太空资源产权确立的方式，可以借鉴新制度经济中新古典理论的分析方法进行研究，主要通过考虑太空资源产权界定的成本和收益变化来确定其排他性的权利，即当外部性内在化的收益大于成本时，就会产生排他性产权。[③] 对于太空资源而言，只有国际组织、国际或私营企业等航天活动的主体，在航天活动中认为某些权利控制在自己手中能够产生足够多的利润，并有能力和动力维护这一权利，才会产生太空资源的产权。当然，"成本—收益"的分析方法并不完全适用于太空资源的产权确定，由于应用太空产权的产生是在历史环境中形成的，当今航天活动数量的快速增

① Umbeck J., "Might Makes Rights: a Theory of the Formation and Initial Distribution of Property Rights," *Economic Inquiry* 19, no. 1, (1981): 38-59.

② 埃莉诺·奥斯特罗姆:《公共事物的治理之道》，余逊达译，上海三联书店，2000，第2页。

③ 道格拉斯·C. 诺思:《经济史中的结构与变迁》，陈郁等译，上海三联书店，1991，第31页。

加导致了部分太空资源的稀缺，在这一历史进程中产生了太空产权。"新的产权形成是相互联系的人们对新的收益和成本可能性要求进行调整的回应。"[①] 因此，虽然人类技术进步和对太空开发利用的发展，当太空作为一种公共资源的价值增长时，明确界定太空资源的权利的收益才会上升，将外部性内在化的收益才有可能大于成本，在原有国际机制的基础上才会产生对新权利的需求。此外，参与各方的地位和能力变化会影响产权制度的建立。[②] 在界定太空产权的过程中，国际组织、政府和私营航天企业会为减少共有太空资源的损失、获取预期收益而完善航天国际机制并控制公共太空资源的使用，共有太空资源的损失决定了太空产权所能获得的收益，这也会使得太空资源产权界定的太空治理行为反过来会进一步影响国际航天机制的建立和运行，进而修改或重新安排航天国际机制。

在太空产权界定的基础上，航天活动的收益需要关注效率和公平两个方面。第一，在效率上，航天国际机制的建设需要为商业航天活动创造良好的外部环境，尤其是支持和鼓励私营航天企业的活动。伴随着航天私营企业从开办、营运到结束的各个环节，航天国际机制的建设是一项涉及政治、经济、社会和技术众多领域的系统工程，作为支配航天活动所必需的政策、法律、制度、规则等要素的一种复杂的融合体，是私营航天企业开展国际合作的基础，对航天活动最终的经济发展状况、财税收入、社会就业情况等收益情况产生重要影响，直接决定了私营航天企业参与国际航天合作的动力与效果。太空产权界定的良好国际航天机制对商业航天的国际合作发展有着正面的推动作用，不论是在全球化的航天产品与服务供应链建立还是在资本市场的资金筹措方面，航天国际机制都是至关重要的。第二，在公平上，需要进一步保证广大发展中国家、欠发达国家和底层人民参与航天活动的收益。在航天活动中，发展中国家与航天大国、航天强国的利益存在根本性的差异：广大发展中国家真正需要维护的是航天应用的

---

① Demsetz H., "Toward a Theory of Property Rights," *The American Economic Review* 57, no. 2(1967): 347-359.

② 加里・D. 利贝卡普：《产权的缔约分析咱》，陈宇东等译，中国社会科学出版社，2001，第12页。

权利和收益，而非进入太空的能力、卫星轨位使用的权利。在目前科技水平日益进步的背景下，全球贫富差距日益扩大，特别是随着数字经济的快速发展，在富人与穷人、富国与穷国之间形成了惊人的数字鸿沟，这不仅造成经济收入的差距，也使得人们的认知和发展能力与潜力存在严重的差异。在经济和技术水平日益扩大的过程中，期望发展中国家具备与航天大国、航天强国一样的能力是不现实的，因此即便国际电联等国际组织已经为发展中国家预留了轨位、频率等太空资源，广大发展中国家也缺少使用的能力。正如巨型低轨卫星星座和卫星互联网的发展为发展中国家提供接入互联网跨越数字鸿沟的潜在机遇，发展中国家真正需要的是航天应用收益的保障，这是在商业航天发展中需要利用航天国际机制促进航天国际合作的重要内容。

二、全球航天产业链

航天活动与支撑其运行的体系作为复杂的典型系统工程，涉及众多系统和部门，特别是随着航天技术的发展，航天领域的专业化程度不断提高，在航天活动的各个领域形成了一系列相互关联的环境。分工与交易的复杂化伴随着经济全球化的快速发展，在国际贸易快速增长的条件下，航天活动在全球范围内形成了包括价值链、供应链在内的复杂结构和体系，不同国际组织、国家和企业相互交织，形成了全球性航天产业链。产业链国际分工是经济全球化的基础，产业链全球合作成为经济全球化的重要支撑，因此，全球航天产业链是航天国际合作的基础。

全球航天产业链的分析维度众多，从生产环节来看，包括芯片与板块等基础性产品；元器件、单机与嵌入式软件；整机设备与软件；综合解决方案。从业务领域来看，可以将航天产业链归纳为航天器制造、发射服务、地面设备制造、应用服务与运营四个方面。不论从哪个维度进行分析，航天活动在长期的历史发展中已经建立规模庞大、遍及全球的航天产业链。美国航天基金会2019年《航天报告》显示，在2018年的商业航天收入中，商业航天产品与服务业（包括卫星直播电视、卫星通信、卫星广播、定位、导航及授时系统以及对地观测）收入约为2291.7亿美元，较

2017年增长8.4%，占商业航天总收入的69.7%。商业基础设施和辅助产业（地面站和设备卫星制造、发射业、保险费和商业载人航天飞行）收入约为996.9亿美元，较2017年增长4.0%，占全球航天总收入的30.3%。全球航天产业链作为在市场主导下，采用市场化手段和应用机制开展的商业活动，是航天事业发展到一定阶段的产物。在庞大的资金体量和规模外，商业航天的发展使得私营航天企业逐渐成为航天科研生产力量的重要组成部分，对航天技术和服务发展起到越来越大的推动作用。由于商业航天的发展使得世界航天市场处于快速发展的时期，为航天产业发展带来强劲动力，已成为航天产业可持续发展的新动力和增强国家航天实力的重要手段，在这一背景下，大国竞争对原有的全球航天产业链产生了重要影响。

全球航天产业链的稳定对维持国际航天合作具有重要意义。航天活动作为需要完整航天产业体系和完备产业基础设施支撑的活动，对全球供应链具有较高的要求。但应该看到，冷战结束以来的经济全球化，在产业间的分工造就了部分发达国家内部“制造空心化”和“金融泡沫化”并存的冲突，而产业链外包的兴起也自然带来了上下游国家之间产生冲突的风险。在当前贸易保护主义抬头的背景下，部分国家采取“以邻为壑”的恶性竞争政策，叠加全球经济衰退、新一轮科技革命与产业变革等因素，严重影响了全球航天供应链的稳定，使得航天全球供应链进入变革期。以中美经贸冲突为例，自特朗普上台以来的中美“贸易战”不仅短期内增加了双边贸易成本，还影响跨国公司在世界范围内的生产决策布局，大幅提高了中间品及产业链成本，加快了部分产业链回迁与转移，从而引发全球价值链、产业链、供应链重构。[①] 根据欧洲咨询公司（Euroconsult）发布的《2020年航天经济报告》指出，2020年航天经济（包括政府航天投资和商业航天）总额为3850亿美元，创历史新高。其中2020年政府航天预算为700亿美元，比2019年增加10%。2020年商业航天的收入为3150亿美元，比2019年的3190亿美元下降2%。出现下降的原因包括新冠肺炎疫情对航

① 张茉楠：《贸易战对全球价值链、产业链、供应链的冲击破坏及中国对策》，《国际商务财会》2019年第6期，第3页。

空、海事、海上石油和天然气等市场带来的巨大冲击，以及视频相关服务收入的持续下降。全球航天供应链重塑将成为航天领域大国之间博弈的焦点，在各国政府扩大航天预算的同时，航天全球供应链的全球性多边贸易转变机制也将逐步向区域性贸易机制转变，各类航天活动主体在新的供应链体系中将面临不同的挑战和机遇。不可否认的是，第二次世界大战结束以后，世界上发生的一个有趣的变化是和平贸易战略比以往任何时候都要有效得多。国家通过工业发展和技术进步，可以改变自己在国际政治中的地位，其他国家可以通过国际合作，从贸易扩展和增长中获利。[①] 在国际贸易实践中，自由贸易确实为世界人民带来了福利并且能够普遍被人们所接受。因此，从国际航天战略博弈的视角看待全球航天产业链的重塑，不能迷信“贸易和平论”，但是也不能否认经济合作，尤其是在贸易方面的合作是双边关系的重要“压舱石”。在大国竞争重塑全球航天产业链的背景下，航天国际机制需要发挥各国的比较优势，增强全球航天产业链的韧性，维护全球航天产业链的稳定，进而保障国际航天合作的未来发展。

三、全球航天资本市场

全球航天资本市场受大国竞争和全球航天产业链重构的影响，正在产生重大变化，这对航天领域的国际合作将产生深远的影响。航天是高技术、高投入、长周期、高风险的新兴产业，航天领域投资具有周期长、资金需求量大等特点，参与航天活动的主体对于获取资金支持具有强烈的需求，单靠政府财政拨款与投资的运行效率并不高。不论航天企业性质如何、开展何种业务，也不论其发展处于何种阶段，对于航天企业而言都需要大量资金的支持。特别是商业航天中的私营航天企业，在发展过程中面临增信手段少、融资成本高、风险分担和补偿机制不健全等问题，更加需要获得资本有力的支持。因此，资本市场是航天企业生存和发展的首要问题。商业航天快速发展除了政府的资金支持外，还有社会资本作为重要推

① R. Rosecrance, *The Rise of the Trading State: Commerce and Conquest in the Modern World* (New York: Basic books, 1986), p.9.

手，吸引社会资本参与航天活动是国际上推动商业航天发展的重要模式。从实践看，商业航天以其无限的生命力和巨大的发展潜力，吸引着政府、企业、科研机构、投资机构以及应用推广机构的眼球。近年来，投资界对商业航天的兴趣越发浓厚。根据美国2018年《初创航天——商业航天领域投资更新》报告，2000—2017年，初创航天公司累计获得184亿美元的投资，包括63亿美元的风险投资、23亿美元的天使投资、45亿美元的债务融资、35亿美元的收购、17亿美元的私募股权等。2012—2017年，初创航天公司所获投资总额约为106亿美元，占2000年以来所获投资总额的58%。而根据美国航天基金会2019年《航天报告》显示，航天产业的快速发展给各类投资者提供了大量机会，过去10年，航天领域的私人投资增长迅速，2009—2018年投资达240多亿美元。2018年，全球投资约146轮，达50亿美元。虽然统计口径不同，但是国际资本市场对全球航天的发展与合作，具有无可置疑的重要作用。

在大国竞争态势加剧的环境下，国际投资处于动态的变化进程之中，全球价值链也因此变得更加复杂，航天全球资本市场变动更为明显。

第一，全球航天资本市场的流动性受限。在全球航天供应链体系发生收缩和重构的过程中，全球航天的价值链也在并行出现收缩和调整。发达国家以保护国家安全为借口对全球航天供应链进行调整，采取政府补贴或产业转移的同时，对来自竞争大国针对本国航天核心产业链企业收购、兼并和投资行为普遍采取严格的审查和监督制度严加限制，以此来保护本国的航天产业和航天国际竞争优势。这些航天产业链的贸易保护主义必然会涉及投资领域，在资本市场上产生严重影响。而这一情况又会进一步反馈在外汇管理方面，在当前各国促进贸易投资自由化与便利化的同时，开始重视跨境资金的流动性风险，各国金融管理机构将加强监管能力建设，资本市场也将转向区域性的投资自由化体系，进而导致国际资本的流动会受到区域性边界的限制。例如，在中美“贸易战”中，中概股收到多次监管冲击，美国通过《外国公司问责法》规定外国发行人连续三年不能满足美国公众公司会计监督委员会（PCAOB）对会计师事务所检查要求的，禁止其证券在美国交易，并对外国公司提出额外披露要求。由于筹措资金对于私营航天企业的运营和发展极为重要，这些资本市场中的冲击打击了航天大国的私营航天企业在航天强国资本市场上获取资金的途径和信心，对于需要大量资金支持的私营航天企业而言，融资不仅仅存在于企业建立的初期，而且贯穿于企业的整个经营期，成功的融资对于私营航天企业的发展具有重要意义。全球航天产业链的调整不仅对国际贸易构成巨大威胁，而且在未来还将广泛波及直接投资、金融资本等领域，特别是在大国竞争中航天强国将部分航天大国定位为长期战略竞争对手，全球资本市场上流动性受限的长期化和严重性的发展趋势不容忽视。

第二，全球航天资本市场的投资重点发生改变。伴随着全球航天产业链的调整，全球航天价值链体系的利益分配也将发生重大变化。在原有的全球航天供应链体系内，任务分工和贸易关系使得航天活动的参与主体间形成了相互依赖和相互制约的利益博弈和共生格局，即前文中提到的世界航天体系。航天强国利用自身在航天科技方面的创新优势研发和生产各类技术附加值更高的生产设备、核心元器件和关键零部件，将其出口到航天大国和其他航天活动的参与国家中，甚至是世界航天体系的外围国家，这些国家利用航天强国的设备和部件进行组装生产或提供服务，再出口给航天强国，这一航天产业链的国际分工和贸易模式造就了世界航天体系，在体系的循环中使得国际航天合作形成了相互依赖和相互制约的互利共赢机制。但是在贸易保护主义盛行的环境下，航天的全球供应链体系和市场公平竞争机制遭到破坏，大国博弈必将重新分配全球航天价值链，逐步发生重大的调整和重构。随着部分航天大国科技自主创新能力的增强和内循环需求的增加，在全球航天价值链体系中的优势有所提高，这就使得航天资本市场的投资重点转向了航天自主研发和自主创新的领域。在这一资本聚集的带动下，国际上不同航天活动参与主体所面临的挑战与机遇会存在重大差异。全球航天资本市场投资重点的改变将影响当前航天国际合作的模式，在具有高附加值的航天核心技术领域加强投资进而促进国际竞争，这有可能使当前国际金融资本市场关注的以综合解决方案竞争为主的太空探索技术公司、蓝色起源公司、一网公司、行星公司、维珍银河公司等私营航天企业在无人和载人商业航天发射、卫星通信网络、面向大众市场的卫星遥感服务、太空旅游、太空采矿等领域的竞争，在大国博弈和投资重点调整的趋势下，政府的支持和金融资本的关注重点将转向一批在核心元器件、软件与算法等航天基础科学与技术领域具备较强创新性的商业航天公司，改变当前的竞争局面，这就对航天国际合作机制对太空治理的能力提出了新的更高要求。

第四章　世界航天体系与依附

在航天强国和航天大国之外，很多发展中国家也逐步设立航天项目，启动对航天技术的研究和应用，积极开展航天活动。但是由于航天技术和工程需要较高的门槛和较大的资金投入，在国际航天战略博弈的格局中，以美国和俄罗斯为代表的航天强国仍然处于主导地位，欧洲、中国、日本等为代表的航天大国具有较大的话语权，其他开展航天技术研究和应用的发展中国家处于从属和依附的地位，在此“中心—外围”的结构中形成了世界航天体系。[①] 世界航天体系的建立、维持与变革对国际航天战略博弈具有重要影响。

第一节　航天领域的世界体系

全球航天格局与世界经济体系、世界政治体系相联系，同样维持着一种“中心—外围”结构。世界航天体系包括航天发展的周期和趋势，即以阿波罗登月和当今商业航天发展为代表的两次太空探索高潮，全球航天产品与服务的商品链，航天的霸权与竞争，国家在世界航天活动中的地区性和边缘性，航天科学与技术的知识性流动和随着这种航天科技依附关系发展和变化的国家融入体系与边缘化。

---

① 苏晓晖:《美国外空战略新动向及其发展前景》,《国际问题研究》2008年第4期，第43页。

一、发展中国家的航天发展

在以美国、俄罗斯为代表的航天强国和以欧洲、日本为代表的航天大国外，还有很多发展中国家也开展了航天活动，在复杂多样的国际互动中这些国家也形成了航天领域的世界体系。世界航天体系的建立与不同类型的发展中国家的航天发展战略密切相关。

（一）世界航天体系的建立与发展

世界航天体系是一个国际关系和国际社会在航天领域的投影，其运行的基础是世界经济结构。随着经济全球化的发展，航天工业领域在全球范围内也产生了广泛的劳动分工，针对核心软件与算法、嵌入式软件、芯片、板卡、模块、元器件、单机、综合解决方案、工程总体设计等不同航天产品和服务，形成不同产品的体系层级。这种分工和层级将世界航天经济活动分成了中心地区、半边缘地区和边缘地区。中心地区是航天科技水平发达的国家，边缘地区是航天科技水平落后的地区，半边缘地区介于两者之间。随着航天科技的发展和经济全球化的扩散，不断把外围地区融入世界航天体系并使之边缘化，中心和边缘在技术上的代际差异，保证了世界航天体系中霸权国家的优势地位并维持了中心与外围之间航天产品与服务的不等价交换。这种“中心—外围”结构和不等价交换使得外围国家在航天技术、资金甚至发展战略与政策上都形成了对中心国家的依赖。世界航天体系包括占支配地位的中心区和处于依附地位的边缘区，不同的国家由于自身的历史和现实因素处于不同区域中，它们相互影响，并且作为一个统一的整体进行运转。中心区拥有航天发展的技术和资金优势，利用这些航天技术形成的航天产品和服务对边缘区进行输出和掠夺，外围的边缘区国家则面临技术落后和资金短缺等方面的困难。中心区国家和边缘区国家的航天是通过贸易、专利、知识产权等渠道紧密联系的，边缘区受到中心区的抑制。

美国、中国、俄罗斯、欧洲（法国）、日本和印度是世界上主要的航天国家。在这些国家中，美国占有绝对领先的优势地位，依靠政府的高度重视和大量投入保障航天科学和技术的持续进步，利用商业航天实现创新发展，通过建立太空部队增强对外层空间和在国际航天战略博弈中的控制能力。中国在一系列重大航天工程的牵引下，通过军民融合加大技术创新和产业化力度，具有了一定的外层空间控制能力，积极开展国际航天战略博弈。欧洲继续推动大型航天工程建设，稳步提升航天能力，维持在传统优势领域的支配地位。俄罗斯依托深厚的航天科技积累，通过航天机构改革激发创新能力，但是受制于整体经济形势，主要目标在于维持传统优势领域的支配地位。日本在延续对航天科技领域投入和促进航天产业发展的同时，突破军事航天的限制，加强军事航天安全的投入，进一步扩大影响力，其国际航天战略博弈活动更加活跃。印度在维持原有民用航天发展的基础上加快军事航天的发展步伐，通过重大航天工程、改革机构等方式进一步增强国家的航天实力，扩大国际航天战略博弈的影响力。在全球航天的外围中，以色列、加拿大、韩国、巴西、澳大利亚、乌克兰、尼日利亚、土耳其、阿根廷、墨西哥、朝鲜、伊朗等国家处于半中心半外围地位，有可能通过努力跻身世界主要航天国家行列，但是目前与世界主要航天强国和航天大国相比还存在较大差距。其他发展中国家则处于国际航天战略博弈格局的外围，基本不具备进入太空的能力，只能开展航天应用。

（二）发展中国家航天类型分析

从全球范围来看，除了传统航天强国和航天大国之外，越来越多的发展中国家启动了航天技术的研究和应用并积极开展国际航天战略博弈活动。从这些国家开展的航天计划、技术实力和进展情况来看，可以从国际航天战略博弈的角度将这些发展中国家分为航天研究型国家、航天应用型国家、航天资源型国家、航天转型类国家四种类型。这些发展中国家均希望依靠自己的航天战略和政策从世界航天体系的边缘区进入中心区。

第一，航天研究型国家，是指高度重视航天技术和产业的发展中国家。这类国家高度重视航天技术的发展，在航天领域投入了大量资源，形成了比较完整的航天工业体系，也取得了不小的成就，这类航天研究型国家以中国和印度为代表，也包括朝鲜、伊朗等国家。[①] 以中国和印度为

① 何奇松:《印度与美国的太空合作及其影响》,《南亚研究》2012年第1期，第71页。

例，首先，中国是世界航天大国中唯一的发展中国家。与其他航天大国相比，中华人民共和国成立初期，中国没有任何技术基础，也没有充裕的资金支持。但是经过几十年的努力，中国在航天领域已经取得了举世瞩目的伟大成就，形成了一套独立自主的航天科研、生产、发射、运行及管理的综合体系，具有向各种地球轨道发射各种型号、大小、用途的应用卫星的能力，成功研究制造科学卫星、多种应用卫星。从综合能力来看，中国在世界航天领域的地位在美俄之后。在整个冷战时期的国际航天战略博弈中，中国航天的发展历程十分辉煌。由于中国研制成功各种弹道导弹和核武器，使得中国在国际事务中的地位有了明显的提高。航天技术的飞速发展，使中国的现代化建设进入了新的阶段。进入21世纪，随着中国经济实力的快速增长，中国的航天技术和航天产业获得了更大的发展，完成了一系列伟大工程，正在从航天大国向航天强国迈进。其次，印度发展航天的经济和技术基础薄弱，但是经过长期的努力，在世界航天体系中占有重要地位，在航天领域成为“有声有色的大国”。印度航天依靠国际合作，优先发展卫星应用。在早期不具备卫星发射能力的情况下，印度采取的方式是独立研制卫星，借助外国运载火箭发射，尽快获得卫星研制经验，将航天技术应用于国内的教育、通信、气象、资源勘探等方面，促进印度经济和社会的发展，争取公众的理解和支持。印度在1975年研制成功第一颗人造卫星“阿里亚巴塔”号并由苏联发射，虽然由于卫星发生故障只工作了36天，但是印度开始掌握卫星设计、研制和测控技术，揭开了印度空间事业的序幕。印度运载火箭起步虽然不晚，但是由于印度航天发展重点是卫星应用，直到20世纪70年代才启动运载火箭的研制计划，1980年7月18日，印度第一次用自制的SLV-3运载火箭从本国的发射场发射“罗希尼”号卫星获得成功，成为世界上继苏联、美国、法国、日本、中国、英国之后，第七个独立研制并发射成功人造卫星的国家。因此，印度取得的航天技术成就在发展中国家产生了重要的影响。[①] 国际合作是印度航天发展的重要条件，目前印度发展势头良好，载人航天和深空探测正在启动，

① 何奇松:《美印太空合作动因及前景评析》,《现代国际关系》2011年第11期，第25页。

未来将有更大的发展。

第二，航天应用型国家，是指关注航天技术应用，希望利用航天技术促进经济发展和社会进步，不重视航天技术研发和创新的发展中国家。这类国家没有从国家发展的战略高度重视航天技术和航天产业，没有在运载火箭、航天器研制等方面投入大量资源，更加关注如何利用航天技术产生经济效益，这类航天应用型国家以巴西、泰国、埃及等国家为代表，航天应用型国家关注利用航天技术开展应用，促进经济发展。以巴西和泰国为例，首先，巴西作为南美洲最大的国家，从1968年开始实施航天计划，在1971年成立了巴西空间研究院。[①] 巴西重视遥感卫星的应用，利用地面站接受美国陆地卫星和气象卫星的资料进行研究分析，后期开展法国“斯波特”卫星和中国“风云”卫星的资料。20世纪80年代末，巴西与中国联合研制了中巴地球资源卫星。在卫星通信方面，巴西在1978年提出建立国内卫星通信系统，由加拿大斯派尔公司制造两颗“巴西卫星”并在1986年发射，这是南美第一个卫星通信系统。虽然巴西在20世纪70年代已经研制了“探测”系列4种型号的固体探空火箭，但其主要目的是高空物理和大气研究，自1980年提出研制运载火箭以来，VLS火箭尚未成功。其次，泰国作为东南亚最重要的新兴航天国家，从20世纪60年代就开始了航天技术应用。重点是在卫星通信方面，早期泰国利用国际通信卫星（Intelsat）开展国际通信业务，在20世纪80年代末，开始寻求商业资本采购国内通信卫星，在1991年向美国休斯公司订购了两颗通信卫星，此后又向欧洲泰雷兹公司和美国劳拉公司订购了三颗卫星，组成了泰国通信卫星（Thaicom）。泰国卫星通信产业收入在东南亚国家名列前茅，是第一个发展商业宽带通信卫星的东南亚国家，其等效36Mhz带宽的转发器数量处于世界第七位，业务遍及亚太地区大部分国家。[②] 同时，泰国地理信息与空间技术发展局（GISTDA）与法国联合研制THEOS遥感卫星并于2008

① 刘明：《太空领域的南北对话：美国与巴西航天合作探究》，《拉丁美洲研究》2016年第1期，第135页。

② 刘韬：《“一带一路”沿线国家航天情况介绍之泰国》，《卫星应用》2016年第5期，第26页。

年利用俄罗斯运载火箭发射成功，虽然遥感产业在东南亚具有较大影响力，但仍然处于起步阶段。目前，泰国数字经济促进局（DEPA）积极推动卫星导航在智慧城市和智慧交通领域的应用。

第三，航天资源型国家，是指拥有丰富自然资源并希望利用航天技术实现经济增长方式转变的发展中国家。这类国家普遍拥有石油等丰富的自然资源，主要依靠能源出口实现经济增长，但是由于太过依赖能源出口而陷入资源诅咒，希望利用航天技术转变经济增长方式。这类航天资源型国家以沙特阿拉伯、尼日利亚、阿尔及利亚、委内瑞拉、玻利维亚为代表，航天资源型国家普遍愿意花费较大资金投入航天领域，但是国家在战略层面重视程度不足，同时受制于其政府有限的行政能力、较差的航天工业基础和尚不完备的航天人才队伍，所取得的航天成就也较为有限。以沙特阿拉伯和尼日利亚为例。首先，沙特阿拉伯重视卫星遥感技术，阿卜杜勒阿齐兹国王科技城下属的遥感中心能够接收和分发来自美国“陆地”卫星（LANDSAT）和“诺阿”卫星（NOAA）、法国“斯波特”卫星（SPOT）、加拿大“雷达”卫星（RADARSAT）、印度遥感卫星（IRS）的数据，同时，其卫星数据接收和图像分析与处理能力在不断提高，沙特阿拉伯遥感中心目前已成为全球先进的数据中心之一。此外，沙特已经研制SaudiSAT-1、2、3、4、5多个型号的遥感卫星，具有遥感卫星研制能力。在卫星通信方面，通过资助阿拉伯卫星通信组织（ARABSAT）向阿拉伯地区提供卫星通信服务。其次，尼日利亚重视卫星遥感和通信应用，在遥感方面参加了“灾害监视星座”（DMC）提供一颗由英国萨里卫星技术公司研制的“尼日利亚星”并开展相关的数据分析和培训工作。[①] 在卫星通信方面则与中国合作研制了尼日利亚通信卫星并成立了尼日利亚通信卫星公司负责运营，为非洲西部国际提供通信服务并发挥经济效益。

第四，航天转型类国家，是指苏联的原加盟共和国，由于苏联解体而拥有一定的航天工业基础和航天研发能力，希望发挥航天技术能力创造经济效益。这类航天转型类国家以乌克兰、哈萨克斯坦、白俄罗斯为代表，

---

① 张会庭:《尼日利亚的航天活动》,《中国航天》2006年第3期，第18页。

苏联航天计划的经费、组织、人事、管理以及协调受到苏联解体毁灭性的影响。苏联各加盟共和国在宣布独立伊始，即纷纷宣布各自境内的航天设施和机构归自己所有。在此过程中，乌克兰掌握南方设计局和工业联合体能够研制“天顶”“旋风”“质子号”等运载火箭和卫星，哈萨克斯坦拥有拜科努尔发射场和控制中心等航天设施，白俄罗斯控制着部分航天元器件的设计和生产。由于苏联的航天科研生产管理体系分散到原各个加盟共和国内，航天技术体制被打乱，研发实力逐步退化，均未能获得较好的发展。以乌克兰为例，在1992年初约有600个从事航天科研和生产的企业，技术人员达25万人。其后由于失去了持续的资金投入、稳定的产品订货和机制统一的供给和管理，乌克兰航天工业迅速陷入困境，科研和生产能力不断下滑。① 特别是自2014年乌克兰东部爆发冲突以来，乌克兰政府的财政危机未得到改善，研发人员和技术工人被长期欠薪，俄罗斯停止了火箭推进剂的订购与合作项目的开展。当前，在航天转型类国家中普遍存在类似的困难。

二、世界体系中的国际航天战略博弈

世界航天体系中国际航天战略博弈的关键在于国家战略与政策的制定。由于航天技术有着广泛而深远的政治、军事、科技、经济和社会价值，在美国和苏联等航天强国和航天大国之外，一些发展中国家也根据自身情况制订了各自的航天发展计划，并取得了不少成就。世界各国的国情、国力和指导思想不同，因此采取的国际航天战略博弈政策和方针也有很大差异。在这一过程中，有的国家优先发展具有高度军事意义的战略导弹，并在此基础上发展运载火箭和航天器，有的国家重点发展航天应用；有的国家采取独立自主的发展战略，有的国家依靠开展国际合作实现技术进步。从实际的发展结果看，不同发展道路的选择各有利弊，但是在世界范围内形成了“中心—外围”的国际航天战略博弈体系。

---

① 张凤国：《乌克兰军事工业的现状与发展前景》,《东欧中亚市场研究》2002年第3期，第27页。

（一）国际航天战略博弈中的依附

国际航天战略博弈依附反映了在航天领域发展中国家与航天强国和航天大国之间的相互关系，这是一种双重关系。一方面，航天强国和航天大国在航天技术、资源、基础和资金上形成垄断，进而对发展中国家形成航天领域的扩展和渗透，最终促使发展中国家在航天技术和管理的体制上形成对航天强国和航天大国的依附。在世界国际航天战略博弈体系中，航天强国处于世界航天体系的中心，拥有垄断和支配的地位，航天大国处于航天强国的周围，拥有次一级的优势，广大发展中国家则处于体系外围，处于依附地位，开展航天应用。[①] 另一方面，发展中国家拥有道路选择的能力，有的摆脱了依附成为国际航天战略博弈体系中的重要力量，有的则继续依附在航天强国和航天大国周围，变得更加落后，失去了原有的竞争力。

国际航天战略博弈由于世界航天体系内"中心—外围"结构的存在，对发展中国家的航天技术研发、应用市场、管理体制有着广泛而深刻的影响。自20世纪70年代开展空间合作以来，在航天领域形成了统一的世界航天市场，经过长期的合作和技术的进步，逐渐发展为发射服务、遥感应用、通信服务和导航服务组成的专用性产业和市场，早期主要合作在航天强国和航天大国之间发生。随着技术扩散、经济发展和社会进步，发达国家与发展中国家也开展了空间合作，但是在这一合作中存在着不等价交换。[②] 发展中国家付出了资金、人员、自然资源和政府服从的多重成本，但是由于航天强国和航天大国的技术控制，发展中国家实际上无法在合作中掌握真正的核心技术，只能开展简单的应用。航天强国和航天大国与发展中国家在空间合作中不平等的关系，是航天强国和航天大国能够持续保持领先的根本原因，也是发展中国家持续落后的根源，是在外围地区，伴随着航天技术、应用和管理体制的输出，外围地区向中心地区形成了依

① 陈志瑞、刘丰：《国际体系、国内政治与国际战略政策理论：新古典现实主义的理论构建与经验拓展》，《世界经济与政治》2014年第3期，第115页。

② 唐玉华：《深空探测国际合作的趋势分析》，《国际太空》2007年第10期。

附，因此，发展中国家在航天领域失去了独立自主的地位，完全成为航天强国和航天大国的依附。

（二）世界航天体系中的战略博弈

世界航天体系在发展过程中伴随着经济的周期性波动，也产生了扩张和停滞。第一次世界航天体系的扩张是以冷战早期美苏太空竞赛为发端，以“阿波罗”登月计划为高潮顶峰，世界各国在美苏两极格局下不同程度地开始参与航天活动。随后世界范围内的航天活动在重视程度、资金规模和任务目标方面都出现了巨大的萎缩，伴随着航天活动规模的急剧缩小，航天强国和航天大国在“军转民”的过程中已经可以享受各类航天技术的应用成果并向边缘国家提供高价的各类航天应用服务，在发达国家和发展中国家之间建立的难以逾越的“数字鸿沟”，在信息社会造就了巨大的隔阂，广大发展中国家受制于基础设施的匮乏无法享受到互联网、移动通信、移动互联网的发展红利，同样地广人稀的发达国家却可以借助卫星通信的方式绕开投资庞大的基础设施建设而实现与全球资讯的便捷接入。当前，以可重复利用火箭、空天飞机和卫星互联网为代表的商业航天正在发动世界航天体系的第二次扩张，这一轮扩张会将世界上绝大多数国家融入世界航天体系。特别是随着对外层空间探索能力的进一步提升，世界航天体系的发展趋向于扩大中心国家与外围国家之间的技术和经济差距，增强这种两极分化的程度。

在世界航天体系中国家的位置伴随着周期的波动将会发生变化。国家在中心区、半边缘区和边缘区不是固定的，中心区国家有可能蜕变为边缘区国家，边缘区国家也有可能上升为中心区国家。这一变化可以称为中心化过程和边缘化过程。中心化过程是指边缘区国家和半边缘区国家利用周期波动中的特点，独立自主地制定恰当的战略和政策，掌握自主可控的航天技术，形成航天工业体系和商品链，从而打破现有的依附关系成为中心区国家。边缘化是指原本的中心区国家在周期波动中不能制定恰当的航天战略与政策，错失发展机遇、丧失优势地位，从而逐步沦落为边缘区国家。

世界体系中的国际航天战略博弈需要从结构和运动两个方面同时进行

分析。首先，从结构上看，全球航天活动是紧密联系的一个整体，但是存在强中心和弱边缘的结构关系。世界体系中的各个国家共同拥有空间资源，所有航天活动采用的都是共性技术。但是，国际航天战略博弈体系具有很强的不平等性，航天强国处于权力中心，可以利用全人类的资源为自己服务，占领和掠夺发展中国家的航天应用市场，形成不等价交换。发展中国家开展航天活动，只能跟随航天强国或者航天大国以“融入”或者“边缘化”的方式进入国际航天战略博弈体系。正如美国学者沃勒斯坦指出的，“融入”是世界体系之外的国家和地区不断进入世界体系的过程，而“边缘化”则指世界体系不断包容新的国际和地区的过程。[①] 其次，国际航天战略博弈体系存在运动与变化。世界航天体系本身存在周期和趋势，由于航天技术发展的不均衡性，航天技术需要一段时间的积累，在积累后集中爆发，形成技术高速发展的形势。航天技术发展的特点影响国家实力的变化，进而在国际航天战略博弈体系中形成停滞和扩张两种趋势相互交替的周期。在这一变化过程中，发展中国家可以凭借自身的优势，选择正确的国际航天战略博弈战略和技术演进路线，实现从“边缘国家”到“中心国家”的转变。同时，中心国家之间通过斗争将形成航天“霸权”国家，失败的中心国家也可能沦为边缘国家。

第二节　商业航天与国家主义

冷战结束以后，随着全球化的快速发展，国际关系的时代主题从战争与革命转为和平与发展，国际航天战略博弈竞争的重点领域从军事安全转向社会经济，商业航天以全新的形态出现。同时，国际航天战略博弈的国际格局也处于激烈的变化之中，传统航天强国和航天大国相对衰落，新兴航天国家崛起。实践证明，航天技术已经成为促进现代科技发展的催化剂和孕育高新技术的理想温床，航天应用可以促使社会文化和生活发生革命

---

① 伊纽曼尔·沃勒斯坦:《历史资本主义》，路爱国、丁浩全译，社会科学文献出版社，1999，第9页。

性变化。在全球化和商业航天的大背景下，国家主义的国际航天战略博弈思想和实践突起，成为当今国际航天战略博弈的重要特征。

一、全球化与商业航天

随着冷战的结束，由于世界市场固有的扩张性和技术的发展，特别是信息技术革命的成功，使得在世界范围内以不可分割和日益强化的相互联系为基本特征的全球化进程加快。在经济领域跨国公司决定其全球的生产布局，实现了真正意义上的生产全球化，在世界贸易组织的框架下形成了全球贸易体制，随着生产与贸易的全球化，塑造了金融的全球化。在生产、贸易和金融构成的经济全球化之外，全球化快速向政治、社会、文化领域渗透，在政治上国际组织和国际制度增多，形成了全球政治观念；文化在全球范围内传播与交流，形成了新的文化观念和思维方式；在留学、劳工和难民等人口迁移模式下形成全球移民浪潮；工业化进程产生了全球性的环境污染和生态恶化，成为全球治理的重要议题。

全球化浪潮在航天领域塑造了商业航天。商业航天是指按照市场规则配置技术、资金、人才等资源要素，以营利为目的、独立的非政府航天活动。它包括卫星制造、发射服务、卫星运营及应用、地面设备制造与服务、太空旅游、太空资源开发等多个领域。[①] 在商业航天的推动下，国际航天战略博弈的主题从军事安全转向了社会经济，同时促使新兴航天国家崛起和国家主义国际航天战略博弈政策的施行，改变了传统国际航天战略博弈的力量格局和政策走向。

第一，国际航天战略博弈主题从军事安全到社会经济的变化。全球化的发展对国际航天战略博弈产生了重大影响，国际航天战略博弈的重点从维护外空的军事安全转向促进经济和社会发展。这一转变在参与主体多元化和经济性增加方面表现得尤为明显。首先，国际航天战略博弈的参与主体在全球化影响下呈现出多元化的趋势。传统国际航天战略博弈由于航天强国垄断航天技术，而且主要围绕军事安全议题开展活动，因此，国际航

① 黄志澄:《新航天：创新驱动的商业航天》，北京电子工业出版社，2017，第14页。

天战略博弈的参与方主要为主权国家和政府间国际组织，仅在空间科学领域有少量的非政府间国际组织参与。然而，随着全球化的进展，跨国公司、非政府组织、商业团体和协会甚至个人都在参与国际航天战略博弈活动。例如，美国摩托罗拉公司提出的铱星通信系统，在六个轨道面660千米高的轨道上部署66颗小型通信卫星，实现全球移动通信，该系统耗资33.7亿美元，在1998年投入使用。[①] 在此期间摩托罗拉公司作为国际航天战略博弈的主体与世界各国和国际组织开展了频率、轨位、商业模式等诸多问题的国际协调与交流。其次，国际航天战略博弈活动的经济性增加。随着全球化的深入，科技对经济的促进作用不断加大，航天作为技术密集型产业，日益受到世界各国的重视。各国希望通过发展航天技术，投资航天产业推动经济发展的转向和社会变革，实现国家的经济增长，甚至出现了以营利为核心目的的商业航天活动。因此，经济因素在国际航天战略博弈中的重要性不断增加。2019年5月，由布赖斯航天与技术公司为美国卫星工业协会（SIA）编写的报告评估全球航天经济规模为3600亿美元，其中卫星产业占2770亿美元，余下的主要是政府航天预算，增长率为3%。[②] 美国航天基金会2019年7月发表的年度《航天报告》估计2018年全球航天经济规模接近4150亿美元，增长率为8%。[③] 全球航天经济规模不断扩大。

第二，国际航天战略博弈格局和政策的变化。伴随着全球化在航天领域的深入发展，新兴航天国家崛起和区域合作改变了国际航天战略博弈的力量对比，也促使航天强国推行保护主义。首先，新兴航天国家崛起和航天区域化合作的深化改变了国际航天战略博弈格局。在全球化的推动下，部分发展中国家抓住了产业升级的机遇，实现了经济的快速发展和技术水平的跃升，在此基础上通过投资驱动和应用牵引，增强了国家的航天实力，航天强国传统的技术优势被新兴航天国家的创新商业模式优

① 俞盈帆：《铱星公司申请破产保护的教训与启示》，《国际太空》1999年第11期，第5页。

② 2019 Sate of the Satellite Industry, The Satellite Industry Association (SIA), http://www.parabolicarc.com/2019/05/13/sia-satellite-industry-report-thousand-satellites-operating-orbit/.

③ The Space Report, Space Foundation, https://promo.spacefoundation.org/tsr/quarterly-reports/TheSpaceReport19Q1.pdf.

势所“抵消”。以中国为代表，近年来利用国家经济发展和技术进步的机遇，在运载火箭、卫星平台与载荷、卫星应用、商业模式等方面均实现了创新突破。在区域合作方面，以欧洲航天局和欧洲全球导航卫星系统局（GSA）为代表的既有区域性航天合作机制不断深化，大型航天项目不断推进，以亚太空间合作组织为代表的区域性国际组织不断发展。新兴航天国家崛起和区域性航天合作的加深冲击着国际航天战略博弈格局。其次，航天强国从支持空间合作转向推行保护主义。在遭受金融危机打击和经济实力相对下降、航天霸权衰退和新兴航天国家的挑战之下，航天强国转变了冷战末期和冷战结束初期的国际合作政策，从鼓励开展空间合作的自由主义和多边主义转向强调维护国家利益的保护主义和单边主义，国家主义思潮在航天强国的国际战略政策中重新占据主导地位。以美国为例，自1999年发布《考克斯报告》以来，全面停止了中美的卫星发射服务，对中国实施严格的禁运措施，利用多种出口控制制度限制航天元器件、产品和服务的出口。航天的经济属性成为国际冲突中的重要中介手段。

二、国家主义的国际航天战略博弈

冷战结束后，在美国航天霸权提供的国际公共产品支持下，世界航天体系的建立促进了国际空间合作，但是一方面受到美国航天霸权衰落的影响，新兴航天国家在国际航天无政府状态下选择“自助”的政策，国际航天战略博弈不能摆脱大国竞争的本质，在国际航天战略博弈的实践中必然泛起国家主义思潮；另一方面作为一种反体系运动，国际航天战略博弈作为塑造政治威望的绝好工具，成为民族主义运动的重要载体，在民族主义复兴的国际大背景下，越来越多的国家开始实行国家主义的国际航天战略博弈。

国家主义的国际航天战略博弈，其中心思想是国际航天战略博弈活动必须为国家的整体利益服务，达到增强国家实力和实现国家发展的目标。国家主义的国际航天战略博弈表现出重商主义和民族主义的倾向，在实施手段上展现出融合新一代信息技术、鼓励私营资本参与和促进军民融合的特征。

第一，国家主义国际航天战略博弈表现出重商主义和民族主义的倾向。首先，传统重商主义认为生产力是国家经济的基础，工业是国家经济的支柱而关税则是保护国内工业的主要手段。国家需要根据自身的发展程度来改进他们的制度。[①] 在全球化的国际航天战略博弈中需要强调民族国家的利益，由于全球经济快速增长的时期已经结束，传统航天强国的技术优势下降，同时新兴航天国家的竞争能力提高，国际航天战略博弈的竞争性加剧，这种竞争扩展的结果是世界航天在技术体制和应用市场上被分割成不同的区域和集团。其次，在冷战结束和全球化的推动下，民族主义浪潮席卷了世界，一些国家内部产生了严重的民族冲突，引发了国际干涉。特别是以强调经济权益为主要特征的经济民族主义将成为21世纪民族主义发展的主流，以保护本民族文化为特征的文化民族主义逐渐兴起，将成为世界各民族融合和交锋的新热点。[②] 航天活动作为塑造民族认同的重要工具，是未来潜在的巨大经济效益的载体，是国家利益的重要组成部分，因此，在国际航天战略博弈活动中必然会带有浓重的民族主义色彩。

第二，国家主义国际航天战略博弈在手段上出现融合新一代信息技术和鼓励私营资本参与追求投资回报的特征。首先，新一代信息技术大量应用于航天领域，为国家主义的国际航天战略博弈提供了新的技术手段。21世纪，随着互联网、移动互联网和物联网的应用发展，大数据、云计算、3D打印、边缘计算等新一代信息技术应用于航天的研发设计、装备制造和运营维护等方面，使得国际航天战略博弈活动可以通过更多的技术手段达成目标。其次，私营资本参与航天活动，寻求经济上的投资回报。传统航天依靠政府投资，由政府对航天项目进行组织和管理，虽然有私营企业参加，但只是作为项目承包商或配套单位。这种模式面临政府财政资金支持不足的困难。以美国为例，在完成“阿波罗登月计划”后，政府对航天活动的投入不断减少，目前的投入不及“阿波罗”计划执行高峰时期的八

① 弗里德里希·李斯特:《政治经济学的国民体系》，商务印书馆，1997，第261页。

② 金鑫:《全球化时代民族主义的发展趋势》,《当代世界与政党资料》2003年9月，第406页。

分之一。随着全球化的扩展，在航天技术不断发展的支持下，私营企业在提供航天产品、服务或活动的同时，开始承担一定比例的投资风险和责任，按照典型的市场机制运行来控制成本并获得最大的投资回报，形成以市场为主导，采用市场手段，运用市场机制，按照市场规律开展的航天活动。[①] 经济手段在国家主义的国际航天战略博弈中扮演重要角色。

第三节　航天依附关系中的变革

在世界航天体系所形成的依附关系中，印度、日本和中国是极具特色的三个国际关系行为体。本节内容是在国际航天战略博弈理论框架下，按照航天科技、战略和资金的三类要素对这些国家的航天实力进行分析，在此基础上剖析其航天实力变化与国际航天战略博弈政策的调整，并对其未来的国际航天战略博弈发展方向进行预判。在对日本和印度，甚至欧洲（法国）的国际航天战略博弈分析中，不能脱离大国竞争的国际政治经济的结构性框架进行单纯的技术研究。这是因为在国际政治经济关系中，日本和印度均为美国的盟友，其航天科技的发展受到国际政治经济格局的结构性影响。一方面，这些国家的航天科技发展能够获得美国资金和技术的支持，在某些领域甚至能够得到美国的政策默许，在航天科技上可以实现较为快速的发展，取得一定的成就；另一方面，这些国家同样受制于与美国的政治经济关系，并不能真正完全地掌握航天核心科技，由于在关键部件和技术上不能实现自主可控，不具备航天科技持续稳定发展的基本条件，因此自主创新能力不足。航天大国面对的这一情况正是当代国际政治经济格局与航天科技在互动中产生的结构性矛盾。中国则可以作为一个突破依附关系的案例进行分析。

一、印度的挑战

印度在世界航天格局中占有重要的位置。虽然印度在国家战略中高度

---

① 张保庆等编著:《航天发展新动力：商业航天》，中国宇航出版社，2017，第2页。

重视航天，但是其航天科技水平和资金投入规模与世界主要航天国家还存在较大差距。在这一航天相对实力的基础上，印度国际航天战略博弈的核心是通过航天活动塑造其国际威望。印度大力推进太空开发及积极参与太空国际治理，以展示自己在体系中独立自主的地位与参与世界事务的平等权利，并显扬本国在高科技领域的成就以增强国家的荣誉与名望，其终极目标是促成大国地位的形塑与大国身份的被承认。[①]

（一）印度的航天实力

印度在航天相对实力上与大多数发展中国家相比具有一定优势。在弹道导弹和运载火箭、卫星应用和商业遥感、深空探测等方面取得了不少成绩。[②] 但是与世界主要航天国家相比还存在较大差距。由于没有较为坚实的科技基础，难以实现技术上自主可控，其战略决心和战略意志不强，严重限制了其航天的发展和国际航天战略博弈活动的开展，特别是近年来印度经济发展的困境又影响了其对航天的投资，为印度航天的发展蒙上阴影。

首先，在科技上，印度将航天科技视为国家实力的重要组成部分，积极开展运载火箭和弹道导弹、各类卫星和航天探测器的研制，建设了发射场、测控网和运控中心的基础保障设施。在运载火箭方面，印度自20世纪60年代初开始为探空火箭和运载火箭研制了一系列固体发动机，并在其后引进俄罗斯技术发展了印度国产的低温液氢液氧发动机。目前拥有卫星运载火箭（SLV3），加大推力卫星运载火箭（ASLV），极地轨道运载火箭（PSLV）和地球同步运载火箭（GSLV）四个系列的运载火箭，并在2017年成功发射了GSLV-MK3重型运载火箭，能够提供近地轨道、极地轨道和地球同步轨道的多种卫星轨道发射能力。[③] 在发展探空火箭和运载火箭的技术基础上，印度研发了“大地”（Prithvi）系列近程弹道导弹

① 陈翔：《理解印度的太空事业发展：基于威望动机的视角》，《亚太安全与海洋研究》2018年第3期，第22页。

② 黄志诚：《印度航天技术发展概况及其主要经验》，《国际技术经济研究》2002年第2期，第8页。

③ 沐阳：《印度航天运输系统》，《国际太空》2006年第10期，第11页。

和“烈火”（Angi）系列中程、远程和洲际弹道导弹，形成了印度最主要的战略威慑能力。在卫星应用方面，印度重视卫星通信、遥感和导航对其社会经济发展的重要作用。在通信方面，通过购买、引进和自研拥有印度通信卫星（InSat），印度的通信卫星早期利用美国ATS-6和欧洲“交响乐”卫星进行了通信实验。自1981年开始自行研制通信卫星，但是由于技术水平有限，主要还是通过引进的方式从美国福特宇航公司订购四颗并自行生产了其中的两颗，同时还增加了气象载荷。在遥感方面发展了印度遥感卫星（IRS），作为国家自然资源管理系统（NNRMS）的主要平台并向不少国家分发遥感数据。在导航方面，印度按照先建设增加系统再建设区域系统的计划，建设了全球定位系统辅助型静地轨道增强导航系统（GAGAN）和印度区域导航卫星系统（IRNSS）。在深空探测方面，印度开展了月球探测和火星探测任务。在2008年发射了“月球飞船一号”，在2019年发射了“月球飞船二号”，但是在月球的软着陆遭遇失败。2014年印度“曼加里安”火星探测器成功进入火星轨道，成为首个成功进行火星探测的亚洲国家。在航天基础设施方面，建设了测控网络、地面控制中心，拥有跟踪、遥测和遥控网络（ISTRAC）和主控站（MCF）两大机构。拥有达万航天中心（即斯里哈里科塔发射场）等运行保障设施。

虽然印度航天的科技水平有所发展，航天活动也有不少亮点，但是与世界主要航天国家还存在较大差距，甚至呈现出局部缩小整体扩大的趋势。从数量指标上看，其卫星和航天器的发射数目、在轨卫星数量都不及美、中、俄等航天大国的一半，印度航天从业人员数量仅占美中俄从业人员的十分之一。从技术体系上来看，由于缺少独立自主的航天技术，大部分关键的航天元器件和核心技术均依赖进口，不能实现航天技术的自主可控。例如印度区域导航卫星系统（IRNSS）在2016年发射七颗卫星后宣布建成，但是，随后连续发生大面积故障，无法稳定运行。[①] 在深空探测领域，印度主要是以展示政治威望的目的为主，其实际的技术指标较低，由

① 刘春保：《星钟之殇：“伽利略”系统与“印度区域导航卫星系统”都面临重大难题》，《国际太空》2017年第4期，第67页。

于缺少完整的工业体系、坚实的学科基础和人才培养体系，印度航天科技的未来发展面临严峻挑战。

其次，在战略上，印度从国家威望的角度出发高度重视国际航天战略博弈，但是缺少战略决心和战略意志力。印度重视航天技术和应用的发展，实施了多个航天系统工程建设，并且获得了广泛的国际关注，成为重要的国际航天力量。印度一方面根据航天发展的需要调整航天机构的组织设施，形成适合航天发展的管理体制；另一方面制定航天发展计划，利用国际航天合作，重点围绕太空安全和军事航天，提升自主能力开展工作。在管理体制上，印度在1962年成立下设于原子能部的“印度空间研究委员会”（INCOSPAR），在1969年成立印度航天研究组织（ISRO），在1972年成立航天委员会和航天部，成为印度航天的主要管理机构。1983年7月，印度政府将导弹研制从空间发展计划中分离出来，制定了综合导弹研制计划，由印度国防研究与发展局（DRDO）组织实施。[①] 近年来，印度加快从“寓军于民、以民掩军、军民两用”的航天发展战略转向发展独立的军事航天。在2008年成立了隶属于国防部联合总参谋部（HQIDS）的一体化航天机构（ISC）整合国内航天资源，加速军事航天发展，并且正在准备成立独立的航天司令部负责军事航天。随着一系列导弹试射和反导试验的开展，印度成立了国防航天局（DSA），整合国防图像处理和分析中心（DIPAC）和国防卫星控制中心等军队机构，负责统筹军事太空资源并维护太空安全。国防研究与发展组织（DRDO）下设国防航天研究组织（DSRO），开发太空武器系统及相关技术，负责航天技术在国防领域的应用，特别是以2019年印度成功进行反卫星试验为标志，印度加快了军事航天的发展步伐。在航天计划方面，印度早期主要是通过航天应用促进民众对航天的了解，争取大众对航天技术发展的支持。冷战结束后，印度将航天作为国家荣誉的重要象征，在继续发展民用航天的同时开始重视军事航天的规划与发展。同时将航天的战略规划方式从1951年开始学习苏联的“5年计划”模式改为长期愿景（15年路线图）、中期规划（7年国家发

① 李向阳:《印度导弹发展综述》,《现代军事》2001年第8期，第23页。

展计划）和短期计划（3年行动计划），实现了从“自上而下”计划到“自下而上”规划的改变。分短期、中期和长期对航天项目设计、主要任务规划和整体管理制度均进行了重新明确。[①] 继续扩大航天项目对国家威望的提升作用。

最后，在资金上，印度维持较高的投入，同时也积极开展航天商业化。但是印度经济增长失速的困扰使得航天预算的持续增加在未来产生了困难。21世纪以来，随着印度经济的高速发展，印度航天预算呈现逐年增长的趋势。1999—2000年印度航天部的预算为175.5亿卢比（约4.129亿美元)，2005—2006年在航天活动上投入了314.8亿卢比（约7.22亿美元），比前一年增长了24%。2008—2009年向印度航天研究组织拨款407.4亿卢比（约10亿美元)，比上一年度增长近40%。2014—2015年的航天预算为720亿卢比（约为14亿美元），比上一财年增加了6.5%。其中，运载火箭260亿卢比（约4.3亿美元)，“地理成像卫星”、资源卫星和制图系列和海洋卫星、通信卫星预算为100亿卢比（约1.7亿美元）。[②] 2018—2019年，印度航天部申请预算达到1078.342亿卢比（约16.54 亿美元），比上一财年增长18.58%。此外，印度还制定了航天商业化政策，鼓励私营资本进入航天。印度航天部在2002年出台了工业参与政策，通过减少强制生产许可证的方式，鼓励印度私营企业和工业界加入航天项目。目前由超过500家私营企业参与印度航天项目。此外，印度积极开展国际商业合作，通过成立股份制合资公司，向国际航天市场推出印度的航天产品，包括卫星遥感数据、出租通信卫星转发器、提供卫星发射服务和卫星遥测遥控服务，等等。但是，印度经济的持续增长受到国际经济波动和自身经济结构性问题的限制。印度统计局数据显示，2019年1—3月，印度的经济增长率为5.8%，4—6月，印度实际增长率同比增长5.0%，创下六年以来最低水平。[③] 印度维持高额进口关税和放弃贸易协定的政策取向减弱了印度企

① 何慧东:《印度航天政策与战略分析》,《国际太空》2019年第4期，第41页。

② 朱鲁青、宋轶姝:《印度航天发展战略一瞥》,《国际太空》2015年第7期，第58页。

③ 龙兴春:《印度经济增长放缓，但前景并不悲观》,《环球时报》2019年11月19日第15版。

业的国际竞争力，同时，印度经济结构中服务业比重过高，工业比重偏低，加上自然灾害对农业的影响，使得印度经济自身持续发展能力不足，征地、税收和劳工权益保护等传统制度性问题未能通过改革实现突破，这些矛盾都考验着印度经济持续发展的能力。

（二）印度的国际航天战略博弈政策

印度国际航天战略博弈政策的核心是提高国家威望，因此积极与世界主要航天国家开展空间合作，通过重大航天系统的建设工程展示国家实力。印度与美国、俄罗斯、法国、日本、澳大利亚等航天国家通过技术引进、有效载荷搭载、卫星数据共享、整星购买、联合研制和提供商业发射服务等多种方式，在卫星研制、卫星应用、空间科学和深空探测领域开展了深入和广泛的空间合作。印度已经与39个国家的航天局和四个航天国际组织签订了航天合作文件。

中国与印度之间的实力差距较大，双方存在广阔的合作空间，但是受到中印双边关系的限制，印度将中国视为其在航天领域最紧迫的挑战和最重要的竞争对手。印度媒体往往将其自身的航天成就与中国进行对比，作为其国家荣誉感的来源，塑造其对自身大国地位的认知。因此，虽然中国与印度在2014年签署了《中国国家航天局与印度空间研究组织关于和平利用外层空间合作的谅解备忘录》并在2015年建立了航天合作联委会，通过了中印航天合作大纲，围绕卫星遥感开展了合作。但是在中印国际航天战略博弈关系中，呈现出以太空竞争成为主，以空间合作为辅的局面。随着中印航天相对实力差距的进一步扩大和中印双边关系的改善，中印的空间合作拥有巨大潜力。

在对印度国际航天战略博弈政策的分析中，需要注意其实力与政策存在错位的特点。印度认为自己是一个重要的航天大国并且在不远的未来还将会成为一个超级航天大国。印度前总统阿卜杜勒·卡拉姆（Abdul Kalam）参与了印度的导弹计划以及博克兰–II（Pokhran-II）核试验，被称为印度的“导弹之父”，他的观点具有很强的代表性。1998年卡拉姆和另一科学家拉詹（Rajan）合著了《印度2020：新千年的愿景》一书，在书中设想印度将在2020年成为“超级大国”。但是，伴随着严重的经济放缓，不断上升的贫困水平和大规模的抗议活动，印度在混乱状态中步入了2020年。如今的现实情况显示出印度的2020大国梦早已破碎。[①] 事实上，印度的国际航天战略博弈在目标与能力之间总是存在着不小的差距，而且这一情况是长期存在的。

印度航天发展的困境代表了大多数发展中国家在航天领域的困境。印度很难实现技术上的自主可控和航天实力的快速提升，这是由于存在两方面的原因。第一，缺少自力更生的航天精神。印度虽然依靠其庞大的经济规模，能够安排一定比例的资金，并且不受限制地从美国、法国和俄罗斯等航天大国购买到关键性的航天元器件和核心技术，但是由于在缺少技术和人才的困境下，没有攻克科学技术的恒心，也没有对产品和技术实施国产化的战略决心，不可避免地陷入了"引进—落后—再引进"的怪圈。其实，航天强国敢于向发展中国家出售技术，就是认定发展中国家无力解决这些技术问题。第二，缺少艰苦创业的制度优势。纯粹的市场经济不是解决所有问题的万能药方，尤其是面对航天技术这类高投入、高风险、长周期的战略性技术。民间资本一般只愿意投入金融和房地产类的周期短、收益高的项目，依靠市场化不可能解决航天技术进步的问题，在市场化的过程中需要政府的指导。印度政府的能力较弱，缺乏强大的政治动员能力，不能下定战略决心，通过重点工程的大量投入实现技术和产品的国产化，更不能有效地塑造和促进航天商业市场。这是大部分发展中国家在航天领域普遍面临的不可逾越的困境。

二、日本的努力

日本在世界航天格局中占有重要位置，但是与美国、俄罗斯等航天强国相比还存在较大差距。日本想通过国际航天战略博弈扩大国际影响力，将国际航天战略博弈作为提高其国际政治威望的重要手段，重点转向军事和安全领域，力争恢复其大国地位。

---

① Shoaib Daniyal, "2020 Is Here, not India's Predicted Superpowers," *Quartz January*, January 3, 2020, https://qz.com/india/1778948/india-ushers-in-2020-with-unfulfilled-superpower-dreams/.

（一）日本的航天实力

日本航天在相对实力上与大多数国家相比具有一定优势。日本在运载火箭、空间探测和卫星应用领域都取得了较大的成就，并有不少创新，呈现出蓬勃发展的局面。[①] 日本政府高度重视航天，制定了国家战略和航天计划，对航天机构进行了积极的改革并且加速军事航天的发展，希望利用航天提高国际地位并扩大其国际影响力。强大的经济实力为日本政府增加航天预算奠定了基础，但是过高的国家债务水平影响了日本持续为航天提供资金的能力。

首先，在科技上，日本高度重视航天科技的发展，不断加大航天科研创新的能力。从20世纪50年代至今，日本的航天技术经历了"科学重要领域""通向21世纪的科学技术""国家战略技术""国家战略的重要边疆"的技术定位转变，其技术发展目标从外国技术转变为自主技术，到实现技术自主，再到实现自主技术创新，最后转变成为世界技术强国。[②] 在运载火箭方面，由于运载火箭技术与弹道导弹技术高度相关，日本运载火箭的发展受到控制。早期宇宙科学研究所（ISAS）开发的K（kappa）系列和L（lambda）系列探空火箭，M（mu）系列固体燃料运载火箭，当前已由E(epsilon)系列新型固体运载火箭代表，实现了降低发射成本的目标。日本宇宙航空研究开发机构（JAXA）引进美国"雷神–德尔塔"火箭技术研发的N系列运载火箭和H系列大型运载火箭。[③] 在卫星通信领域，日本20世纪90年代迫于美日贸易争端中美国政府的压力，无法对商业通信卫星的开发进行投入和补贴，通信卫星研制数量较少且缺乏竞争力，主要通过采购美国卫星进行运营。虽然近年来卫星研制有所发展，但是与美国、欧洲等航天强国的技术水平还存在较大差距。在卫星导航方面，日本"先增强，后独立，兼容渐进"的总体发展思路在2006年启动了"准天顶"卫星导航系统建设，在2012年底开始提供服务，系统应用范围以及成功

① 关祝：《成为国家战略的日本航天业》，《太空探索》2010年第8期，第45页。

② 李艳：《日本太空战略研究》，时事出版社，2018，第79页。

③ 廖少英：《日本运载火箭的发展计划》，《上海航天》1998年第1期，第48页。

推广到亚洲和大洋洲的许多国家，应用领域也得到了拓展。[①] 拥有海洋观测卫星（MOS）、静止轨道气象卫星（GMS）、地区资源卫星（ERS）和先进地球观测卫星（ADEOS），并且通过国家发展援助贷款（ODA）的方式在2019年向越南出口了首颗遥感卫星。在深空探测领域，日本研制、发射和运行了“希望号”火星探测器、“月亮女神”月球探测器、小行星探测器“隼鸟”家族，“破晓”号金星气象卫星等航天器，取得了较为丰富的深空探测和空间科学成果。

其次，在战略上，日本高度重视国际航天战略博弈，不断增强军事航天活动，利用航天活动提升其国际地位。作为最早进行太空开发的国家之一，在1969年通过了关于开发太空的国会决议案并出台了《太空开发计划》，太空政策重心经历了从“太空开发”到“太空开发利用”，再到“以安全为首要目标的太空开发利用”的过程，全面增强其军事航天能力。[②] 早期日本的战略重点集中在空间科学领域，空间技术发展较为缓慢。由于航天技术与军用技术，特别是弹道导弹技术的高度相关，日本的军事航天发展受到严格的控制。从日本的国家战略上看，日本不可能放弃军事航天。日本决策者多年来一直为“技术民族主义”的缓慢消亡及其对国家安全构成的影响感到担忧。在采购防务装备的问题上，日本并未完全屈服于“买美国货”的要求，而是在寻找新方法来保持“技术民族主义”在其安全战略中的核心地位。具体来说，日本政府试图利用“技术民族主义”来实现国家安全目的，同时开发在外太空技术等领域的国际合作新途径，从而振兴和维持这一模式。除了传统的国际合作外，日本正越来越多地利用实现“技术民族主义”的另一条道路：将军民两用技术应用于外太空。[③] 日本针对朝核问题启动了“情报采集卫星计划”（IGS），建设了专用的数据中继卫星系统、搭载导弹预警探测器的光学成像卫星以及快速响应卫星

① 李作虎、席欢：《日本卫星导航系统发展与思考》，《卫星与网络》2013年第10期，第68页。

② 李艳：《日本太空战略研究》，时事出版社，2018，第30页。

③ Christopher Hughes, “Japanese Security Turns to the Stars,” *East Asia Forum*, May 7, 2019, https://www.eastasiaforum.org/2019/05/07/japanese-security-turns-to-the-stars/.

系统，加强对重要目标的侦查和感知，提升导弹预警和防御能力。从2015年开始，日本增加了军事侦察卫星的发射。近年来，日本通过大力发展军事航天力量，不断增强侦察与信号拦截等太空作战能力，提升军事威慑力，在进一步提升国际地位的同时，为其重新谋取政治军事大国的目标奠定基础。[①] 总的来说，日本在战略上利用国际太空竞争格局的调整，通过太空领域的官民协同和国际合作，积极促进其太空战略的转型与发展，迅速推进其太空战略的军事化、综合安全化、官民协同化和国际合作化。[②]

最后，在资金上，日本政府维持较高的投入，希望利用国家的财政投资促进日本航天产业的发展，打造新的经济发展引擎，培养国内航天市场，同时带动国际出口，特别是在航天军事领域实现了较大程度的经费增长，但是总体经济情况制约了投资规模。以日本宇宙航空研究开发机构的预算为例，2010年预算为2290亿日元（约24.6亿美元），2017年预算为1827亿日元（约17.1亿美元）。[③] 在经费的具体使用方面，以2015年为例，其航天总预算3245亿日元，相较2014年的3827亿日元下跌了15.2%，日本宇宙航空研究开发机构所占份额最高，预算达到1840亿日元，相较2014财年的1815亿日元增加了25亿日元。新型H-3运载火箭项目预算125亿日元，大幅宽、高分辨率光学成像卫星预算51亿日元，“准天顶”区域卫星导航系统预算215亿日元，相较2014财年的125亿日元增幅达72%，加大对军事航天的投入，仅“情报采集卫星”项目预算为697亿日元。[④] 日本航天投资最大的限制在于其经济的持续健康发展能力，特别是“安倍经济学”的实施急速扩大了日本的国债规模，成为经济发展的严重隐患。根据近期日本财务省公布的最新数据，日本国债总额包括国债、借款等国家

---

① 郭锐：《冷战后日本航天产业发展及其军事化的影响》，《同济大学学报（社会科学版）》2016年第4期，第26页。

② 梁怀新：《日本太空战略发展新态势》，《国际研究参考》2018年第6期，第29页。

③ 刘悦、贾茹、李立凌、王阳：《从美国航天基金会〈航天报告（2018）〉看世界航天发展态势》，《国际太空》2019年第1期，第49页。

④ 张召才：《从〈航天报告（2016）看全球航天发展态势〉》，《卫星应用》2016年第8期，第16页。

债务达到了1103万亿日元（约为10.3万亿美元）。[①] 包括国债、借款、政府短期证券在内的日本国家债务总额是其GDP的245%，国民总收入的822%，还是财政收入的2359%。与欧债危机类似，目前日本经济发展缺少新的扩展动力，企业普遍缺少利润点，一旦达到经济衰退节点，债务风险极大，日本政府对航天的投入只能增加其“花钱财政”的风险，如果不对航天经济进行结构化改革，日本的航天投资不可能支持其长久的发展。

（二）日本的国际航天战略博弈政策

日本国际航天战略博弈政策的核心是利用航天科技提高其国际威望，实现重塑大国地位的目的。日本自2008年制定《宇宙基本法》解除日本对太空的开发利用不得用于军事目的限制后，日本调整和完善了太空政策决策机制，建立起首相主导的太空战略领导体制。[②] 日本国际航天战略博弈决策体制的重构使得国际航天战略博弈政策能够集中于首相，形成一元化领导，推动各政府部门的统一运作。在日本提高国际威望的目标下，一方面，日本重视航天对国家安全，特别是外空安全的保障作用，重点加强与美国的合作，在美日同盟的体系下构建多层次的安全合作机制，加快日本航天军事力量的建设；另一方面，日本积极开展国际合作，特别是针对广大发展中国家，通过提供航天技术、产品和服务的方式，提升国际地位。

日本与美国在国际航天战略博弈方面开展密切的空间合作，双方在空间科学、以国际空间站为代表的载人航天、以通信卫星为代表的卫星应用、以探月为代表的深空探测、发射服务等方面均开展了众多合作项目。此外，日本在军事航天领域重点加强与美国合作，在独立发展军事航天力量建设航天系统的同时积极利用美国的航天系统。例如在卫星导航领域，其“准天顶”区域卫星导航系统首先实现对美国全球定位系统的增强、补充和备份，通过航天系统的结合，将美日安保合作延伸到太空，使得双方的联合作战具备天基保障能力。日美同盟的“集体自卫”，从陆海空域延

① 梅岩:《“安倍经济学”为何解不了日本高债务之题》，日本东方新闻，http://www.livejapan.cn/review/review_sound/review_sound_editorial/20190516/19584.html。

② 李梅:《日本太空政策的演变、动因及影响》,《东北亚学刊》2019年第3期，第106页。

伸到了太空，双方的安保、海洋战略与太空战略实现对接。[①]

在现有合作的框架下，日本与欧洲在空间科学、对地观测等领域开展对话与合作，与俄罗斯围绕国际空间站开展了载人航天领域的合作，与中国和印度仅开展了航天对话，并有部分的航天元器件贸易合作。由于日本自身有限的航天实力与印度缺少空间合作的契合点，日本虽然与中国和俄罗斯具有较为广阔的合作空间，但是受制于美日同盟的约束，在当前中日和日俄关系的框架下，难以开展大规模合作或者实施重大航天系统工程。由于中日、日俄基于相对航天实力的合作基础客观存在，随着中日关系和日俄关系的改善，日本与中国、俄罗斯存在未来开展空间合作的巨大潜力。

日本以建立政治威信提高国际地位为核心目标的国际航天战略博弈，非常重视发展中国家的作用，与发展中国家开展了广泛的合作。首先，积极开展商业合作，为韩国、土耳其、卡塔尔、阿联酋、缅甸、菲律宾等国家提供卫星发射服务。其次，开展援助，启动了多个国际合作项目。这些由日本牵头向发展中国家提供的航天合作项目主要是开展科学技术试验，基于微小卫星，利用国际空间站日本实验舱或利用日本火箭，通过慈善基金、援助资金的支持，针对发展中国家的高校、研究人员和政府单位发起。例如日本九州理工大学倡导的"全球多民族鸟类联合项目"（JGMNB），为尼日利亚、加纳、孟加拉国、蒙古国、布丹、马来西亚、菲律宾、斯里兰卡、尼泊尔等国家提供卫星研制的人员培训和卫星发射机会。此外，日本也同阿尔及利亚开展了10 KOH微纳卫星的合作，与卢旺达签署了《关于废止空间包容协议》由日本东京大学合作开发获取天气数据和对地观测的RwaSat小卫星，与尼日利亚研制了用于教育的NigeriaEdusat-1卫星，在国际空间站日本舱段释放了肯尼亚内罗毕大学研制的1KUNS-PF纳米卫星。这些项目虽然预算少、规模较小，但是微小卫星作为这些发展中国家能够拥有的第一颗卫星，其政治影响力远远大于

---

① 李秀石：《论日本太空战略与日美拓展"同盟对接"》，《日本学刊》2006年第5期，第44页。

实际的应用效果，还在名义上使得发展中国家具备研发能力，满足了在航天方面处于起步的发展中国家的需求，极大地提高了日本在发展中国家的政治威望。最后，日本积极利用且主动搭建了多边平台，例如，在联合国亚太经社理事会框架下举办了“多个全球导航卫星系统在区域可持续发展中的应用”（Multi-GNSS Asia，MGA）国际研讨会，开展卫星导航领域的交流，建立了亚太区域空间机构论坛（Asia-Pacific Regional Space Agency Forum）在亚太地区开展航天领域的国际交流，这些多边平台和组织推动以日本为主的航天合作，通过国际航天战略博弈极大地提升了日本的国际影响力。

三、中国的崛起

如果说美苏的航天竞赛是20世纪国际航天的主轴，那么中国在航天领域的崛起将是21世纪国际航天的主轴。[①] 当前，世界正处于大发展、大变革、大调整时期，政治多极化、经济全球化、社会信息化、文化多样化深入发展，国际力量对比发生重大变化，中国的国际地位得到前所未有的提升，国际影响力、感召力、塑造力进一步提高。同时，中国的国际战略也正面临世界经济增长动能不足、贫富分化日益严重、地区热点问题此起彼伏、非传统安全威胁持续蔓延的挑战。在国际形势深刻复杂的变化中，和平与发展仍然是时代主题，中国仍然处于重要战略机遇期，国际航天战略博弈在这一伟大历史变革进程中需要总结前期的经验成果，开展战略规划，在大国博弈、多边主导和应用推广方面主动作为，通过战略设计和体制改革，丰富中国特色大国国际战略理论，推动构建新型国际关系、构建人类命运共同体。中国国际航天战略博弈经过60多年的实践取得了丰硕的成果并积累了很多成功的经验。中国航天之所以能够突破世界航天体系成为改变国际航天战略博弈格局的变革性力量，首先是国家对航天在战略上的高度重视，采取自力更生的发展原则，走出一条独立自主的发展道

① Brian Harvey, *China in Space: The Great Leap Forward*(New York: Springer Praxis Books, 2019), p.10.

路；其次是在保持一定投入的基础上提高资金的使用效率，特别是发挥艰苦奋斗的航天精神，拥有和培养了一大批航天领域的杰出专家、技术人员和技术工人；最后是坚持自主可控的技术发展原则，在技术路线上采取以目标为核心的指导思想，在工程建设上采取系统工程的科学方法。对于在航天领域技术与经济基础较为薄弱的发展中国家来说，独立自主的战略规划、杰出完备的人才队伍和科学严谨的工作方法，是成功发展航天和开展国际航天战略博弈的重要经验。

（一）中国航天的发展

中国高度重视航天在国家战略中的地位。中国在20世纪50年代作出发展导弹、原子弹和卫星（“两弹一星”）的战略决策，主要是基于当时战后国际关系格局和朝鲜战争的经验。在朝鲜战争中，中国深刻认识到先进武器的重要作用。因此，在国民经济还处于恢复的时期，中国就作出了重点发展航天技术的决定。1956年5月10日，聂荣臻向党中央提出《关于建立我国导弹研究工作的初步建议》，5月26日，周恩来总理主持中央军委会议通过了这个意见，并在10月8日正式成立了国防部第五院。在国家的重视下，经过机构的建设、拆分和重组，建立了比较完整的航天工业体系，取得了“两弹一星”的重要成就，这些航天成就极大地提高了中国的军事实力、综合国力和国际威望，支撑中国国际战略在国际格局中开展中美苏大三角的协调，使中国在冷战中得以成为在美苏之间独立且重要的力量。

改革开放以来，国家的重点转向国内经济建设，同时继续重视航天的发展。在国家航天预算有限、型号任务缩减的情况下，国内军工企业克服军需用品任务急剧减少所带来的挑战，中国航天通过积极参与商业活动，实现了比较好地发展。在运载火箭方面，通过提升原有长征火箭的通用性，提高运载能力，打入了国际商业发射服务市场，为中国航天的发展筹集到重要资金。在航天技术应用方面，普遍开展“军转民”，通过自筹资金发展和研制民用产品，积极进军卫星通信行业，维持和发展了中国独立自主的航天产业体系和人才队伍。

进入21世纪以来，中国更加重视航天，提出了建设“航天强国”的目标。随着中国经济的飞速发展，航天作为创新型国家的重要组成部分，在引领国家科技进步、增强国防实力、维护国家利益和巩固国际地位方面起到重要作用。中国一方面加大投入，上马了载人航天、北斗导航、高分遥感等一批重大航天工程项目。另一方面积极出台政策鼓励商业航天发展。在国家宏观经济快速发展的背景下，航天投资日益增多，大量关键技术实现自主可控并能够出口。国际合作在资金投入和科技水平快速提升的基础上日益增多，在中国航天实力快速发展的形势下，中国成为国际航天战略博弈格局中的重要力量，对未来国际航天秩序的建立具有核心作用。

中国的航天产业从研制探空火箭起步，以军事应用为牵引，重点研究弹道导弹和运载火箭；具备火箭技术后，集中力量发展人造卫星；在星箭技术发展后，转向发展航天应用。在这一过程中，形成了政府部门主导需求，以国有企业为主，完成国家任务的产业结构。

中国航天产业的发展历程可以分为四个阶段。第一阶段，1958—1970年为火箭技术研发阶段。在这一阶段中研制了探空火箭，成功研制了弹道导弹和运载火箭。同期开展了卫星的基础研究工作，1965年国家正式下达了研制人造卫星任务，1968年2月组建了中国空间技术研究院。1970年4月24日，第一颗人造地球卫星“东方红一号”研制并发射成功，使中国成为世界上第五个独立研制和发射人造卫星的国家。第二阶段，1971—1984年为航天工程的技术试验阶段。这一阶段先后成功研制并发射五颗返回式遥感卫星，使中国成为世界上第三个掌握卫星返回技术的国家。1984年4月，中国第一颗“东方红二号”试验通信卫星成功定点在东经125°赤道上空。中国从此迈进能够自主研制和发射地球同步通信卫星的国际先进国家行列。第三阶段，1985—2000年为航天工程应用阶段。在此阶段，返回式卫星进入实际应用，为国土普查、资源勘探、铁路选线等国民经济各领域提供大量图片和数据。通信卫星、气象卫星、资源卫星也取得长足进展。“九五”期间共研制和发射了一颗应用卫星和“神舟”号试验飞船。第四阶段，2000年至今为航天工程应用拓展阶段，通过开展载人航天工程、探月工程、“北斗”卫星导航系统、高分卫星、天通卫星等一系列重大航天工程，具备了较强的航天产业化和应用能力，航天技术开始与各个应用领域进行对接，服务于科学研究和国计民生，同时通过开展商业航天活动，为国家经济的发展创造动力。

我国航天事业取得了跨越式发展和举世瞩目的成就，载人航天和卫星导航能力居世界前三位，应用卫星如通信卫星、导航卫星及对地观测卫星等空间基础设施方面我国现在已基本配套，品种基本齐全。目前，我国的航天产业结构仍然保持以国家为主导、以国有企业为核心，完成国家任务的产业格局。这种产业结构一方面可以较好地保障国家航天任务的高质量完成，另一方面则限制了私营企业参与国家任务的渠道，阻碍了国家航天潜力的释放。在国际航天战略博弈领域，中国的国际航天战略博弈受到国家航天产业结构的影响，以政府为主体和牵引，部分依托国有企业，开展国际航天战略博弈活动。

中国航天科技水平的快速提升是中国开展航天国际合作的基本条件。中国航天的科技水平在21世纪得到了迅猛发展，特别是在2010年以后，中国航天科技水平快速提升，自主创新能力显著增强，进入空间能力大幅提升，空间基础设施不断完善，随着“北斗”卫星导航、载人航天、高分辨率对地观测系统、月球探测等一系列航天重大工程的顺利实施，使得空间科学、航天技术和应用取得了巨大进展，中国加快了从航天大国向航天强国的转变。随着中国航天科技水平的显著提升，中国步入美国、欧洲、俄罗斯等航天强国的行列，开始为国际用户提供航天产品与服务，为中国国际航天战略博弈的开展奠定了坚实基础。

在发射服务方面，“长征”系列运载火箭的优异表现和新型运载火箭的快速发展使得中国运载火箭的技术水平进一步提升，促成了中国发射欧洲、尼日利亚、阿尔及利亚、沙特等卫星的合作。截至2020年2月，“长征”系列运载火箭共完成326次发射，发射成功率高于96%，在国际发射服务市场具有较强的竞争力。同时，“长征五号”“长征六号”“长征七号”“长征十一号”和“快舟”系列等新一代运载火箭顺利研制和发射，进一步完善了运载火箭型谱，提高了中国运载火箭的可靠性和高密度发射能力。[1] 中国运载火箭技术的快速提升为中国在商业发射服务领域开展国际合作奠定了科技基础。

在卫星导航方面，“北斗”系统的快速发射组网能够为阿拉伯国家提供服务，保障了中国与世界各国开展广泛的卫星导航合作。“北斗”卫星导航系统自2012年正式向亚太地区提供服务以来，经过高密度发射组网，在2018年开始向“一带一路”国家提供定位、测试、授时等服务，中阿联合进行的测试评价结果表明，在“一带一路”国家上空可见八颗“北斗”卫星，定位精度优于十米，可用性95%以上，“北斗”系统可为阿拉伯国家和地区提供优质卫星导航服务。[2] 此外，“北斗”卫星导航在中国已形成自主可控、完整成熟的产业链，其提供的时间和空间位置信息被广泛应用于交通运输、海洋渔业、测绘制图、防灾减灾、应急救援、金融电力授时等众多关系国计民生的核心领域。世界上大多数发展中国家普遍使用美国全球卫星定位系统，正如叙利亚战争期间全球定位系统的信号强度波动所反映的那样，依赖单一系统容易产生安全隐患，世界各国应用“北斗”通过多系统兼容互操作的共用方式可以维护国家卫星导航的应用安全。[3] 中国卫星导航技术的快速发展为中阿、中泰在卫星导航领域建设中阿北斗/全球导航卫星导航中心、中泰北斗/全球导航卫星系统中心，开展教育培训、推广各类北斗卫星导航应用奠定了技术基础。

在卫星通信方面，中国通信卫星在固定通信、移动通信、数据中继方面的技术进步和系统建设，为中国向尼日利亚、白俄罗斯、阿尔及利亚等国家出口通信卫星提供了支撑。“东方红四号”卫星平台的成功应用和“东方红五号”超大型通信卫星平台的顺利研制使得中国通信卫星具备了出口能力，“亚太”“中星”“天通”“天链”等系列通信卫星的成功发射，通信

① 尚辉：《长征-11首次亮相国际小卫星商业发射服务市场》，《国际太空》2016年第8期，第34页。

② 陈飚：《第二届中阿北斗合作论坛在突尼斯成功举办》，《国际太空》2019年第4期，第69页。

③ 蔺陆洲、邓平科：《卫星导航安全与北斗系统的发展》，《信息安全与通信保密》2018年第11期，第34页。

卫星测控站、信关站、上行站、标校场等地面设施的建设增强了国际用户的信心。[①] 中国在卫星通信领域的技术进步为中国开展卫星通信的国际合作提供了保障。

在卫星遥感方面，中国对地观测卫星技术和应用的提升，为中国开展卫星遥感国际合作奠定了基础。“风云”系列气象卫星、“海洋”系列海洋遥感卫星、“资源”系列陆地遥感卫星和“高分”系列高分辨率遥感卫星的成功发射、系统建设和数据应用，提升了中国卫星对地观测的能力和水平。[②] 中国可以同世界各国在卫星研制、遥感数据接收与处理、信息共享等方面开展合作，特别是推动发展中国家的对地观测卫星数据在行业、区域、公众服务等领域的应用，促进经济社会的发展。

在深空探测领域，中国探月工程的成功实施为开展国际合作提供了可能。中国“嫦娥”系列月球探测器对月球的探测和研究，使得中国深空探测的水平进一步提升，中国与欧盟开展了联合研究，与沙特开展了对月成像合作。未来，随着中国加大深空探测研究投入，将与世界各国在深空探测领域开展更多类型的合作。

在载人航天方面，中国“神舟”系列载人飞船和“天宫”空间实验室的成功发射和运行，突破了天地往返、空间出舱、交会对接、组合体运行、航天员中期驻留、地面长时间任务支持和保障等载人航天领域的重大技术，为世界各国，特别是发展中国家参与中国空间站的合作与交流，在航天器平台技术、空间科学与应用、航天员选拔训练与联合飞行、载人航天技术成果推广等领域合作的开展奠定了技术基础。

在科学研究方面，中国成功发射“实践”系列技术试验卫星，为空间科学研究提供了重要手段，为世界各国，特别是发展中国家参与新技术验证、空间环境下的科学试验和空间环境探测与预报提供了可能。

在航天基础设施建设方面，中国航天器制造、航天发射场和航天测控的系统建设与技术发展，为尼日利亚、阿尔及利亚、巴基斯坦等国建设了

① 王家胜:《中国通信卫星》,《国际太空》2001年第4期，第17页。

② 李德仁、邵振峰:《中国对地观测卫星及其应用》,《科学》2007年第6期，第5页。

地面设施，援助埃及建设卫星总装车间等国家合作项目提供了技术支撑。中国建设了酒泉、太原、西昌和文昌四个航天发射场，利用地面系统、卫星和“远望”测量船建立了陆海天基一体、功能多样、规模适度的航天测控网，为中国在航天基础设施建设方面开展国际合作奠定了基础。

中国的航天管理体制以型号和项目管理为主轴，建立了行政和技术两条线管理模式。各国航天管理体制具有航天决策层次高、决策集权化、管理模式多样化、行政管理与科研开发一体化、航天管理法制化等共同特点。[①] 中国在航天工程项目管理中，通过多年的实践和创新，建立了“总指挥和总设计师”分别负责的行政和技术两条线的组织指挥模式。[②] 专门任命总设计师、副总设计师，建立总指挥、总设计师联席会议制度，也在工程各级设立行政和技术两条指挥线，形成“横向到边、纵向到底”的矩阵式组织管理体系，为大型系统工程管理注入新的管理理念，形成了具有科学预见的规划和计划管理体系，能够对工程实施有效的综合管理，保障了工程研制的进度和质量，走出了一条具有鲜明中国特色的重大科技工程建设发展之路。

中国的航天管理体制经历了学习苏联，效仿美国，再到独立创新的过程。早期中国航天的管理体制学习苏联。与之类似，中国在学习苏联航天管理经验的过程中建立了“集中建设、集中管理”的航天管理体制，以型号任务或项目工程为主体，以国防科学技术工业委员会牵头作为综合性的顶层中央执行机构。改革开放后，中国开始效仿美国的航天管理体制。美国的航天管理体制高度集中，国防部主管军事航天，国家航天局主管民用航天。在这一思路下，1982年4月9日，中国将第七机械工业部改为航天工业部，1988年，航天部与航空部合并组成航空航天工业部。1993年6月6日，成立中国航天工业总公司，完成了由政府部门到国有企业的转换，同时成立中国国家航天局，作为负责民用航天管理及国际空间合作的政府

---

① 赵海峰、李晶珠:《航天管理体制比较研究》,《环球法律评论》2008年第4期，第19页。

② 朱建儒:《专题协调小组是协调两条指挥线关系的有效组织》,《航天工业管理》1995年第6期，第45页。

机构，也是中国航天对外的代表机构。1998年，中国国家航天局成为国防科工委的内设机构。1999年，中国航天工业总公司改组为中国航天科技集团公司和中国航天机电集团公司。[①] 2008年，国家航天局挂靠新组建的国家国防科技工业局，隶属于工业和信息化部。[②] 改革开放以来，中国航天管理体制的这一系列变革，其优势是通过将政府部门改为企业，降低了国家的负担，特别是设立了航天科技和科工两大集团，创造了行业竞争，增强产业活力。但是在这一变革中，由于中国航天企业的能力与美国航天企业相比较为有限，中国没有完全效仿美国的航天管理体制。

（二）中国的航天国际合作

中国的国际航天合作主要是对航天大国和发展中国家开展的。中国与航天大国的航天合作主要是在引进先进技术同时为中国航天发展筹集资金，与发展中国家的航天合作主要是巩固友好关系，促进经济合作。

中国与航天大国的航天合作主要是引进先进技术和吸引资金，经历了从空间合作转向太空竞争的过程。

中国早期的国际航天战略博弈主要集中在军事安全领域，通过弹道导弹的研制和试验，提升中国的军事实力，扩大中国的国际影响力，最终恢复了中国的政治大国地位。改革开放以来，随着中国的工作重心转移到了经济建设，国际航天战略博弈的主要工作转向引进吸收先进技术并为中国航天的发展筹集资金。由于在改革开放初期中国航天的相对实力与美欧等航天大国还有较大差距，在政治关系转变的基础上，双方的空间合作具有很强的基础，因此中国与美国、西欧国家开展了密切的合作，中国从西方引进了一批先进技术，开展了卫星应用和商业化，同时为欧美国家提供发射服务，也为中国航天的发展筹集到了宝贵的资金。例如，中美在卫星通信领域合作，中国向美国租用了多个卫星转发器，同时向劳拉、洛马等公司订购了多颗卫星。中国还与欧洲联合研制“鑫诺”一号卫星，参加“伽

① 2001年7月，中国航天机电集团公司更名为中国航天科工集团公司，2017年11月，更名为中国航天科工集团有限公司。——编者注

② 徐明钊等:《中外航天管理体制比较及对中国航天的启示》,《现代商业》2018年第12期，第74页。

利略”系统的建设。进入21世纪以来，中国的航天实力快速提升，中美航天实力差距快速缩小，中欧航天实力基本接近并在部分领域实现了超越。因此，中国与美国、欧洲的国际航天战略博弈转向竞争，未来随着中国航天实力的进一步提高，将会加强与美国的竞争关系，但是有可能同欧洲恢复空间合作。

中国与苏联早期在航天领域密切开展合作，自中苏同盟关系破裂以来，双方的国际航天战略博弈受制于中苏关系，停止了合作。冷战结束以来，中俄在航天的技术和应用方面开展了合作，但是由于双方航天实力的快速接近，处于松散型合作和预防性竞争之间，没有取得重大进展成果。

中国与日本、印度也开展了一些航天的交流与合作，虽然开展了一些会谈并签署了一些协议，例如中印在1988年签订科技合作协议，在1991年签署和平利用外空合作谅解备忘录。但是由于相对实力较为接近，没有开展密切合作。随着中国航天实力的快速提升，未来中国与印度、日本之间具有广阔的合作空间。

中国与发展中国家的航天合作主要是巩固友好关系，以航天应用为牵引，促进经济合作。进入21世纪以来，随着中国航天实力的提升，中国与发展中国家开展了广泛的空间合作。中国与发展中国家的国际航天合作范围广阔，涉及亚洲、拉丁美洲、欧洲、非洲和大洋洲等地区，就空间科技合作、和平利用外空、卫星发射、航天测控等方面进行了广泛的合作。[①] 由于发展中国家在资金支持和航天技术方面均较为有限，因此，中国与发展中国家的合作重点是航天应用，在合作中利用航天技术能够使发展中国家解决社会经济中的现实问题。

中国在东南亚地区与泰国、老挝、印尼开展了卫星发射、环境减灾遥感应用和卫星通信的合作。中国与东南亚国家的合作主要是为这些国家发射商业通信卫星，同时通过共享遥感数据，为这些国家的防灾减灾提供技术支持，特别是随着“北斗”系统的建成与服务，中国开展了“北斗东盟

---

① 程群、付重阳:《中国与发展中国家的太空国际战略刍议》,《国际关系研究》2013年第3期，第73页。

行”活动，通过各类“北斗”应用示范，加强了卫星导航技术在东南亚国家的应用。

中国在南亚地区与巴基斯坦、斯里兰卡开展了卫星发射、卫星研制、卫星通信和卫星导航和导航地基增强的合作。中国与南亚国家紧密合作，通过援助与贸易的方式为巴基斯坦研制并发射了通信卫星，同时在卡拉奇建设了巴基斯坦国家卫星导航地基增强网，为斯里兰卡建设了电信港，通过这些航天合作项目提高了南亚国家的技术水平，带动其经济发展。

中国在西亚北非地区与沙特阿拉伯、埃及、土耳其开展了卫星发射、联合研制、卫星遥感应用、导航增强等合作，并且依托中阿合作论坛机制组织了“中阿北斗合作论坛”作为多边合作平台。中国与西亚北非国家的合作主要包括两类：一是为资源型国家提供卫星研制和发射服务，例如为阿尔及利亚研制了通信卫星并发射了沙特遥感卫星。二是通过对外援助的方式提供航天产品和服务，例如为埃及提供了遥感卫星和AIT卫星总车间的建设。

中国在非洲地区与尼日利亚、刚果（金）、肯尼亚、纳米比亚等国开展了通信卫星整星出口在轨交付、卫星测控等合作，特别通过向尼日利亚出口通信卫星，突破了美国对中国商业航天的封锁，闯出了一条整星出口在轨交付的商业航天新路。中国与非洲国家的合作一是为资源型国家提供整星出口服务，例如中国向尼日利亚出口的通信卫星。二是积极开展多种类型的航天合作，例如测控站建设和遥感数据分享，直接支持当地的技术水平发展和进步。

中国在拉美地区与巴西、委内瑞拉、玻利维亚、秘鲁、阿根廷、智利、厄瓜多尔等国开展了卫星遥感、卫星通信和航天测控的合作。中国与拉美国家的航天合作历史较长，自20世纪90年代以来，中国与巴西合作建设了中巴资源卫星，为双方提供了大量遥感数据，成为南南合作的典范。近年来，为委内瑞拉和玻利维亚研制了遥感卫星和通信卫星，建设了大量地面设施，有效地提高了这些国家的航天科技水平。在商业航天方面，中国企业投资了阿根廷的航天创业公司，并且提供了优质的卫星发射服务。

中国积极推动国际航天战略博弈的多边合作。在2008年牵头组织成立了亚太空间合作组织，作为在亚太地区具有独立国际法地位的政府间国际组织，是全球继欧洲航天局之后第二个政府间区域空间合作组织，通过开展联合研究、教育培训、应用开发等工作，推动资源共享，加强成员国的航天能力。亚太空间合作组织在未来具有广阔的发展前景。

结　论

竞争与合作的关系变化与政策调整是国际航天战略博弈的基本问题。从国际政治经济学的视角对国际航天战略博弈进行总结和研究，对深入理解当今复杂的国际关系，推动航天产业发展具有重要意义。本书通过明确国际航天战略博弈的基本概念，梳理了国际航天战略博弈的历史与现实，从中总结提炼了国际航天战略博弈的核心要素。据此建立了国际航天战略博弈理论的范式、模型和推论，并对理论进行了验证。利用构建的理论对世界主要航天国家和国际组织开展了分析和预判。航天科技在持续发展进步，航天与国际关系的互动也在变化和更迭，在国际航天战略博弈理论范式未被突破的情况下，本书所描述的国际航天战略博弈模式还将延续。未来，随着商业航天的发展，国际航天战略博弈可能产生颠覆性的变化，进而对国际政治经济格局产生重大影响。

第一节　国际航天战略博弈的本质与启示

航天产业的计划经济属性决定了国际航天战略博弈的本质是大国竞争。国家在国际航天格局中只有坚持独立自主的道路，才能实现航天的发展，增强自身实力，最终在国际航天战略博弈中占据主动。

一、国际航天战略博弈的本质

到目前为止所有的历史经验都表明：国际航天战略博弈的本质是大国竞争。国际航天战略博弈的形式和内容会随着航天技术的进步、经济的发展和国家间政治关系的调整产生相应的变化，但是竞争作为其本质特征从未改变。国际航天战略博弈的核心是争取和保持航天实力的优势，服务于国家整体的对外战略。

国际航天战略博弈受制于航天经济的基本性质。到目前为止，整个航天产业的主要资金来源是国家的财政投资和政府的计划项目。由于航天活动的投资金额较大，收益较低，而且最终的用户是公共部门，因此，航天业本质上属于计划经济类的产业，美国、俄罗斯、欧洲或是中国概莫能外，航天活动和项目始终要通过国家或公共部门的牵头组织，在高度的计划和指令下才能实现，这是航天产业不变的特质。因此，虽然航天活动有大量科技机构、高等院校、企业、协会社团等多种类型的部门和组织参与，但是国家和政府才是核心的国际航天战略博弈行为体，国际航天战略博弈必须在国家利益、国家实力、国际无政府状态和国家有限理性的框架内进行研究和讨论。由于物理空间的有限性和航天市场的有限性，导致国际航天战略博弈的竞争是一种存量竞争，同时由于航天与军事安全的密切联系，使得航天的敏感性大为增加，在上述综合因素的作用下，大国竞争必然成为国际航天战略博弈的本质特征。

二、国际航天战略博弈的启示

任何国家想要在国际航天战略博弈格局中占有一席之地，必须坚持独立自主的发展路线，保证航天科技的自主可控。国际航天战略博弈中的独立自主强调的是坚持独立思考，从国家的基本情况出发走自己的路，依靠本国自身的理论进行建设，维护国家荣誉和民族尊严，把国际航天战略博弈的立足点放在自身力量的基础上，在这个基点上开展空间合作，争取先进技术的引进和资源的导入。

国际航天战略博弈的独立自主主要体现在战略政策和科技发展两个方面。首先，在坚持独立自主的政策和战略方面，很多国家在国际航天战略博弈政策的制定和实施过程中，容易受到航天强国和航天大国的影响，甚至受到霸权国家的摆布。国际航天战略博弈的独立自主就是要根据国家自身情况进行国际航天战略博弈政策的设计，以维护和增加国家利益为出发点和落脚点，在政策的实际执行过程中，需要坚持国家和民族的自尊心和自信心，具有排除一切艰难险阻的魄力和勇气。其次，在坚持独立自主的科技发展方面，很多国家希望通过购买引进世界先进的航天技术，实现本国航天科技水平的快速发展。国际航天战略博弈的独立自主就是要依靠自身力量稳扎稳打，一步一步地踏实发展，掌握核心科技和关键技术，实现航天科学和技术的自主可控，满足国家发展航天的基本科技要求。实践反复告诉我们，关键核心技术是要不来、买不来、讨不来的。只有把关键核心技术掌握在自己手中，才能从根本上保障国家经济安全、国防安全和其他安全。航天科技只有在国家战略框架下各方共同努力、协同攻关完成科研任务，才能从技术上保障国家航天的稳定发展。当然，独立自主不是要盲目排外追求对抗，而是要合理运用国际关系的基本准则和规范，在独立自主的条件下开展空间合作，把自力更生与争取外援结合起来，调动国际上一切的积极因素，推动航天的发展。法国和中国在航天和国际航天战略博弈领域的重大成就已经表明，在“中心—外围”的世界航天体系中，希望提升自身国家的国际地位，必须坚持战略政策和科技发展上的独立自主，最终才能实现国家航天实力的增强，缩小与其他国家航天相对实力的差距，为国家在航天领域的生存与发展赢得主动。

第二节　进一步的研究

从学科划分上，航天技术与国际关系是两个相互独立的研究领域。但是从航天技术发展与国际关系互动的历史上看，两者之间存在着紧密的联系。自冷战时期开始，政府部门和公共机构完全主导了航天技术的发展，同时，航天技术也成为国家的国际战略工具，美苏之间的太空竞赛对冷战时期的国际关系发展产生了重要影响。正是在航天技术与国家关系互动的这一交叉领域，形成了国际航天战略博弈的研究需求。冷战结束以后，随着全球化进程的日益加速和航天技术的不断成熟，国际航天战略博弈不仅意味着太空竞赛与军事对抗，而且开始全面推动社会经济发展转型。特别是在当前，世界商业航天的发展，让世界航天出现了继20世纪载人登月高潮后的第二个新高潮，推动世界航天进入了以全面商业化、创新驱动和军民融合为特征的新航天时代。[①] 这一转变的核心特征在于改变航天产业的性质。但是，当前针对国际航天战略博弈的研究，在前期有限的基础上，还缺少可以把握时代特征、回答国际航天战略博弈基本问题的研究成果，缺少打破航天技术研究与国际关系研究之间壁垒的创新性研究成果。本书尝试在国际政治经济学的视角下，运用定量和定性相结合的研究方式，参考当代国际关系理论研究的最新成果，结合航天技术和航天产业的最新进展情况，对国际航天战略博弈进行分析和研究，通过梳理国际航天战略博弈的历史与现实，总结国际航天战略博弈的基本特点和根本特征，客观地评价国际航天战略博弈的态势，提出国际航天战略博弈的理论框架，从而辅助推进航天国际工作的开展，进一步协助制定和实施国际航天战略博弈政策。因此，本书的研究对促进航天产业发展、丰富国家国际战略手段和维护国家外空安全具有重要的意义。

中华人民共和国成立后不久，中国政府就提出了发展航天工业的计划，航天在中国的国家战略中占有极为重要的地位。1970年4月24日，中国自己研制的第一颗人造地球卫星成功发射升空，标志着中国已经成为拥有研究、制造和发射卫星能力的国家，迈入了航天大国俱乐部。经过60多年的艰苦奋斗，中国在航天领域取得了辉煌的成就。从1986年开始，中国航天企业开始为国际用户提供商业发射服务，到2006年实现整星出口，航天在中国国际战略中也扮演着越来越重要的角色。到目前为止，国际航天战略博弈领域的相关研究尚未回答竞争与合作中关系变化和政策调整的动因，这一国际航天战略博弈的基本理论和重大问题。在实施层面则缺少理论研究与国际战略实践的互动，既没有形成丰富的理论体系，也不能有力支持国际航天战略博弈实践活动的开展。这就需要研究人员积极进行探索和讨论，通过理论创新为中国的国际航天战略博弈发展作出更大的贡献。

本书针对国际航天战略博弈中竞争与合作转换的基本问题进行研究，

① 黄志澄:《新航天：创新驱动的商业航天》，电子工业出版社，2017，第17页。

具有重要的理论意义和现实意义。

在理论上，通过对国际航天战略博弈的研究可以丰富国际关系理论。首先，在国际政治经济学的视角下，结合航天技术发展在国际关系领域引起的变动，可以在国际关系宏观理论的基础上，构建航天技术与国际关系互动的中层理论，为解释航天技术发展与国际关系变化之间的互动，提供更有解释力的理论模型。在国际关系理论应用的层面，本书在研究中将揭示国际政治经济学的宏观理论在映射到以航天为主题的特定领域中所发生的嬗变。对国际关系理论，特别是国际政治经济学理论的发展提供一个新的思考视角。其次，国际航天战略博弈的研究可以扩展国际战略理论。在建设中国特色国际战略理论的过程中，航天是中国科技战略和经济战略的一个重要抓手，国际航天战略博弈是中国国际战略的重要组成部分。通过对国际航天战略博弈进行系统性的论述，特别是突出这一理论的时代性特征，可以进一步丰富中国特色国际战略理论的内容。

在现实中，通过对国际航天战略博弈的理论研究可以促进这一理论的实践。首先，国际航天战略博弈理论的建立可以为日常的国际航天战略博弈工作中提供一种思考模式，实现对国际航天战略博弈态势及时、准确地感知。同时，利用模型为从业人员的业务工作提供辅助，协助制定出更加科学有效的政策。其次，通过对理论的研究和相关支撑材料的梳理，可以为对国际航天战略博弈感兴趣的国际关系研究人员、航天爱好者和普通大众，提供一个了解国际航天战略博弈的窗口，在掌握基本情况和历史沿革的基础上，形成航天的基本概念，把握航天前沿技术的发展趋势，了解世界主要国家和国际组织的国际航天战略博弈政策，促进国际航天战略博弈的讨论与研究。

一、研究总结

本书以航天技术发展和国际关系互动的视角，在现有国际政治经济学理论的基础上开展研究。在论证结构上，将观察、归纳、演绎和验证的方法相结合。参考培根的科学归纳法：第一，尽可能全面地收集资料；第二，把收集的资料加以整理和排列；第三，通过综合与推导得出结论。[①] 因此，在本书的研究中，首先，围绕国际航天战略博弈的历史，收集尽可能充分的案例资料，对国际航天战略博弈进行充分的观察。其次，利用归纳法对材料进行分析整理，总结规律。最后，当总结出规律后，在利用演绎法来验证国际航天战略博弈的规律，如果根据规律推导的结果与新的观察相符合，即可证明规律的有效性。如果规律验证错误，则回到研究起始的第一步，重新进行分析。

在具体的研究方法上，采取定性研究和定量研究相结合的方式，以定性研究提出国际航天战略博弈的知识框架和基本理论模型，并以定量研究的方式，使用国际航天战略博弈的案例和数据对理论模型的假说进行检验。

在定性研究方面，在定义国际航天战略博弈概念内涵和外延的基础上，利用历史研究的方法，结合国际政治经济学理论的发展对国际航天战略博弈的历史进行梳理。通过归纳和演绎的方法总结出国际航天战略博弈基本理论的构建要素，从而建立国际航天战略博弈的分析框架并形成基本假说，最后利用理论框架对假说进行比较分析研究从而完成理论和假说的验证。

在定量研究方面，利用数学分析工具，在前期定性分析的基础上，对抽象和演绎的国际航天战略博弈理论要素进行量化，通过相关数据的统计和相关性分析，对国际航天战略博弈竞争和合作的理论进行补充说明，并在案例研究中对国际航天战略博弈的理论模型进行检验，同时在理论分析部分利用博弈论对案例进行深入剖析，形成对定性研究的增强、补充和验证。

本书通过回顾国际航天战略博弈的历史，归纳和抽象出影响国际航天战略博弈的重要因素，利用这些归纳的要素构建一个简单的系统性理论框架，解释国际航天战略博弈中竞争与合作的关系变化和政策调整，识别其中的颠覆性变量，并通过相关性分析的定量研究和比较分析的定性研究进

① 弗朗西斯·培根:《新工具》，许宝骙译，商务印书馆，1984，第23页。

行验证，以国际航天战略博弈的基本理论为框架对世界主要国家和国际组织进行分析，特别是对中国的国际航天战略博弈进行剖析和预测。本书在研究中在理论构建的过程中以定性研究和定量研究相结合的方式进行论证，力争形成具备“理思路、出思想、有特色、接地气”四项特点的研究成果。通过本书构建国际航天战略博弈基本理论，可以协助航天国际事务的行业从业者和参谋人员进行研究和决策。

通过分析和对比外国学界与中国学界国际航天战略博弈的研究文献情况，本书在围绕国际航天战略博弈基本理论和重大问题的研究中设立了三个目标：建立知识框架体系，形成基本理论和分析模型，对理论假说进行检验和应用推广。

第一，本书力求围绕国际航天战略博弈建立一套系统性的知识框架体系，通过这个整体性的研究框架对国际航天战略博弈开展分析，将国际航天战略博弈分散的不同领域、不同层次的问题进行一体化分析研究。阐明国际航天战略博弈的基本概念，通过梳理国际航天战略博弈的发展历史，以及对当前国际航天战略博弈发展方向的把握，在规范外部环境和条件的前提下，为国际航天战略博弈的理论建构奠定基础。

第二，本书尝试提出一种具备实际可操作性的国际航天战略博弈理论模型。针对国际航天战略博弈的基本理论和重大问题，总结归纳理论要素，形成能够准确、客观、快速地对国际航天战略博弈的环境和现状进行评估，掌握国际航天战略博弈的整体态势，具备针对国际航天战略博弈实时感知的态势评估方法。在此基础上，建构解释国际航天战略博弈竞争与合作的基本理论模型，利用定量分析工具进行跨学科的协同创新，形成综合性的分析方法，使得国际航天战略博弈的竞争与合作理论能够更加科学化。

第三，本书将利用国际航天战略博弈的数据和案例对竞争与合作的理论假说进行检验，从主要航天强国的双边关系、航天大国的国际航天战略博弈政策、区域性航天组织、国际航天组织等维度，对国际航天战略博弈的基本理论进行理论验证和应用分析，特别是对中国的国际航天战略博弈进行剖析，形成有利于中国国际航天战略博弈进一步发展的政策建议。

此外，在本书中收集、整理和分析了大量国际航天战略博弈的案例和素材用于理论检验。对于不感兴趣的读者，可以忽略理论检验部分的内容，重点关注理论模型的建构。对于希望了解相关案例和素材的朋友而言，通过阅读历史回顾和理论模型的验证部分，可以了解国际航天战略博弈在国家政策、产业发展、技术进步等方面的基础信息，从一个独特的视角掌握国际航天战略博弈的基本情况。

本书在研究中的难点与创新点集中在研究选题、研究方法和研究风格三个方面。

第一，在研究的选题上，航天技术与国际关系的互动是当前研究亟待开拓的领域。首先，本书在研究中开创性地提出了“国际航天战略博弈”的概念，将航天技术和国际关系互动领域的名称、概念进行了规范，梳理了相关概念和定义的内涵和外延，对中国航天国际工作的未来发展具有开创性的意义。其次，本书在研究中可以丰富航天技术与国际关系互动领域的研究成果，对国内和国际的相关研究产生补充和推动的作用。

第二，在研究的方法上，通过系统性的分析框架，为国际航天战略博弈的研究建立跨学科的基础，加强国际航天战略博弈的顶层设计能力。同时，通过定性研究和定量研究相结合的方式，丰富国际航天战略博弈的研究手段。具体而言，在理论要素的归纳上，依托历史研究的方法构建理论基础，划定理论范式；在理论模型建构中参考当前国际关系理论和国际政治经济学理论的框架，形成逻辑推理；在理论验证的部分，利用相关性分析的方法进行数据验证，并配合案例研究增强论证的有效性；在理论分析中，以案例研究的方式进行国别研究，同时使用博弈论对部分案例进行分析。本书以定性研究与定量研究相结合的方式，有助于开拓相关研究的设计思路，提升国内对国际航天战略博弈的研究水平。

第三，在研究的风格上，力争成为“理思路、出思想、有特色、接地气”的研究成果。理思路，指的是梳理前期的研究成果，站在巨人的肩膀上前行，不是自说自话，形成一套封闭独立的语言和系统，支持与产业界、学术界积极地交流，通过本书在研究中引发更多的交流与讨论。出思想，指的是在研究中不能简单地总结情况，要在充分研究前期学界成果的基础上，搭建知识框架进行系统性分析。研究整体要突出思想性，提出具有探索性和独特性的研究思路，产生具备创新性和跨学科性的研究成果。有特色，指的是在研究的过程中要能够展现中国特色，对外国研究成果不能进行单纯的照搬照抄，要结合中国航天发展的实际情况提出思想，而且在站稳中国立场的同时也注重理论的通用性，特别重视对发展中国家的意义，使得理论具有较强的国际参考价值。接地气，指的是研究不能浮于表面，脱离航天国际工作的实际而空谈战略问题，摒弃坐而论道的治学风气。研究需要深入航天国际事务工作的一线，研究成果立足于能够为普通航天国际工作者所熟悉和使用，对其实际工作提供帮助。

二、未来工作

本书的研究随着在材料的收集与整理方面开展了大量工作，但是在数据编制、案例选择方面仍然存在不足。大量数据和案例材料来源于外国机构或咨询公司的数据库，同时，有限的人力、物力、精力、时间等因素也导致本书的数据编制和案例选择存在缺陷和不足，无法充分地准确反映现状。因此，本书在研究中通过定性与定量研究相结合的方式，特别是突出系统性和结构性的研究方式，对本书在数据编制和案例选择方面做出补充，并可以在未来通过技术手段实现优化。

在本书的数据编制和案例选择方面，通过梳理了战略、资金和科技三个方面的多种指标，从而形成了庞大而错综复杂的量化标准。但是这并不表示能够完整复原国家真实的航天实力，只能起到管中窥豹的效果。首先，当前掌握和公布的资料，只能覆盖国家航天实力的一部分，其完整的航天实力和数据不可能得到全面地反映。其次，由于国家国际航天战略博弈活动的规模过于宏大，非本书能完全覆盖。最后，航天相关数据在冷战后才开始部分公布，早期大量且重要的数据无从获得，数据的可信度、数据的标准均有待验证。此外，由于研究中资源较为有限，航天实力的评估只能采用外国咨询公司的报告和数据。航天咨询行业内以美国卫星工业协会的年度《卫星产业状况报告》、美国航天基金会的年度《航天报告》、欧洲咨询公司的《中国航天产业报告》《全球卫星建造与发射市场预测》等报告，以及中国运载火箭技术研究院研究发展中心的钱学森运载技术实验室的《空间态势评估报告》，均为百万资金量级的研究项目，本书在研究中有限的资源限制了数据的丰富性。与之相关，目前的主流研究方式主要是通过立项组成项目团队开展研究，特别是针对航天这类跨学科、交叉学科涉及面较广领域的研究，需要多学科大量人员的参与，在本书的研究中，主要是针对国际航天战略博弈的基本思路和框架进行研究，限制了研究的全面性。本书所作的努力是建立一种基础性的思维方法和框架，使得未来的研究能够获得进一步的扩展，其次在复杂的世界中能够通过尽可能简单的手段快速抽取关键信息，使得国际航天战略博弈作为一种中层理论更加贴近实际，能够得到更广泛的应用。

未来，基于本书提出的思维方式和逻辑架构，主要是在研究的重点和研究的方式上进行拓展。首先，在研究重点上，目前理论主要考察了两个国际航天战略博弈行为体之间的关系，通过优化国际航天战略博弈模型，加入多重变量，特备是利用多源异构数据融合技术，可以增加影响因素，拓展国际航天战略博弈理论分析的主体数量，进而考察多主体间的互动关系，进一步提高国际航天战略博弈理论的解释力。其次，在研究方式上，随着新一代信息技术的快速发展，可以通过建设大型数据库，利用大数据分析和人工智能迭代学习的手段，对国际航天战略博弈的关键因素和指标进行深入挖掘，建立案例库、场景库，产生更为精确的面向应用的定量研究成果。特别是基于优化的国际航天战略博弈模型和大型数据库，可以利用兵棋推演的方式搭建国际航天战略博弈综合分析平台，对国际航天战略博弈的形势进行动态模拟和实施评估，这一方式将对国际航天战略博弈的研究产生更具互动性、更加贴近真实情况的研究成果。

第三节　国际航天战略博弈的未来

商业航天作为未来可能改变航天产业经济性质的因素，也是国际航天战略博弈的重要外部变量。在当前航天产业经济性质的限制下，国际航天战略博弈理论不能突破既有范式，将维持大国竞争的本质特征，以持续性的竞争为主，航天相对实力接近的双方竞争将会加剧。未来随着商业航天的发展，航天产业的性质有可能发生颠覆性变化，真正大范围密切的空间合作将成为可能。

一、持续的竞争

在国际体系处于政府状态的情况下，国家最终只能通过自助的方式维护自身的国家利益，在竞争有限的航天资源的过程中，航天实力的对比成为塑造国际航天战略博弈的决定性因素。从功能主义的角度而言，组织实施航天活动的国家是相似的国际关系行为体，国家之间的主要差别在于其航天实力。因此，在国际航天战略博弈中，国家更加关注相对实力而非绝对实力的变化。这就决定了在国家间政治关系和意识形态的框架下，相对实力差距较大的国家之间有可能开展空间合作，相对实力差距较小的国家之间更有可能开展太空竞赛。同时，这种相对实力的变化也决定了国家国际航天战略博弈政策的调整。在太空竞赛方面，相对实力快速接近的国家偏好进攻性的竞赛政策，相对实力有缩小趋势的国家则偏好防御性的竞赛政策；在空间合作方面，相对实力快速扩大的国家偏好紧密的合作政策，相对实力有扩大趋势的国际则偏好松散的合作政策。当然，从目前的情况来看，具有政治对抗潜在风险的国家之间即便航天相对实力差距较大而开展空间合作，更多地集中在载人航天与深空探测领域，在航天应用领域等关键领域少有合作。“国家间的联盟应当完全从实力政策的视角来看。”[①] 空间合作只是维护国家利益、保持航天实力优势的一种手段，这也反映了大国竞争是国际航天战略博弈的本质特征。

事实上，依靠财政供养的航天大国在战略竞争中难免作茧自缚。国际航天战略博弈的战略威慑是超级大国和其实行的霸权主义赖以生存的土壤。但是，当政治、经济、军事和文化四大权力的滥用程度不得不逐渐降低时，帝国就开始衰退；当四大权力不能再被滥用时，帝国就走向崩

① Hans von Seeckt, *The Future of the German Empire*(New York: T. Butterworth limited, 1930), p.151.

溃。[①] 美国的国际航天战略博弈正展示出这样一幅图景，在航天的政治上依靠“中心—外围”结构压榨广大的发展中国家甚至是其盟友，实现美国自身的高利润；在政治和文化上利用自己的太空安全观念，依托国内立法和国际机制压制竞争对手，寻求战略优势；在军事上通过弹道导弹、核武器、反导系统和积极开发的太空武器实现战略威慑，甚至进行直接的军事干涉，维护国家安全。国际航天战略博弈的特殊性就在于其对国家，特别是超级大国，在霸权和国际秩序的建立与崩溃中所发挥的双向作用，帮助超级大国建立霸权的航天技术最终可能成为摧毁国际秩序的最大动因，正如“阿波罗”计划既帮助美国赢得与苏联的太空竞赛却最终导致随后的经济滞涨一样，国际航天战略博弈在国际政治的发展趋势和国际关系的演进变化中是通过点点滴滴的孤立事件在渐进中逐步达到的，相同的事件，在不同时期却导致了截然相反的结果。

国际航天战略博弈是主要由航天强国和航天大国开展的国际战略活动，但是这一领域持续的高度竞争，可以说塑造了航天大国之间的悲剧。“在一个没有机构来保护国家相互安全的世界里，大国主要考虑如何生存。它们很快意识到，权力是其生存的关键……国际政治中几乎看不到维持现状的国家，原因是国际体系为国家牺牲对手以获得权力创造了巨大的诱导因子，当利益超过成本时，它们就会抓住这一机会。一国的终极目标是成为体系中的霸主”。[②] 本书并非完全建立在进攻性现实主义的范式和逻辑之上，但是航天当前的产业经济性质导致国际航天战略博弈陷入了持续性的大国竞争之中。尽管我们认识到航天大国的这种竞争性的思维和行动方式会令人沮丧，但是这是航天产业和国际航天战略博弈的本来面目，我们不应该文过饰非、强作欢颜地隐藏其本质特征，而是应该在揭示国际航天战略博弈规律的基础上实现其正在进行的发展和转变。

① 约翰·加尔通:《美帝国的崩溃：过去、现在与未来》，阮岳湘译，人民出版社，2013。

② 约翰·米尔斯海默:《大国政治的悲剧》，王义桅译，上海人民出版社，2003，第20页。

二、潜在的合作

转变航天产业的经济性质，实现航天产业的市场化，变存量竞争为增量竞争，空间合作将得以真正实现，这是航天的未来，也是人类的未来所在。目前，商业航天的发展已由起步阶段过渡到快速发展阶段，各国政府均出台了类似的政策鼓励社会资本进入民用空间基础设施建设领域，军事部门的采办体制改革也在加速推进市场化的装备竞争性采购，传统航天军工企业和科研单位也正在经历变革，其与市场的融合程度越来越高，特别是私营航天企业的大量涌现和快速发展；世界各国间技术、产品、服务、人才等航天发展要素的互动越来越频繁，资本助推商业航天产业技术扩散与转移初见成效。科技进步和经济发展的影响对国际关系而言是革命性和决定性的。在航天产业的经济性质维持在国家财政支持的时代，航天企业的收入和盈利依靠政府的拨款，只有经济实力雄厚的大国才能具备较大规模的航天活动预算，因此也只有少数国家才可能拥有较强的航天实力。而且，国家在一段较长的时间内增长缓慢且随着航天任务的减少有降低的风险，有限的财政拨款决定了航天经济的整体规模，降低了经济的活跃性和创造力，所有的国际航天战略博弈都是存量竞争的历史。

存量竞争的本质就是零和博弈，一国航天经济的所得必然是另外一国的所失，在这一经济模式下只能形成行业寡头的垄断。在商业模式创新和航天技术应用的推动下，航天产业经济性质的市场化转变可以导致更多需求和消费主体进入市场，随着需求和消费主体的增加需求将持续扩大，从而突破现有国家财政预算的限制，大大增加航天经济的规模和总量，并且随着需求主体的增加产生更加多样化的需求。在市场规模扩大的情况下，更多的供应商可以加入航天市场中满足其新的需求。航天和国际航天战略博弈将从存量竞争变为增量竞争，在增量竞争的环境中，国际航天战略博弈的参与主体将发生变化，企业将更加关注绝对收益而非相对收益，空间合作的潜力将被释放，正在进行的航天合作可以启动实施。因此，国际航天战略博弈未来潜在合作的关键在于航天常用经济性质的转变与发展。

1911年8月12日，康斯坦丁·齐奥尔科夫斯基在给航空评论杂志的编辑弗罗比耶夫的信中写道："地球是人类的摇篮。但是人类不能永远生活在摇篮里，他们不断地探索新的天体和空间，起初小心翼翼地穿过大气层，然后再去征服整个太阳系。"[①] 作为航天之父，齐奥尔科夫斯基公式奠定了人类太空飞行的基础。他和罗伯特·戈达德和赫尔曼·奥伯特等航天先驱的浪漫梦想、科研激情和科学思想激励着一代又一代的人，推动人类航天事业不断向前发展。

在商业模式的创新之外，航天技术的大规模直接应用，例如太空旅行和星际移民的可能，将会对现有的航天产业产生重大改变。人类不会永远生活在地球，而航天承担着将人类带入新的探索时代的重大使命。随着载人航天和深空探索的发展，在保障可靠性的前提下大量降低进入太空的成本，已经成为当前所有新型航天创新创业公司的主要追求。正如美国宇航局局长查尔斯·博尔顿（Charles Bolden）在2014年"人类登上火星峰会"上的研究中指出的那样，"如果人类想要一直繁衍生息下去，就必须成为能够在多个星球生存的物种"。[②] 载人航天如果能够引领人类开启一个新的"大航海时代"，从人类离开地球探索宇宙空间的角度来看，这将为航天经济创造无限的增长空间。

在经济增长日益受到地域和科技水平限制的情况下，航天经济是尚未充分开拓的广阔疆域。就像塞西尔·罗德斯（Cecil Rhodes）所说："这个世界几乎已分配完毕，它所剩下的地区也正在被瓜分，被征服，被拓居。想一想你在夜晚空中所看到的那些星球吧，那些我们永远无法达到的巨大世界吧！我常常这样想，如果可能的话，我将吞并这些星球。看到它们这样清楚而又那么遥远，真使我感到悲伤。"[③] 如何进行航天产业的经济性质转化、促进商业航天的发展、激发航天科技的创新，等等，这些问题已经

① 王永志：《世界载人航天全景扫描》，《科技潮》2006年第2期，第38页。

② Charles Bolden, "NASA Administrator, Humans to Mars Summit," George Washington University, April 22, 2014, https://www.nasa.gov/sites/default/files/bolden-humans-to-mars-summit-2014.pdf.

③ 斯塔夫里阿诺斯：《全球通史：从史前史到21世纪》，吴象婴译，北京大学出版社，2006，第275页。

远远超出了本书的研究范围，但是仰望星空，人类在太空的探索将有无限的可能，这也是航天的真正未来所在。

我们的征途是星辰大海。

参考文献

一、中文著作

1. 徐能武:《外层空间国际关系研究》，中国社会科学出版社，2010。
2. 何其松:《太空安全问题研究》，复旦大学出版社，2014。
3. 仪名海、郝江东、周慎:《外层空间国际关系》，清华大学出版社，2015。
4. 林毅夫:《新结构经济学：反思经济发展与政策的理论框架》，苏剑译，北京大学出版社，2014。
5. 乔良、王湘穗:《超限战》，中国社会出版社，2005。
6. 潘维:《比较政治学理论与方法》，北京大学出版社，2014。
7. 王缉思、唐士其:《多元化与同一性并存三十年世界政治变迁（1979—2009）》，社会科学文献出版社，2011。
8. 杨光斌:《比较政治学：理论与方法》，北京大学出版社，2016。
9. 倪世雄等:《当代西方国际关系理论》，复旦大学出版社，2001。
10. 朱文莉:《国际政治经济学》，北京大学出版社，2009。
11. 王正毅:《国际政治经济学通论》，北京大学出版社，2010。
12. 王勇:《中美经济贸易》，中国市场出版社，2007。
13. 阎学通:《世界权力的转移：政治领导与战略竞争》，北京大学出版社，2015。
14. 唐世平:《我们时代的安全战略理论：防御性现实主义》，北京大学出版社，2016。
15. 唐世平:《制度变迁的广义理论》，北京大学出版社，2016。
16. 唐世平:《国际政治的社会演化》，中信出版集团股份有限公司，2017。

17. 唐世平、王凯:《历史中的战略行为：一个战略思维教程》，北京大学出版社，2015。
18. 田安平、张建业等:《中国空天安全战略构想》，解放军出版社，2016。
19. 杨彩霞、高国柱主编《欧洲空间政策与法律问题研究》，法律出版社，2011。
20. 郭荣伟、潘晓颖等:《重振雄风：俄罗斯新世纪太空战略揭秘》，国防工业出版社，2008。
21. 谢钢:《全球导航卫星系统原理：全球定位系统、格洛纳斯和伽利略》，电子工业出版社，2013。
22. 李跃主编《导航与定位：信息化战争的北斗星》，国防工业出版社，2008。
23. 熊群力等主编《综合电子战：信息化战争的杀手锏》，国防工业出版社，2008。
24. 骆光明等主编《数据链：信息系统连接武器系统的秘密》，国防工业出版社，2008。
25. 贾俊平、何晓群、金勇进编著:《统计学（第六版）》，人民大学出版社，2015。
26. 张五常:《中国的经济制度》，中信出版社，2009。
27. 杨南征:《虚拟演兵——兵棋、作战模拟与仿真》，解放军出版社，2007。
28. 吴白乙等:《转型中的机遇：中拉合作前景的多视角分析》，经济管理出版社，2013。
29. 孙洪章编著:《空间战争的幽灵》，军事科学出版社，1985。
30. 陈爱军:《通讯原理》，清华大学出版社，2018。
31. 李艳:《日本太空战略研究》，时事出版社，2018。
32. 郭建龙:《中央帝国的财政密码》，鹭江出版社，2017。
33. 肖翔主编《企业融资学》，清华大学出版社，2011。
34. 夏立平等:《美国太空战略和中美太空博弈》，世界知识出版社，2015。
35. 张保庆等编著:《商业航天》，中国宇航出版社，2017。
36. 樊勇明:《西方国际政治经济学（第二版）》，上海人民出版社，2006。

37. 李健、吕德宏:《歧路徘徊：略论美军新“抵消战略”》，当代中国出版社，2015。
38. 李心愉、袁诚编著:《应用经济统计学》，北京大学出版社，2008。
39. 宋伟:《国际关系理论——从政治思想到社会科学》，上海教育出版社，2011。
40. 俞正梁:《国际关系与全球政治：21世纪国际关系学导论》，复旦大学出版社，2007。
41. 左晓宇:《外空商业化趋势下空间法的新发展》，中国政法大学出版社，2013。
42. 聂明岩:《“总体国家安全观”指导下外空安全国际法治研究》，法律出版社，2018。
43. 钱学森:《钱学森系统科学思想文选》，中国宇航出版社，2011。
44. 吕海寰、蔡剑铭等编著:《卫星通信系统》，人民邮电出版社，1994。
45. 李祖洪主编《卫星工程管理》，宇航出版社，2007。
46. 总装备部电子信息基础部:《信息系统：构建体系作战能力的基石》，国防工业出版社，2011。
47. 袁家军主编《航天产品工程》，中国宇航出版社，2011。
48. 袁家军主编《神舟飞船系统工程管理》，机械工业出版社，2005。
49. 李长江主编《项目群管理理论与实践：北斗导航卫星系统项目群管理最佳实践》，电子工业出版社，2014。
50. 钱学森运载技术实验室空间态势评估课题组:《空间态势评估报告》，航天工业出版社，2014。
51. 马呈元:《国际法（第三版）》，中国人民大学出版社，2012。
52. 贺其治、黄惠康:《外层空间法》，青岛出版社，2000，第303页。
53. 黄志澄:《新航天：创新驱动的商业航天》，电子工业出版社，2017。
54. 张保庆、吴勤、张梦湉、赵天:《航天发展新动力：商业航天》，中国宇航出版社，2017。
55. 贾睿:《照见未来：一本书读懂商业航天》，知识产权出版社，2018。
56. 巨效平:《国外商业航天发展模式概论》，中国宇航出版社，2019。

57. 孙剑锋:《创新视角下商业航天研究新方向识别与探索》，中国宇航出版社，2020。
58. 孙为钢:《致知商业航天》，中国宇航出版社，2018。
59. 中国科学院、国家自然科学基金委员会:《未来10年中国科学发展战略：空间科学》，科学出版社，2012。
60. 吴季:《空间科学规划研究报告（2016—2030年）》，科学出版社，2016。
61. 中国航天系统科学与工程研究院:《航天领域科技发展报告》，国防工业出版社，2017。
62. 孟光、郭立杰、林忠钦:《航天航空智能制造技术与装备发展战略研究》，上海科学技术出版社，2017。

二、中文译著

1. 〔美〕琼·约翰逊–弗里泽:《空间战争》，叶海林、李颖译，国际文化出版公司，2008。
2. 〔美〕伯特·查普曼:《太空战争与防御：演进历史与研究资源》，刘兆军等译，电子工业出版社，2016。
3. 〔美〕鲍勃·普雷斯顿:《空间武器地球战》，航空工业出版社，2012。
4. 〔美〕戴尔·科普兰:《大战的起源》，黄福武译，北京大学出版社，2008。
5. 〔美〕约翰·伊肯伯里:《美国无敌：均势的未来》，韩召颖译，北京大学出版社，2005。
6. 〔美〕约翰·伊肯伯里:《大战胜利之后制度、战略约束与战后秩序重建》，门洪华译，北京大学出版社，2005。
7. 〔美〕理查德·罗斯克兰斯，阿瑟·斯坦主编《大战略的国内基础》，刘东国译，北京大学出版社，2005。
8. 〔美〕杰克·斯奈德:《帝国的迷思：国内政治与对外扩张》，于铁军等译，北京大学出版社，2007。
9. 〔美〕罗伯特·阿特:《美国大战略》，郭树勇译，北京大学出版社，2005。

10.〔俄〕维克托·尼·布兰涅茨:《沉沦之师：俄军总参谋部上校手记》，王英杰等译，新华出版社，2007。
11.〔法〕米歇尔·福柯:《规训与惩罚》，刘北成、杨远婴译，三联书店，2012。
12.〔法〕米歇尔·福柯:《疯癫与文明》，刘北成、杨远婴译，三联书店，2012。
13.〔法〕费尔南·布罗代尔:《地中海与菲利普二世时代的地中海世界》，唐家龙、曾培耿、吴模信译，商务印书馆，2013。
14.〔美〕罗伯特·卡普兰:《印度洋与美国权利的未来》，吴兆礼、毛悦译，社会科学文献出版社，2013。
15.〔美〕吉原恒淑、詹姆斯·霍姆斯:《红星照耀太平洋》，钟飞腾、李志斐、黄杨海译，社会科学文献出版社，2014。
16.〔美〕塞缪尔·亨廷顿:《军人与国家》，李晟译，中国政法大学出版社，2017。
17.〔美〕弗朗西斯·福山:《政治秩序的起源》，毛俊杰译，广西师范大学出版社，2014。
18.〔美〕弗朗西斯·福山:《政治秩序与政治衰败：从工业革命到民主全球化》，毛俊杰译，广西师范大学出版社，2015。
19.〔美〕弗朗西斯·福山:《国家构建：21世纪的国家治理与世界秩序》，黄郭华译，学林出版社，2017。
20.〔美〕弗朗西斯·福山:《我们的后人类未来：生物技术革命的后果》，黄立志译，广西师范大学出版社，2017。
21.〔美〕弗朗西斯·福山:《大断裂：人类本性与社会秩序的重建》，唐磊译，广西师范大学出版社，2015。
22.〔美〕西达·斯考切波:《国家与社会革命：对法国、俄国和中国比较分析》，何俊志、王学东译，上海世纪出版集团，2015。
23.〔德〕魏伯乐、〔美〕奥兰·扬、〔瑞士〕马赛厄斯·芬格主编《私有化的局限》，王小卫、周缨译，上海三联书店、上海人民出版社，2006。
24.〔英〕安托尼·奥斯特:《现代条约法与实践》，江国青译，中国人民大学出版社，2005。
25. 〔英〕罗纳德·哈里·科斯:《变革中国：市场经济中的中国之路》，徐尧、李哲民译，中信出版社，2013。
26. 〔法〕罗格·博奈、〔意〕维托尼·曼诺:《变革中国：市场经济中的中国之路》，李磊译，科学出版社，2014。
27. 〔加〕威尔逊·王、詹姆斯·弗格森:《军事航天力量——相关问题导读》，尹志忠等译，国防工业出版社，2012。
28. 〔美〕福里斯特·E. 摩根:《太空威慑和先发制人》，白堃、艾咪娜译，航空工业出版社，2014。
29. 〔美〕鲍勃·普雷斯顿等:《空间武器地球站》，珂珹译，航空工业出版社，2012。
30. 〔美〕美军参谋长联席会编《美军空间作战联合条令》，国防工业出版社，2009。
31. 〔美〕美军参谋长联席会、美空军、美陆军编《太空作战》，国防工业出版社，2014。
32. 〔美〕菲利普·尼尔森:《太空武器》，张占月等译，国防工业出版社，2014。
33. 〔美〕美国空军大学编《美国空军大学太空基础教程》，范丽等译，国防工业出版社，2014。
34. 〔美〕美国海军空间司令部编《美国海军太空教程》，杨雪榕等译，国防工业出版社，2014。
35. 〔英〕英国国防部发展、概念与条令中心编《英军太空基础教程》，胡敏等译，国防工业出版社，2014。
36. 〔美〕丹尼斯·罗迪:《卫星通信》，张更新译，人民邮电出版社，2002。
37. 〔美〕大卫·赖特等:《太空安全物理学》，范丽等译，国防工业出版社，2014。
38. 〔美〕R.C.奥尔森:《空天遥感》，贾鑫等译，国防工业出版社，2014。
39. 〔美〕美国国防大学国家战略研究所编《天权理论》，李智等译，国防工业出版社，2014。

40. 〔美〕斯蒂格利茨等:《政府为什么干预经济——政府在市场经济中的角色》，郑秉文译，中国物资出版社，1998。
41. 〔美〕罗伯特·卡普兰:《武士政治》，丁力译，陕西人民出版社，2014。
42. 〔英〕汤因比:《文明经受着考验》，沈辉等译，浙江人民出版社，1986。
43. 〔美〕爱德华·萨义德:《文化与帝国主义》，李琨译，三联书店，2003。
44. 〔美〕罗伯特·吉本斯:《博弈论基础》，高峰译，中国社会科学出版社，1999。
45. 〔美〕孔飞力:《中国现代国家的起源》，陈兼、陈之宏译，三联书店，2013。
46. 〔美〕曼涩·奥尔森:《权力与繁荣》，苏长和、嵇飞译，上海世纪出版社，2014。
47. 〔美〕查尔斯·蒂利:《强制、资本和欧洲国家（公元990—1992年）》，魏洪钟译，上海世纪出版社，2012。
48. 〔美〕兹比格纽·布热津斯基:《大棋局：美国的首要地位及其地缘战略》，中国国际问题研究所译，上海人民出版社，2007。
49. 〔美〕兹比格涅夫·布热津斯基:《战略远见：美国与全球权力危机》，洪漫、于卉芹、何卫宁译，新华出版社，2012。
50. 〔法〕马尔索·费尔当:《空间战争：武器与新技术》，里景化等译，世界知识出版社，1987。
51. 〔美〕道格拉斯·诺斯:《制度、制度变迁与经济绩效》，杭行译，格致出版社，2014。
52. 〔美〕曼瑟尔·奥尔森:《集体行动的逻辑》，陈郁等译，格致出版社，2014。
53. 〔美〕本杰明·科恩:《国际政治经济学：学科思想史》，杨毅、钟飞腾译，上海人民出版社，2010。
54. 〔美〕杰克·斯奈德:《从投票到暴力：民主化和民族主义冲突》，吴强译，中央编译出版社，2017。
55. 〔美〕布鲁斯·布鲁诺·德·梅斯奎塔、阿拉斯泰尔·史密斯:《独裁者手册为什么坏行为几乎总是好政治》，罗伟阳译，江苏文艺出版社，

2014。
56. 〔美〕伯特·查尔曼:《太空战争与防御——演进历史与研究资源》，北京空间机电研究所组织翻译，中国工信出版社，2016。
57. 〔英〕伍兹编:《阿波罗是如何飞到月球的》，李平、董光亮、孙威译，清华大学出版社，2012。
58. 〔美〕美国国家航天局编《NASA系统工程手册》，朱一凡等译，电子工业出版社，2012。
59. 〔挪威〕约翰·加尔通:《美帝国的崩溃：过去、现在与未来》，阮岳湘，人民出版社，2013。

三、中文论文

1. 蔺陆洲:《中阿共建“天基丝路”：现状、问题与对策》,《西亚非洲》2021年第1期。
2. 蔺陆洲、李作虎:《中阿北斗合作论坛的机遇与挑战》,《阿拉伯世界研究》2018年第2期。
3. 蔺陆洲、李虹、王甄妮:《中国民营航天企业融资模式与策略分析》,《国际太空》2019年第3期。
4. 蔺陆洲、邓平科:《卫星导航安全与北斗系统的发展》,《信息安全与通信保密》2018年第11期。
5. 蔺陆洲、邓平科:《共享卫星：从理论到实践的探索》,《卫星应用》2018年第5期。
6. 蔺陆洲、阚志峰:《北斗的下一个机遇——基于星基LPWAN的物联网体系》,《卫星应用》2016年第12期。
7. 蔺陆洲、宋娟、孙张振:《双频高精度定位芯片在小米8手机上的对比测试》,《2018年卫星导航定位与北斗系统应用年会论文集》2018年。
8. 路鹏飞、薛晓卿、蔺陆洲:《我国导航定位高精度位置服务领域需重视软件和算法研究》,《中国计算机报》2018年11月5日。
9. 张春、蔺陆洲:《输家政治：非洲选举与族群冲突研究》,《国际安全研究》2016年第1期。

10. 蔺陆洲:《圣安德烈旗飘扬：普京的眼光在海洋》,《世界知识》2012年第11期。
11. 蔺陆洲:《苏联国内政治斗争与古巴导弹危机决策》,《法制与社会》2011年第15期。
12. 卢彦懿、徐天河、李宇杰、邓平科、蔺陆洲:《一种顾及TOA数据优选的抗差卡尔曼滤波室内定位方法》,《地理信息世界》2020年第4期。
13. 卢彦懿、徐天河、曹红升、蔺陆洲:《“地下北斗系统”：地铁定位最优解》,《中国测绘》2020年第3期。
14. 付强、赵泽斌:《航天国际合作内涵分析》,《中国航天》2004年第6期。
15. 罗开元:《国际空间合作发展态势分析》,《中国航天》2001年第7期。
16. 何奇松、赵雅丹:《俄罗斯的太空安全观》,《军事历史研究》2008年第4期。
17. 孙来燕:《中国航天的发展战略和重点领域》,《中国航天》2006年第8期。
18. 何奇松、南琳:《太空安全治理的困境及其出路》,《北京航空航天大学学报（社会科学版）》2012年第1期。
19. 张茗:《“全球公地”安全治理与中国的选择》,《现代国际关系》2013年。
20. 张辉:《国际太空机制及其面临的挑战》,《现代国际关系》2010年第2期。
21. 阿梅尔·克雷斯特:《面临私有化和单边主义危险的空间法》，吕丽萍译、李滨校,《空间法评论（二、三卷）》2008 年版。
22. 尹玉海:《制订统一空间法规约是空间活动现代的客观要求》,《北京航空航天大学学报（社会科学版）》2004年第3期。
23. 黄惠康:《世纪之交空间法的回顾与展望》,《中国航天》2000年第9期。
24. 尹玉海、田炜:《俄罗斯空间立法对我国的启示》,《中国航天》2004年第7期。
25. 赵海峰:《亚太空间合作条约评析》,《黑龙江社会科学》2008年第1期。
26. 赵海峰:《欧洲外空法律政策及其对中国与亚洲的影响》,《北京航空航天大学学报（社会科学版）》2011年第1期。
27. 何业才:《航天技术项目经济评价研究》,《数量经济技术经济研究》1996年第4期。

28. 刘纪原:《中国航天技术应用及其效益工程》,《高科技与产业化》2001年第1期，第6页。

29. 廖方宇:《空间高技术产业的回顾与展望》,《中国科技产业》2002年第11期，第47页。

30. 何继伟、潘坚、林蔚然:《国外航天技术的直接经济效益》,《中国航天》2000年第8期，第14页。

31. 刘小红:《我国空间活动商业化与规范化的几点思考》,《中国航天》2001年第4期，第12页。

32. 穆荣平:《中国航空航天器制造业国际竞争力评价》,《科研管理》2003年第11期，第60页。

33. 韩民青:《中国新工业化太空发展战略》,《山东社会科学》2004年第6期。

34. 吴照云:《航天产业结构及其与市场运行机制的差异性分析》,《当代财经》2004年第10期，第67页。

35. 刘艳、张伟:《国际空间站应用领域商业化做法对我国的启示》,《中国航天》2018年第6期，第56—60页。

36. 国际政治与经济综合研究课题组:《国际太空竞赛及其对世界经济的影响》,《世界经济与政治论坛》2010年第2期，第13—22页。

37. 林镝、李志强、李传宝、邹珊刚:《我国航天国际合作制约因素分析与对策研究》,《自然辩证法研究》2003年第19卷第12期，第47—50页。

38. 闵桂荣、廖春发:《航天高技术产业发展趋势》,《中国航天》2001年第12期，第9页。

39. 姜景山、王文魁:《空间科学及应用现状和产业化前景》,《中国航天》2002年第5期。

40. 蒋琪、张冬青:《空天飞行器与信息对抗》,《航天电子对抗》第26卷第1期，第26页。

41. 钟声洪、朱云怡、李国松:《广播电视直播卫星备份星轨位频率资源研究》,《广播与电视技术》2017年第9期，第113页。

42. 王国语:《空间随便国际机制发展趋势分析》,《航天器环境工程》2015年第2期。

43. 吴伟农:《教育托起美国航天业》,《航天工业管理》2001年第10期。
44. 沈羡云:《航天教育在美国》,《太空探索》2013年第5期。
45. 张智慧、张玉梅、刘爽、刘映国、王岩松:《NASA载人航天传播与教育研究》,《载人航天》2015年第21卷第5期，第530—534页。
46. 支希哲、田露:《中美航空航天专业本科人才培养比较研究》,《西北工业大学学报（社科科学版）》2011年第3期，第81—85页。
47. 胡宇群、乔新:《国际互联网与航空航天的科普教育》,《江苏航空》2003年第1期，第39—40页。
48. 闻新、张文浩、秦钰琦:《航空航天同时教育之我见》,《中国现代教育装备》2014年第17期，第42—44页。
49. 李宇英:《联合国附属空间科学技术教育亚太区域中心落户北航》,《国际太空》2014年第12期，第76页。
50. 王正毅:《构建一个国际政治经济学的知识框架：基于四种“关联性”的分析》,《世界经济与政治》2009年第2期。

四、英文著作

1. Everett C. Dolman, *Astropoliti: Classical Geopolitics in the Space Age*, Taylor & Francis, 2005.
2. Michael J. Sheehan, *The International Politics of Space*, New York: Routledge, 2007.
3. Natalie Bormann, Michael Sheehan, *Securing Outer Space: International Relations Theory and the Politics of Space*, New York: Routledge, 2012.
4. John J. Klein, *Space Warfare: Strategy, Principles and Policy*, New York: Routledge, 2006.
5. Brent Ziarnick, *Developing National Power in Space: A Theoretical Model*, McFarland, 2015.
6. Eligar Sadeh, *Space Politics and Policy: An Evolutionary Perspective provides*, Springer, 2003.
7. Eligar Sadeh,*Space Strategy in the 21st Century: Theory and Policy*, New

York: Routledge, 2012.

8. Alexei Arbatov, Vladimir Dvorkin, *Outer Space: Weapons, Diplomacy, and Security*, Washington, DC:Carnegie Endowment for International Peace, 2010.
9. Henry Kissinger, *World Order*, Penguin Press, 2014.
10. Kevin Madders, *A New Force at a New Frontier: Europe's Development in the Space Field in the Light of Its Main Actors, Policies, Law and Activities from its Beginnings up to the Present*, Cambridge, UK, Cambridge University Press, 1997.
11. Daniel O. Graham, *High Frontier: There Is a Defense Against Nuclear War*, Pinnacle Books, 1983.
12. Neville Brown, *New Strategy Through Space*, Leicester University Press, London and New York, 1990.
13. Joan Johnson-Freese, *Space Warfare in the 21st Century: Arming the Heavens*, New York: Routledge, 2016.
14. Everett C. Dolman, *Astropolitik: Classical Geopolitics in the Space Age*, OR, Frank Cass, London and Portland, 2001.
15. Damon Coletta, Frances T. Pilch, *Space and Defense Policy*, Routledge, 2009.
16. Stephen Lambakis,*The Edge of Earth: The Future of American Space Power*, Lexington, KY, University Press of Kentucky, 2001.
17. James M. Smith, Alan R. van Tassel, Guy M. Walsh, Peter L. Hays, *Spacepower for a New Millennium: Space and U.S. National Security*, Learning Solutions, 2000.
18. Brian Harvey, *Russia in Space: The Failed Frontier?* Springer, 2001.
19. Brian Harvey, *China's Space Program - From Conception to Manned Spaceflight*, Springer, 2004.
20. Brian Harvey, *The Japanese and Indian Space Programmes: Two Roads into Space*, Springer, 2000.
21. Glenn H. Reynolds, Robert P. Merges, *Outer Space: Problem of Law and Policy*, Westview Press, 1998.

22. Yanal Abul Failat, Anél Ferreira-Snyman, *Outer Space Law: Legal Policy and Practice*, Globe Law And Business, 2017.
23. R. Venkata Rao, V. Gopalakrishnan, Kumar Abhijeet, *Recent Developments* in Space Law: Opportunities & Challenges, Springer, 2017.
24. Bhupendra Jasani, *Peaceful and Non-Peaceful Uses of Space: Problems of Definition for the Prevention of an Arms Race*, Taylor & Francis, 1991.
25. Lafferranderie G. The European Space Agency (ESA) and International Space Law[C]. Proceedings of the 3rd Colloquium on International Organizations and Space Law, 1999.21.
26. Lewis D. Solomon, *The Privatization of Space Exploration: Business, Technology, Law and Policy*, Transaction Publishers, 2011.
27. George Friedman and Meredith Friedman, *The Future of War: Power, Technology, and American World Dominance in the 21st C*, New York: Crown Publishers, 1996.
28. Aspen Strategy Group, *Anti-Satellite Weapons and U.S. Military Space Policy*, Lanham: University Press of America, 1986.
29. Peter Hayes, *Space Power Interests*, Routledge, 1996.
30. Dell'Acqua, F., *Technical Education on Aerospace and Remote Sensing in the Italian University System — A Brief Overview*, Geoscience and Remote Sensing Symposium (IGARSS), 2014 International IEEE.
31. Richter, A.M., Petrovic, V., Kuester, F., Seracini, M., Angelo, R., *From STEM to STEAM: Towards Aerospace Partnerships with Cultural Heritage Diagnostics*, Aerospace Conference, 2014 IEEE.
32. Neil de Grasse Tyson, *Space Chronicles: Facing the Ultimate Frontier*, W. W. Norton & Company, 2014.
33. Moltz, James Clay, *Crowded Orbits: Conflict and Cooperation in Space*, New York: Columbia University Press, 2014.
34. Annette Froehlich, *Space Resource Utilization: A View from an Emerging Space Faring Nation*, Springer, 2018.

35. Mariel Borowitz, Sandra Braman, Paul T. Jaeger, *Open Space: The Global Effort for Open Access to Environmental Satellite Data*, MIT Press, 2017.
36. Roger Handberg, Zhen Li, *Chinese Space Policy: A Study in Domestic and International Politics*, Routledge, 2012.
37. Gary Booker, *The Nigerian Space Program and the History, Present, and Future of Space Policy in Sub-Saharan African Geopolitics*, Paperback, lulu.com, 2013.

五、英文论文

1. "Space Diplomacy: ESRO Up, ELDO Down." Nature, vol. 220, no. 5164, Nature Publishing Group, Oct. 1968, pp. 212–13.
2. David Braunschvig, Richard L. Garwin. "Space Diplomacy." Foreign Affairs, vol. 82, no. 4, Council on Foreign Relations NY, July 2003, pp. 156–164.
3. Peter, Nicolas. "The EU's Emergent Space Diplomacy." Space Policy, vol. 23, no. 2, Elsevier Ltd, 2007, pp. 97–107.
4. Burnett, R. "The Human Information Appliance in Combat, Intelligence, and Diplomacy Space." IEEE Technology and Society Magazine, vol. 32, no. 2, IEEE, 2013, pp. 39–51.
5. Young, Alex. "Diplomacy in Space: The Final Frontier of International Law." Harvard International Review, vol. 35, no. 3, Harvard International Relations Council, Jan. 2014, pp. 6–7.
6. Whiting, Stephen N. "Space and Diplomacy: A New Tool for Leverage." Astropolitics, vol. 1, no. 1, TAYLOR & FRANCIS, Jan. 2003, pp. 54–77.
7. Kim Alaine Rathman: Outer Space Commercialization and Its Rthical Challenges to International Law and Policy, Technology In Society, 1999.21, pp.135–166.
8. Nicolas Mateesco Matte, Ram S. Jakhu: Law of International Telecommunication in Canada, Telecommunications Policy, 1988.3, pp.293–294.

9. Francois AUQUE: The Space Industry in the Context of the European Aeronautics and Defence Sector, Air & Space Europe, 2000.6, pp.22–25.
10. Fabio Colasantl: The European Commission's View on the Evolution of the European Space Industry, Air & Space Europe, 2000.6, pp.40–46.
11. Lyudmila Pankkova: Transfer of Space Technologies past and Present: The Russian Case, Journal of Technology Transfer, 2002.27, pp.349–360.
12. Karen Venturini, Chiara Verbano: A Systematic Review of the Space Technology Transfer Literature: Research Synthesis and Emerging Gaps, Space Policy, 2014.04, pp.98–114.
13. Ethan E. Haase, Carissa Bryce Christensen, Hans Ten Cate: Global Commercial Space Industry Indicators and Trends, Acta Astronautica, 2002.12, pp.747–757.
14. Andrew J. Aldrin: Technology Control Regimes and the Globalization of Space Industry, Space Policy, 1998.14, pp.115–122.
15. John H. Barnes: UK Education's Support for its Aerospace Industry, Aircraft Engineering and Aerospace Technology, 1999, pp.136–142.
16. Giorgio Guglieri, Daniel Hanus, Pascal Revel: A Proposal for Ensuring the Quality of Aerospace Engineering Higher Education in Europe, Transportation Research Procedia, 2017.12, pp.207–216.
17. Vera Mayorova: Integration of Educational and Scientific–Technological Areas During the Process of Education of Aerospace Engineers, Acta Astronautica, 2011, pp.737–743.
18. Tikhonov, A.N., Lvov, B.G., Petrosyants, K.O., Uvaysov, S.U., Kharitonov, I.A., Balakin, S.V., Chetyrkin, A.N., Krutikov, V.N.: The System of Microelectronics Education for Aerospace Industry Based on "University-Enterprise" Link, Microelectronics Education (EWME), on 10th European Workshop.
19. Barrett S. Caldwell: Spaceflight-relevant Stem Education and Outreach: Social Goals and Priorities, Acta Astronautica, 2015.03.017, pp.174–181.

20. Patrick van der Heiden, Christine Pohl, Shuhaimi Bin Mansor, John van Genderen: The Role of Education and Training in Absorptive Capacity of International Technology Transfer in the Aerospace Sector, Progress in Aerospace Sciences, 2015, pp. 42–54.

21. L.S. Fletcher: Aerospace Engineering Education for the 21st Century, Acta Astronautica, 1997, pp. 691–699.

22. Ahmed K. Noor: Intelligent Adaptive Cyber-Physical Ecosystem for Aerospace Engineering Education, Training, and Accelerated Workforce Development, Journal of Aerospace Engineering, 2011, pp.403–408.

23. Matthew M. Hurley: For and from Cyberspace: Conceptualizing Cyber Intelligence, Surveillance, and Reconnaissance, Air & Space Power Journal, Nov/Dec 2012, Vol. 26 Issue 6, pp.12–33.

24. Thomas S. Kuhn, Structure of Scientific Revolutions, Chicago: University of Chicago Press, 1970, p.34.

25. GrahamT. Allison, Essence of Decision: Explaining the Cuban Missile Crisis, PearsonGroup, 1998, p.23.

26. Jack L. Snyder, The Soviet Strategic Culture: Implication for Limited Nuclear Operations, The rand Corporation, September 1977, p.7.

27. Alastair Iain Johnston, Cultural Realism: Strategic Culture and Grand Strategy in Chinese History (Princeton: Princeton University Press, 1995), p.36.

28. David R. Jones, "Soviet Strategic Culture," Strategic Power: USA/USSR, ed Carl G. Jacobsen (London: The Macmillan Press LTD, 1990), p. 37.

29. Robert Jarvis: Coopertation under the Security Dilemma, world Plitics, Vol30, No.2, 1978, P.187.

30. Ernst Haas: "International Integration: European and Universal Process," International Organization, Vol.16 No.3 (Autumn 1961), p.372.

31. Joseph N. Pelton, Randall Johnson, Don Flournoy, Needs in Space Education for the 21st Century, Space Policy, 2004, 20: 197–205.

32. M.Gruntman, R.F.Brodsky, D.A.Erwin, et al, Astronautics Degrees for the

Space Industry, Advances in Space Research, 2004, 34: 2159–2166.

33. Harvey Brian: The Rebirth of the Russian Space Program (1st ed.). Germany: Springer. 2007, p.265.
34. Brian Harvey, China in Space: The Great Leap Forward, New York: Springer Praxis Books, 2019, p.10.
35. Hans Von Seeckt, the Future of the German Empire, New York: T. Butterworth Limited, 1930, p.151.

后　记

太空竞争与空间合作的关系变化和政策调整是国际航天战略博弈的基本问题。本书围绕竞争与合作的主轴，建构了一种国际航天战略博弈的理论框架并以商业航天为基点分析了国际航天战略博弈的现实转型。在回顾国际航天战略博弈相关研究文献的基础上，明确了研究的核心问题、主要方法和创新点，进而界定了国际航天战略博弈概念的内涵、外延和特征。通过梳理自1957年以来国际航天战略博弈的发展历史和当前国际航天战略博弈的发展趋势，结合国际政治经济学理论在相互依存、霸权稳定、世界体系、国家主义和依附理论的发展路径与分析范式，总结了国际航天战略博弈在战略、资金和科技各方面的理论要素。基于这三个国际航天战略博弈的理论要素，将航天产业的计划经济属性、国家为核心的行为体和大国竞争的本质特征确立为国际航天战略博弈理论的范式，以航天相对实力的变化和国际航天战略博弈政策的调整为主要逻辑，建立国际航天战略博弈的理论模型，在太空竞赛和空间合作方面形成理论推论。综合运用相关性分析的定量研究方法和比较分析的定性研究方法，对理论和推论进行检验。通过理论限制性条件分析，将商业航天识别为改变国际航天战略博弈理论外部环境和条件的颠覆性变量，并对国际航天战略博弈理论的发展进行预测。随后，以本书建构的国际航天战略博弈理论框架，针对世界国际航天战略博弈总体态势、主要航天国家和国际航天组织的结构与政策，利用案例研究和博弈论进行分析，解释当前国际航天战略博弈关系的状态和变化趋势。最后回顾和总结国际航天战略博弈的本质与启示，并对未来的国际航天战略博弈进行展望。作为我长期负责北斗卫星导航系统的应用推广与国际合作工作的总结，希望本书的出版能够在国际政治经济学研究与航天国际工作之间搭建一座沟通的桥梁，为航天的国际问题研究提供一个可以参考的分析框架，进而为中国航天的国际化发展贡献自己的一点绵薄之力。

本书的整个研究和写作过程虽然艰苦，但却是一个不断学习、接受启蒙的过程。在此，谨向一直以来给予我帮助和支持的老师、领导、家人、同事和朋友们表示衷心感谢，没有他们我无论如何也不可能完成。

首先，我要感谢在学术研究中向我提供帮助的老师们。感谢我的博士导师外交学院的江瑞平教授，他以渊博的知识和丰富的经历对本书的研究进行指导，改善了本书的学术表达方式，极大地提升了本书的系统性，帮助我重新理解国际政治经济学，使我受益良多。同时，我也要感谢我的博士后导师北京大学经济学院的许云霄教授，她在经济学领域的指导对本书的研究具有极为重要的意义。

其次，我要感谢在航天工作中给予我重要指导和帮助的领导们。感谢中国卫星导航定位协会的张迪副秘书长，他传奇的经历开阔了我的眼界，启迪了新的工作思路与思考方式。我还要感谢中国航天工业科学技术咨询有限公司的王莉总经理，是她带我进入了航天的大门，一切故事的开始都离不开她。

再次，我还要感谢一直以来支持和鼓励我的同事和朋友们。感谢中国科学院微电子研究所的邓平科研究员和中国矿业大学（北京）的杨军教授，他们以丰富的工程经验和广博的知识储备向我讲解了很多技术问题，使我对航天技术和计算机技术的认知和理解得以快速扩展和提高。感谢中国卫星导航系统管理办公室的马长斗、马加庆主任、李作虎博士、汪陶胜博士，感谢中国卫星导航系统管理办公室国际合作中心的黄娴、田苗、车咏馨、杨峥、翁艳云等同事，为北斗的国际合作共同奋斗是一段难得的人生经历。感谢中国长城工业集团有限公司的李克非、李文喆等同志在航天工作中对我给予的支持。感谢中国航天工业科学技术咨询有限公司的耿昆、仝俊义、董路、李虹、田茜等同事对我的帮助。感谢全图通位置网络有限公司的李俊、贾蔡等同事，推广北斗应用、建设北斗时空体系是我们奋斗的重要使命。

最后，我要感谢我的家人。感谢我的父亲、母亲和岳母，为我提供了生活上的便利，在关键时刻给予我极大的支持。感谢我的妻子，她是照进我生命的一道希望之光，在我学术研究的道路上承担起了家庭的重任，解除了我的后顾之忧，她在繁忙的工作之余还帮助我修订书稿。最后的最后，我想特别感谢我的女儿对我的包容与理解，因为工作太忙，我们错过了很多在一起的美好时光。

因本人水平有限，书中的讹误之处，敬请诸位读者批评指正。

蔺陆洲

2021年于北京大学

图书在版编目（CIP）数据

实力的边疆：从太空竞赛到航天合作 / 蔺陆洲著 .—北京：世界知识出版社，2022.11

ISBN 978-7-5012-6519-0

I. ①实… II. ①蔺… III. ①航天工业—工业发展—世界 Ⅳ . ①F416.5

中国版本图书馆CIP数据核字（2022）第041886号

书　　名	**实力的边疆——从太空竞赛到航天合作** SHILI DE BIANJIANG CONG TAIKONG JINGSAI DAO HANGTIAN HEZUO
作　　者	蔺陆洲
责任编辑	车胜春
责任出版	王勇刚
责任校对	陈可望
出版发行	世界知识出版社
地址邮编	北京市东城区干面胡同51号（100010）
网　　址	www.ishizhi.cn
投稿信箱	zqcsc@163.com
电　　话	010-65265923（发行）　010-85119023（邮购）
经　　销	新华书店
印　　刷	北京虎彩文化传播有限公司
开本印张	710毫米×1000毫米　1/16　17印张
字　　数	260千字
版次印次	2022年11月第一版　2022年11月第一次印刷
标准书号	ISBN 978-7-5012-6519-0
定　　价	79.00元